师范生综合素养提升系列
融媒体教材

师范生
综合素养教程

SHIFANSHENG
ZONGHE
SUYANG JIAOCHENG

主　编：林敬华
副主编：喻正莹　王迎春　殷子峰
编　者：李洪恩　罗秉欣　薛　娟
赵小凤　姜秀平　林丹丹
王延冉　解金慧　王临娜
刘稳稳　宋雪义

NORMAL
COLLEGE
STUDENTS

北京师范大学出版集团
BEIJING NORMAL UNIVERSITY PUBLISHING GROUP
北京师范大学出版社

图书在版编目(CIP)数据

师范生综合素养教程 / 林敬华主编．—北京：北京师范大学出版社，2023.6（2025.8 重印）

师范生综合素养提升系列融媒体教材

ISBN 978-7-303-27570-0

Ⅰ.①师… Ⅱ.①林… Ⅲ.①师范教育－师资培养－教材 Ⅳ.①G655.1

中国版本图书馆 CIP 数据核字(2021)第 260642 号

出版发行：北京师范大学出版社 https://www.bnupg.com
北京市西城区新街口外大街 12-3 号
邮政编码：100088

印　　刷：北京天泽润科贸有限公司
经　　销：全国新华书店
开　　本：889 mm×1194 mm　1/16
印　　张：16
字　　数：428 千字
版　　次：2023 年 6 月第 1 版
印　　次：2025 年 8 月第 2 次印刷
定　　价：43.80 元

策划编辑：王云英　　责任编辑：孟　浩
美术编辑：焦　丽　　装帧设计：焦　丽
责任校对：陈　民　　责任印制：赵　龙

前　言

中共中央、国务院印发的《关于全面深化新时代教师队伍建设改革的意见》中提出，要大力振兴教师教育，不断提升教师专业素质能力。师范院校是培养未来教师的主阵地，提高师范生的整体素养尤为重要。综合素养教育对师范生的成长和培养发挥着基础性和导向性作用，即教会他们做什么样的人、如何做人，尤其是如何成为适应现代职场需要的人才。党的二十大报告指出，我们要办好人民满意的教育，全面贯彻党的教育方针，落实立德树人根本任务，培养德智体美劳全面发展的社会主义建设者和接班人。

本教材共 12 单元，从职业理想与职业意识、职业综合素养、职业能力素养三个维度建构了师范生职业核心素养体系：一是职业理想与职业意识，介绍了职业认同与生涯规划、教育法律法规、教师职业道德、职业气质养成；二是职业综合素养，介绍了人文素养、历史文化素养、科学素养、健康素养、艺术素养；三是职业能力素养，介绍了信息处理能力、逻辑思维能力、写作素养。

本教材的编写贯彻以习近平新时代中国特色社会主义思想铸魂育人的原则，把教材体系、教学内容有效转化为学生的知识体系、价值体系。贯穿思政内容进教材，深化思政课一体化建设，以社会主义核心价值观为引领，按照“学习过程对接工作过程、专业课程对接工作任务、课程内容对接岗位标准、顶岗实习对接就业岗位”四对接的原则，融合“岗课赛证”，深化师范生课程一体化改革。

全书由林敬华、喻正莹负责样章、体例的编写及审稿工作。第一单元“职业认同与生涯规划”由赵小凤编写；第二单元“教育法律法规”及第三单元“教师职业道德”由林敬华、宋雪义编写；第四单元“人文素养”主题一、二由罗秉欣编写，主题三、四由林丹丹编写；第五单元“历史文化素养”由李洪恩编写；第六单元“科学素养”由殷子峰、喻正莹编写，王永强审稿；第七单元“健康素养”主题一、二由喻正莹编写，主题三由刘稳稳编写，主题四由赵小凤编写；第八单元“艺术素养”由解金慧编写，由薛娟统稿；第九单元“信息处理能力”由孙毅芳编写；第十单元“逻辑思维能力”及第十一单元“写作素养”由王迎春编写，罗秉欣统稿；第十二单元“职业气质养成”主题一至三由王延冉、王临娜编写，主题四由薛娟编写。

全书主要面向师范生，视野开阔，内容丰富，可以作为教师资格证考试参考用书；既有理论概括，又有案例分析和引导，力求在突出职业教育特点、增强时代感的前提下，更加贴近师范生的思想实际和生活实际，充分发挥师范生在学习中的主体作用。语言上简明、通俗易懂；形式相对于传统教材，具有较强的活泼性、趣味性和可读性，对提升师范生的职业素质，提高其综合职业能力，促进其人生发展具有启迪、指导和实践意义。

目　　录

第六单元 科学素养

第七单元 健康素养

第八单元　艺术素养

第九单元　信息处理能力

第十单元 逻辑思维能力

第十一单元 写作素养

第一单元
职业认同与生涯规划

师范生求学阶段是人生成长的重要时期。每个师范生都想事业有成，实现人生价值，这需要我们选定方向，扎实耕耘，一步一个脚印地去实现。职业生涯规划是师范生突破内在和外在的障碍，开发自身潜能，最终实现人生价值的有效途径。职业生涯规划的本质在于应变，在于胸怀未来、立足现在。师范生应该掌握职业生涯规划的理论和技巧，帮助自己到达成功的彼岸。

职业认同与生涯规划的主要作用和意义是帮助师范生认同自己的职业，进而结合自身特点、家庭环境、社会需要对自己的职业生涯进行规划。本单元旨在增强师范生的使命感，增强他们的职业荣誉感，坚定他们的理想信念，让他们通过对自己的性格、兴趣、人格的合理分析，确定符合自己的职业生涯规划，使自己成为符合新时代要求的“四有”好老师。

微课视频

主题一　职业与人生

主题目标

1. 掌握职业、人生的定义，了解职业与人生的关系。
2. 深入思考自己的人生，拓宽对职业的认识。
3. 了解职业与人生的关系，并规划自己的人生。

一个人就算是饱学之士，如果不能了解自己，就称不上是个有智慧的人。知己是生涯规划的起点。唯有充分了解自己，生涯规划才能做到量力和适性，人生才能过得如自己所想。

一、职业的定义

职业是指人们为获取主要生活来源而从事的社会性工作。

职业具有如下几种特征。

①目的性，即职业以获得现金或实物等报酬为目的。

②社会性，即职业是人们在特定社会生活环境中所从事的一种与其他社会成员相互联系、相互服务的社会活动。

③稳定性，即职业在一定的历史时期形成并具有较长的生命周期。

④规范性，即职业必须符合国家法律和社会道德规范。

师范生在工作之前需要接受职前教育。职前教育包括九年义务教育、中职教育、高职教育或大学教育等以及各种实习培训。职前教育的目的是培养人们的社会生存能力，职业教育是经济发展、社会进步和科技创新的前提之一。

二、人生的定义

幸福是人们的渴求被满足后获得的愉悦感，人类的最终追求是幸福。因为人的本性是不满足，不满足导致了人们的渴求——渴求获得满足——人们就获得了幸福。我们还知道获得幸福后，人们会继续寻求新的渴求，寻找新的幸福。如此循环往复就是一个人的人生。

人生是人们从出生到死亡，不断积累和消耗的过程。在这个过程中，人们从事各种活动的目的就是追求幸福和享受幸福。

三、职业与人生的关系①

理解了职业与人生的定义，下面讨论它们之间的关系。既然人的生存发展离不开职业，职业是人生存发展的载体，那么职业就和人生有着密不可分的关系。围绕着职业，人生大致可分为六个阶段：生涯准备阶段、生涯探索阶段、立业与发展阶段、生涯中期阶段、生涯后期阶段、离开就业领域阶段。

（一）生涯准备阶段（典型年龄：22岁之前）

找到第一份工作，正式进入就业领域之前的时期称为生涯准备阶段。处于这一阶段的年轻人，接受各种形式的教育，特别是要完成中小学基础教育，为未来的生涯发展做必要的准备。从发展趋势来看，生涯准备阶段因受教育时间的延长而延长。一个人如果要取得博士学位，即便不间断学业，典型年龄也应该是27岁左右。

生涯准备阶段除了接受教育外，还包括短暂但各人长短不一的工作寻找期。年轻人在离开教育领域进入就业领域的过程中，要寻找既适合个人的能力和兴趣，又能有较高的收入和前景的工作。比较顺利的师范生，工作寻找期叠加于受教育期，不必花费单独的时间寻找工作。

（二）生涯探索阶段（典型年龄：22～30岁）

这一阶段开始于年轻人刚刚进入就业领域到30岁的时间里。虽然在上个阶段结束前可能进行了认真的职业选择，初始职业可能是慎重选择的结果，但在人与职业结合并互动之前，谁也不能肯定这一选择就是最佳的选择。因此，进入生涯探索阶段，年轻人的主要任务就是在与职业的互动中，最终在这一阶段结束前决定自己的最佳贡献领域。即自己喜欢且能做好的职业，这便是自己的生涯锚（career anchor），是有现实基础的职业自我观。在这个阶段，有些年轻人希望调换不同工作（或岗位）的愿望十分强烈。如果在本组织得不到满足，那些有高成就需要的员工就会通过变换就业组织实现这种愿望，以寻找自己的生涯锚。

（三）立业与发展阶段（典型年龄：31～45岁）

年轻人通过上一阶段的试错，会逐渐选定自己的职业，找到自己的生涯锚，即通常所说的“立业”。一旦确认了自己的生涯锚，便从生涯探索阶段进入立业与发展阶段。这时，他们在生涯中关心的不再是横向发展以寻找生涯锚，而是在选定的职业领域内部的纵向发展，即沿着职业等级的维度向上攀升。他们的成就感和晋升感强烈，而成就、发展或晋升对他们的激励作用也最大。处于这一阶段的人们，要避免朝三暮四，专心于前一时期付出几年时间才确认的职业领域；在人生最富创造力的阶段，紧盯未来的生涯目标，按照生涯规划，扎实而又快速地在所选定的领域取得成就，奠定在某一领域的地位，取得很可能是一生最重要的成就。

处于这一阶段的人们，要善于利用身边的资源，甚至开发潜在资源为自己的发展服务。特别重要的是，因为这一阶段的员工也是用人单位最为关注的群体，所以如何把个人的发展与组织发展更好地结合、如何充分利用所服务的组织资源，对于个人生涯发展具有特别重要的意义。

（四）生涯中期阶段（典型年龄：46～55岁）

在上一阶段直线般上升后，生涯中期的人们的生涯发展处于巅峰的状态。然而，与前一阶段相比，这一阶段人们的发展速度明显下降，可能有较长时间原地踏步，出现所谓“生涯高原”（career plateau）现象。其原因在于两点：其一，个人潜力发掘殆尽；其二，组织内上升空间萎缩。固然还可以继续出

① 马士斌：《生涯管理：让辉煌事业伴随人的一生》，29～31页，北京，人民日报出版社，2001。

成果，但他们已经开始面对停滞的现实，对成就和发展的期望开始减弱，希望维持或保持自己已经取得的地位和成就的愿望大为加强；同时，他们也希望更新自己专业领域的知识和技能，或希望学习和掌握一些其他新领域的知识或技能，以便在经济停滞或萧条时保持自己的地位，以免遭受裁员，或便于在被裁员时另谋出路。一部分人尝试“生涯转移”(career transition)，希望转入一个新的领域，寻求新的发展。

(五)生涯后期阶段(典型年龄：56 岁至退休)

处于生涯后期的人们仍然是组织中的有效贡献者，他们中的部分人可能是组织中的绝对权威、学术上的泰斗，继续有创造性，但多数人则可能出现明显的生产率下降趋势。部分人要从组织的高位上退下来，让位于年轻人。他们希望找到自己的“学生”，以便延续自己的经验，并从“学生”的进步中获得新的成就感。另外，处于这个阶段的人们开始准备退休，希望为适应退休后的环境而学习或培养自己某些方面的爱好，如书画等；希望参加有利于身心健康的活动，但发挥余热的愿望也十分强烈。

(六)离开就业领域阶段

退休意味着离开就业领域，其职业生涯宣告结束。在这个阶段的初期，大多数人还具有一定的劳动能力，他们中的部分人，尤其是那些高级技术人员、高级管理人员和掌握一技之长的技术工人，仍然保留着工作的热情，希望为社会和组织发挥一点余热。

师范生能通过对职业与人生的分析，对于职业、人生以及它们之间的关系有一个初步的了解。在今后的职业生涯规划中，摆正职业和人生的关系，将给师范生的职业生涯发展带来重要又积极的影响。

活动与训练

小邹的家庭状况不好，再加上年幼丧父，他一直都比较郁郁寡欢。一直以来，他希望通过自己的努力去做点什么，让家里人过上好日子，但他总是害怕失败，什么也不太敢尝试。毕业之后，他先在一家保险公司跑业务。这本来不是他的专业，但他听说收入很高，不加考虑就进来了。而进保险公司之后，他才发现，其实这里的薪水是和自己的业绩挂钩的，凭他现有的能力拿到的薪水很低。没过多久他就辞职了。之后，他又打起做生意的主意，可是没有启动资金。

现在的小邹很苦恼，觉得前途一片渺茫。他不知道自己的梦想到底是什么，下一步该如何走。

结合本章所学内容，分小组讨论：你觉得小邹的职业发展在哪里出问题了？他的问题在你的身上也同样存在吗？如果是，那么你应该如何做出调整？如果不是，你认为如何规划自己的职业人生才是合理的、客观的和有价值的？

主题二　自我认知

主题目标

1. 掌握兴趣、人格、价值观的基本概念和类型。
2. 深入思考自己的人生，拓宽对职业的认识。
3. 了解职业与人生的关系，并规划自己的人生。

正确的自我认知对师范生的职业生涯规划有着极其重要的作用。自我认知主要包括兴趣的自我认知、人格的自我认知以及价值观的自我认知。如果对自己没有很好的认知，无论是找工作还是未来发展，都会碰到问题。

一、兴趣的自我认知

《论语》云："知之者不如好之者，好之者不如乐之者。"这里所说的"好之"和"乐之"就是指兴趣。可见，人的满足感和幸福感往往来源于从事某种活动。这也是工作原本的意义所在，工作本身可以带给我们快乐。

研究表明，兴趣与工作满意度、职业稳定性、职业成就感之间存在明显的联系。因此，在职业生涯辅导中我们将兴趣作为自我探索的一个重要方面，并研制出多种量表来测量人们的职业兴趣。

(一)如何认识自己的兴趣①

约翰·霍兰德(John Holland)是美国约翰·霍普金斯大学心理学教授、美国职业指导专家。他于1959年提出了具有广泛社会影响的职业兴趣理论。他认为人的人格类型、兴趣与职业密切相关，兴趣是人们活动的巨大动力；凡是具有职业兴趣的职业，都可以提高人们的积极性，促使人们积极地、愉快地从事该职业；职业兴趣与人格之间存在很高的相关性。霍兰德认为人格可分为社会型、企业型、常规型、实际型、调研型和艺术型六种类型。

霍兰德认为，对职业的兴趣将较大程度地决定对职业的投入程度。因此而兴起的职业兴趣测试越来越被大家认可。职业测试会帮助自己了解自己的职业兴趣，更准确地选择自己喜欢的职业，避免就业的盲目性，更好地激发自我的潜能，提高所从事职业的探索精神。对于这一切，兴趣占很大一部分。

1. 社会型

①共同特点：喜欢与别人交往，不断结交新的朋友，善于言谈、愿意教导别人。关心社会问题，

---

① 陈宝鹏、于经宇、赵冰梅：《大学生职业发展与就业指导实用教程》，59～64页，北京，航空工业出版社，2014；宋世忠：《大学生职业发展与就业指导》，40～41页，济南，山东人民出版社，2009。

渴望发挥自己的社会作用。寻求广泛的人际关系，比较看重社会义务和社会道德。

②典型职业：喜欢要求与人打交道的工作，能够不断结交新的朋友，从事提供信息、启迪、帮助、培训、开发或治疗等事务，并具备相应的能力。典型职业有教育工作者(教师、教育行政人员)，社会工作者(咨询人员、公关人员)。

2. 企业型

①共同特点：具有领导才能，喜欢竞争，敢冒风险，有抱负。为人务实，习惯以利益得失、地位等来衡量做事的价值，做事有较强的目的性。

②典型职业：喜欢要求具备经营、管理、说服、监督和领导才能，以实现机构、政治、社会及经济目标的工作，并具备相应的能力。典型职业有项目经理、销售人员、营销管理人员、政府官员、企业领导、法官、律师。

3. 常规型

①共同特点：尊重权威和规章制度，喜欢按计划办事，细心、有条理，习惯接受他人的指挥和领导，自己不谋求领导职务。喜欢关注实际和细节的情况，通常较为谨慎和保守，缺乏创造性，不喜欢冒险和竞争，富有自我牺牲精神。

②典型职业：喜欢要求注意细节、精确度，有系统、有条理，具有记录、归档，据特定要求或程序组织数据和文字信息的职业，并具备相应的能力。典型职业有秘书、办公室人员、记事员、会计、行政助理、图书馆管理员、出纳员、打字员、投资分析员。

4. 实际型

①共同特点：愿意使用工具从事操作性工作，动手能力强，做事手脚灵活，动作协调。偏好于具体任务，不善言辞，做事保守，较为谦虚。缺乏社交能力，通常喜欢独立做事。

②典型职业：喜欢使用工具、机器，需要基本操作技能的工作。对要求具备机械方面的才能、体力的职业或从事与物件、机器、工具、运动器材、植物、动物相关的职业有兴趣，并具备相应的能力。典型职业有技术性职业(计算机硬件人员、摄影师、制图员、机械装配工)，技能性职业(木匠、厨师、技工、修理工、农民、一般劳动)。

5. 调研型

①共同特点：思想家而非实干家，抽象思维能力强，求知欲强，肯动脑，善思考，不愿动手。喜欢独立和富有创造性的工作。知识渊博，有学识才能，不善于领导他人。考虑问题时比较理性，做事喜欢精确，喜欢逻辑分析和推理，不断探讨未知的领域。

②典型职业：喜欢需要完成抽象的、分析的、独立的定向任务，要求具备智力或分析才能，并将其用于观察、估测、衡量、形成理论、最终解决问题的工作，并具备相应的能力。典型职业有科学研究人员、教师、工程师、电脑编程人员、医生、系统分析员。

6. 艺术型

①共同特点：有创造力，乐于创造新颖、与众不同的成果，渴望表现自己的个性，实现自身的价值。做事理想化，追求完美，不重实际。具有一定的艺术才能和个性。善于表达、怀旧，心态较为复杂。

②典型职业：喜欢要求具备艺术修养、创造力、表达能力和直觉，并将其用于语言、行为、声音、颜色和形式的审美、思索和感受的工作，并具备相应的能力；不善于事务性工作。典型职业有艺术方面(演员、导演、艺术设计师、雕刻家、建筑师、摄影家、广告制作人)，音乐方面(歌唱家、作曲家、乐队指挥)和文学方面(小说家、诗人、剧作家)。

大多数人并非只有一种性向(比如，一个人的性向中很可能同时包含着社会型性向、实际型性向和调研型性向这三种)。霍兰德认为，如果这些性向越相似，相容性越强，那么一个人在选择职业时所面临的内在冲突和犹豫就会越少。为了帮助描述这种情况，霍兰德建议将这六种性向分别放在一个正六边形的每一个角中，如图 1-1 所示。

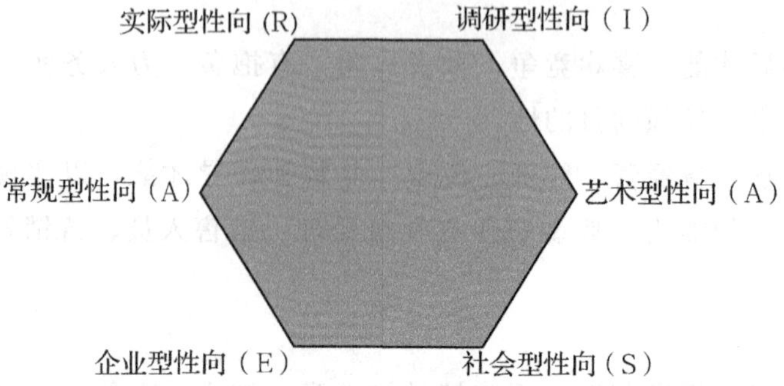

图 1-1 人格类型

(二)如何发掘自己的兴趣

有了兴趣，学习就会事半功倍，工作就会更上一层楼。如果仅是内心想学好或者想做好某件事，但实际上并不入门，就需要进行兴趣转移。

遇到这种情况时我们要有战胜困难的勇气和克服困难的信念，化繁为简，从基本的方面着手，将复杂的内容分解，慢慢夯实基础成为行业专家。

二、人格的自我认知

(一)人格的基本理论

美国心理学家奥尔波特首次提出了人格特质理论。他把特质分为共同特质和个人特质。

共同特质是在某一社会文化形态下，大多数人或一个群体所拥有的共同特质。在研究人格的文化差异时，我们可以比较不同文化中的共同特质。个人特质指的是个体身上所独有的特质。个人特质又分为首要特质、中心特质、次要特质。首要特质是一个人最典型、最有概括性的特质；中心特质是构成个体独特性的几个重要的特质；次要特质是个体的一些不太重要的特质，在一般情况下并不表现出来，往往只在特殊的情况下才表现出来。

卡特尔用因素分析的方法对人格特质进行了分析，提出了基于人格特质理论的理论模型。该模型分为四层，即个别特质和共同特质，表面特质和根源特质，体质特质和环境特质，动力特质、能力特质和气质特质。

①个别特质和共同特质：与奥尔波特的人格特质理论观点相同。

②表面特质和根源特质：表面特质是从外部行为可以直接观察到的特质。根源特质是制约表面特质的潜在基础，是人格的内在因素。

③体质特质和环境特质：从根源特质可以区分出这两种特质。体质特质由先天的生物因素决定。环境特质由后天的环境因素决定。

④动力特质、能力特质和气质特质：动力特质具有动力特征，使个体朝向某一目标，包括生理驱力、态度和情操。能力特质表现在知觉和运动方面的差异，包括流体智力和晶体智力。气质特质是决定一个人情绪反应速度与强度的特质。

卡特尔用因素分析的方法提出了16种相互独立作用的根源特质，从而编制了《卡特尔16种人格因素调查表》。他认为在每个人身上都具备这16种特质，只是在不同人身上的表现有程度上的差异。所以可以对人格进行量化分析。

一般来说，人格是个体道德品质的集中反映，是理想和追求的外在表现。什么样的人格也就决定了什么样的人生追求与价值目标。

(二)如何认识自己的人格

“人贵有自知之明。”了解自己属于哪种人格，是获得成功的重要前提之一。不同的人格适合不同的职业。

人格类型

三、价值观的自我认知

(一)价值观的基本概念

1. 价值观的概念

价值观是个人对事物的一种理性认识，它是个体在对社会进行了解、把握之后所选择的一种人生态度。职业价值观揭示了个体看待工作、职业回报、薪酬或其他相关问题的不同方式。

2. 价值观的作用[1]

价值观对动机有导向作用，人们行为的动机受价值观的支配和制约。价值观对动机模式有重要影响。在同样的客观条件下，具有不同价值观的人，其动机模式不同，产生的行为也不相同。动机的目的、方向受价值观的支配。只有那些经过价值判断被认为是可取的，才能转换为行为的动机，并以此为目标引导人们的行为。

价值观反映人们的认知和需求状况，价值观是人们对客观世界及行为结果的评价和看法。因而，它从某个方面反映了人们的人生观和价值观，反映了人们的主观认知世界。

(二)如何正确树立价值观

1. 重视自己

师范生应当重视自己。重视自己，是一种爱护自己的表现，能够使自己建立充分的自信心，帮助自己形成不卑不亢的人格，从而在工作、学习过程中指引自己拥有正确的思想，走正确的路。如果自己都不重视自己，那么也不可能有正确的价值观。

案例 1-1　重视自己

2. 正确理解成功

师范生要形成正确的价值观，就先要正确定义成功。师范生应当始终保持积极的心态，拥有强烈的进取心和正确的理想。这才是获得成功的前提条件。

(三)职业价值观[2]

职业价值观是指人生目标和人生态度在职业选择方面的具体表现，也就是一个人对职业的认识和态度以及他对职业目标的追求和向往。价值观测评有助于人们做出职业决策和提高工作的满意度。

案例 1-2　正确理解成功

理想、信念、世界观对于职业的影响集中体现在职业价值观上。我们常说“人各有志。”这个“志”表现在职业选择上就是职业价值观，它是一种具有明确的目的性、自觉性和坚定性的职业选择的态度和

---

① 柯美录：《大学生职业生涯规划与就业指导》，70页，武汉，华中科技大学出版社，2011。

② 马力、刘康宁、沈万红：《职业生涯规划》，55～56页，杭州，浙江工商大学出版社，2016。

行为，对一个人职业目标和择业动机起着决定性的作用。由于每个人的身心条件、年龄阅历、教育状况、家庭影响、兴趣爱好等方面的不同，人们对各种职业有着不同的主观评价。从社会上讲，由于社会分工和生产力水平的相对落后，各种职业在劳动性质的内容上，在劳动难度和强度上，在劳动条件和待遇上，在所有制形式和稳定性等诸多问题上，都存在差别。再加上受传统的思想观念等的影响，各类职业在人们心目中的声望地位便也有高低之分。这些评价都形成了人们的职业价值观，并影响着人们对就业方向和具体职业岗位的选择。

每种职业都有各自的特性，不同的人对职业意义的认识，对职业的不同评价和取向，这就是职业价值观。职业价值观决定了人们的职业期望，影响着人们对职业方向和职业目标的选择，决定着人们就业后的工作态度和劳动绩效水平，从而决定了人们的职业发展情况。哪个职业好？哪个岗位适合自己？从事某一项具体工作的目的是什么？这些问题都是职业价值观的具体表现。

活动与训练

回顾本章的学习内容，认真填写下面的表格，以便更全面地认识自己。表 1-1 为职业价值观评价表。

表 1-1　职业价值观评价表

项目	测试结果	自我评价
兴趣类型		
人格类型		
价值观类型		

主题三　职业认同感

主题目标

1. 掌握职业认同、教师职业认同的概念。
2. 培养自己的教师职业认同感。
3. 在培养自己职业认同感的同时产生职业自豪感。

教师职业认同感是从事教师职业重要的心理品质之一，既可通过职后教育获得，也可以通过职前教育进行培养。师范生的职业认同不仅直接影响到他们的专业学习和职业规划，而且还会影响到我国未来师资队伍的质量和稳定性。因此培养师范生的职业认同感变得必要且紧迫。首先要了解师范生职业认同的关键因素，据此才能找到培养师范生职业认同感的着力点。

一、对职业认同与教师职业认同的分析①

(一)职业认同

目前教育界对职业认同还没有一个确切的定义。人们普遍认为，职业认同是指一个人对所从事的职业在内心里认为它有价值、有意义，并能够从中找到乐趣。它既指一种过程，也指一种状态。就教师职业认同而言，“过程”是说教师从自己的经历中逐渐发展、确认自己的教师角色的过程；“状态”是说教师当前对自己所从事的教师职业的认同程度。

(二)教师职业认同

关于教师职业认同的内涵，研究者从不同的角度进行了多样化的解读。自我概念说认为，教师是一种高度自我涉入的职业，教师的职业认同就是教师个人对自己身为教师的概念；信念说认为，教师职业认同涉及与教师职业的意义和个体在此职业中的角色相关的个体信念和实践；综合说认为，教师职业认同是教师对其职业及内化的职业角色的积极的认知、体验和行为倾向的综合体。从认同的含义及其与自我的关系来看，职业认同涉及自我卷入，即个体将职业要求内化为自我的一部分，形成职业角色，自觉自主地按职业的要求行动，并能从中获得积极的体验。如此，教师职业认同则是教师个体在将自己的职业角色内化为自我一部分的过程中，将内化的职业角色和自我的其他部分建立一致性关系的过程及结果。

---

① 童安：《关于学前教育专业学生的教师职业认同感培养的研究》，载《教育教法探讨与实践》，2015(2)。

知识链接

美国南伊利诺伊大学爱德华兹维尔分校的“教育概论”课程是教育专业大一学生的必修课，也是他们从事教师职业学习的“第一课”。该课程从课堂教学的活动与讨论入手，既是教育专业学生的教学范例，又潜移默化地使他们形成对教师职业的认同感。

据此分析，教师职业认同至少包括四个方面，涉及七大因素：①认识与了解教师职业及职业要求，关涉职业认识；②教师职业角色和自我的其他部分建立一致性关系，关涉职业价值观、职业期望和职业意志；③践行教师职业要求，关涉职业技能和职业行为倾向；④获得积极的教师职业体验，即由角色、成就和情感构成的多维体验，关涉职业情感。

上述对教师职业认同的论述全部基于“准教师”的角度，强调教师个体在从事职业活动中形成的教师职业认同。事实上，教师职业认同的形成是长期、复杂的过程，可追溯到教师职前教育阶段。师范生毕竟是尚未真正走上教师岗位、从事教师职业的“未来教师”，其与职后准教师的职业成长境遇十分不同。由于认同涉及高度的自我卷入，职前与职后个体的反应必然有着本质的区别。比如，职前个体很难判定其职业意志和职业行为倾向。因此师范生的职业认同主要包括职业认知、职业价值观、职业技能和职业情感四个方面。

二、师范生职业认同感培养的着力点①

师范生阶段正处于职业认同感形成的关键阶段，专业教育在职业认同感的形成过程中起着非常重要的作用。结合上述分析，从尚未入职的师范生角度来看，其职业认同感的培养应以专业教育为抓手，着力于以下几个方面。

(一)帮助师范生形成正确的职业认知

职业认知是职业认同的基础。在此，职业认知是指师范生对教师职业的性质、功能、意义等的认识。对教师角色的正确认识影响师范生职业认同感的形成。部分师范生在选择专业时对本专业缺乏正确的认识，认为胜任教师工作无须学习太多的知识，还认为教师的收入较低。这些挫伤了师范生选择和学习师范专业的积极性，当然也不可能产生积极的职业认同。

专业教育可以纠正师范生对教师职业的错误认识，重要的是引导师范生从对教师职业的外在关注转向内在关注。师范生通过专业学习，理解教师职业的积极作用和巨大价值，深刻了解教师工作蕴含丰富的专业技巧和能力要求、具有极强的专业性及科学性。

(二)帮助师范生树立良好的职业价值观

价值观是个体对物质我、社会我和精神我需求的认识与取向。职业价值观是个体在职业选择与完成过程中对物质我、社会我和精神我需求的认识与取向。简言之，职业价值观是指师范生对教师职业要达到什么样的目的的认识。职业价值观应该是个体多种需求取向的结合。其中精神我的需求取向是职业价值观中最深层、最持久、最稳定的部分，决定了职业认同感的水平。

师范类人才的培养过程，要引导师范生逐步修正自己的职业价值取向，从单纯关注经济收入过渡到职业上的自我发展，激发他们对于教师职业的热爱；引发他们对人生终极追求的思考，形成对职业

---

① 转引自童安：《关于学前教育专业学生的教师职业认同感培养的研究》，载《教育教法探讨与实践》，2015(2)。

与自我实现的正确认识，提高他们的职业认同。

（三）帮助师范生发展扎实的职业技能

职业技能指师范生将来从事教师职业时必须具备的技术和能力。职业能力的高低直接决定个体能否顺利、符合标准地按职业要求行动，关系到个体能否顺利实现职业角色的内化，影响个体的职业情感体验，从而影响职业认同感的形成。关于教师必备技能的分析和阐述多种多样，但当前有一个共识就是，部分师范生的教育教学实践能力亟待提高。他们在教学实践过程中遇到的问题不能及时得到解决，成就体验低，一定程度上动摇了他们从事教师职业的信念。

为此，我们必须进行以实践为导向的课程改革。一方面，要合理调整理论课程与技能课程的比例，增加教师教育技能类课程，加大教育教学技能的培训，丰富教育实践课程的内容和形式，调整教育实践课程在整个培养阶段的学时分配和布局；另一方面，要改革课程教学模式，优化课程内容，坚持以师范生为主体、以教师为主导的原则，采用案例教学、模拟练习、实操训练、教育见习和实习等多种教学模式，转变考评方式，切实提高师范生的教育教学实践能力。

（四）帮助师范生获取积极的职业情感体验

职业情感体验是指师范生对教师职业是否喜欢、在教学实践中的情感体验是积极还是消极，涉及他们对学生的接受和喜爱度以及教育教学技能的自我效能感。普遍来看，师范生喜欢学生的天真活泼，乐于与学生接触。但是这种喜欢只是职业情感体验的一个层面，需要通过积极的情感体验加以强化和巩固。从教时的积极情感体验与职业技能密不可分。当个体在从教时能有效地达成教育目标，对自己的教育教学能力颇有自信，势必会获得满足、愉悦的心理体验，加深他们对职业的喜爱和认同；反之亦然。

师范生的教育中应贯穿职业情感教育，尤其是切实采取措施提升他们的教育教学技能，为他们提供丰富的实习、实训机会，引导他们在实践活动中体验职业成就和乐趣。

如上所述，提升师范生的职业认同感可通过专业教育实现，只是需要注意：这种教育必须是真正专业化和实践性的学习，必须通过课程的持续渗透方能达成。

活动与训练

回顾本章的学习内容，讨论应如何提升自己的职业认同感。

主题四　职业生涯发展规划

主题目标

1. 掌握职业生涯发展、职业生涯发展规划的概念。了解影响职业生涯发展的因素，掌握进行职业生涯发展规划的意义。

2. 会撰写职业生涯发展规划书。

3. 深刻领会要拥有一份美好的、适合自己的职业必须进行职业规划。

师范生通过对职业生涯发展的基本理论，职业生涯发展规划的概念、原则和方法以及职业生涯发展规划意义的学习，认识职业生涯发展规划，并能结合自身的情况进行职业生涯发展规划、撰写职业生涯发展规划书。

对于师范生来说，他们都期望着将来踏入社会能在事业上获得成功。我们如何才能做到事业有成呢？职业生涯发展规划为我们提供了一条走向成功的路。

一、职业生涯发展的基本理论①

(一)职业生涯发展的定义

职业生涯发展是指为达成职业生涯计划的各种职业目标进行的知识、能力和技能的发展性培训、教育等活动，也是个体逐步实现其职业生涯目标，并不断确定和实施新目标的过程。

(二)影响职业生涯发展的因素

1. 个人因素

个人因素在职业生涯中起着基础的作用，决定着人的发展方向和前景。它主要包含健康、性别、教育、年龄、心理因素。

(1)健康

健康的身体是任何人职业生涯开始的首要条件。凡是积极追求健康的人，大多满意他们过去的职业经历。他们看重生命、关心健康、执着追求。但是紧张忙碌的工作会导致压力增加。因此，采取一些技巧，保持适度的压力激励自己，但又不伤害身体是十分重要的。

(2)性别

性别问题对事业的挑战别具意义。每个人都必须找出自己的优势，以便充分发展自己的性别特色，并使自己能够获得成功。这就与个人的职业生涯密切相关了。

---

① 吴小军：《浅析影响个人职业生涯的因素》，载《中国大学生就业》，2006(14)。

(3)教育

职业生涯发展深受正规教育或专业训练的影响。受教育程度虽然是事业成功不可缺少的因素，但就部分职业而言，也未必尽然。现在企业对录用者能做什么较有兴趣，而不是只注意他们的学历。一般来说，企业要找的是既受过正规教育，又具备某些发展潜力的人。

(4)年龄

大部分事业是与人的年龄密切联系在一起的。事实上，有少数人在一般认定的年龄之后才开始事业的重要阶段，被称为“大器晚成”。但是不能拿大多数人的事业与这极少数的例外者相提并论。每个人都必须自问：“我的时间应该怎么投资才能获得最佳的回报?”每一个人都应该把握最佳年龄优势期，拓展自己的事业。

(5)心理因素

美国的心理动力论者认为职业选择是个人快乐原则与现实原则相结合的结果。个人在人格通过升华的作用，选择可以满足其需要的职业。职业指导的重点应着重“自我功能”的增强。若心理问题得到解决，则包括职业选择在内的日常生活问题将可顺利得到解决而不需要再加指导。

社会上的职业都能被归入代表心理分析需要的、分属以下范围的职业群：养育的、操作的、感觉的、探究的、流动的、抑制的、显示的等。人们对自我能力及性格的定义，往往决定了自己的行为。而行为又与职业生涯有着直接的联系，将对个人的职业生涯产生深远的影响。

2. 社会因素

社会因素对每个人的职业生涯乃至发展都有重大的影响。通过对社会大环境进行分析，我们可以了解所在国家的经济发展、法治建设的方向，寻求各种发展机会。影响职业生涯发展的社会因素包括如下几方面。

(1)经济发展水平

一般来说，在经济发达地区，个人职业选择的机会就比较多，因而有利于个人职业的发展。反之，在经济不发达的地区，个人职业选择的机会就比较少，个人职业生涯也会受到限制。

(2)社会文化环境

社会文化环境是影响人的行为、欲望的基本因素。它主要包括教育水平、教育条件和社会文化设施等。在良好的社会文化环境中，个人受到良好的教育和熏陶，从而为职业生涯发展奠定基础。

(3)价值观念

人们生活在社会环境中必然会受到社会价值观念的影响。人们的价值取向在很大程度上都是为社会主体价值取向所左右的。一个人的思想发展、成熟的过程其实就是认可、接受社会主体价值观念的过程。社会价值观念正是通过影响个人的价值观念而影响个人的职业选择的。

(4)政治制度

政治和经济是相互影响的。政治制度不仅影响到一国的经济体制，而且影响着企业的组织体制，从而直接影响到个人的职业发展。政治制度还会潜移默化地影响个人的追求，从而对个人的职业生涯产生影响。

分析和了解影响职业的社会因素，有助于我们制定正确的职业生涯发展规划，使我们在变化的社会环境中不断获得职业生涯的新发展。

3. 环境因素

环境对个人的职业有着直接或间接的影响，它左右着人们所从事的行业、改变着人们的发展轨迹。环境有地理环境、家庭环境、行业环境之分。

(1)地理环境

地理环境对事业的影响常常被低估。住在环境需要其才能的地区的人比在不利环境中尝试展现其能力的人有更多的机会。而居住在经济不发达地区的人最能理解地理环境对机会的影响。

(2)家庭环境

家庭是人们生活的重要场所。人的一生都与家庭相伴，在一定程度上会受到家庭成员想法的影响，形成一定的价值观念和行为模式。这种价值观念和行为模式必然影响一个人对职业的评价和对未来职业的选择倾向。此外，职业生涯的每一个阶段都与家庭因素息息相关。

(3)行业环境

行业环境直接影响企业的发展状况，进而影响到个人的职业生涯发展。良好的行业环境有利于个人选择有发展前途的行业和职业，有助于个人更好地实现职业目标。行业环境包含以下内容。

①行业发展现状。对行业发展现状进行分析，首先应了解自己现在从事的是什么行业，这个行业目前有着怎样的发展趋势。

②国内外重大事件对行业的影响。行业的发展容易受到国内外重大事件的影响，进而影响到该行业能否提供较多的职业机会。

③行业发展前景预测。行业发展前景预测包括两个方面的内容：一方面是行业自身的生命力，涉及技术、资金支持等；另一方面是对国家相关行业政策的分析和研究。

二、职业生涯发展规划的概念、原则和方法

(一)职业生涯发展规划的概念

职业生涯发展规划是指结合自身条件和现实环境，确立自己的职业目标，选择职业发展路线，制订相应的培训、教育和工作计划，并按照职业生涯发展的阶段来行动，以实现职业目标的过程。

(二)职业生涯发展规划的原则①

①清晰性原则：目标、措施要求清晰、明确，实现目标的步骤要求直截了当。

②挑战性原则：目标或措施要求具有挑战性。

③动态性原则：目标或措施要求有弹性或缓冲性，能依循环境的变化而做调整。

④一致性原则：主要目标与分目标一致，目标与措施一致；个人目标与组织目标一致。

⑤激励性原则：目标能对自己产生内在的激励作用。

⑥合作性原则：个人目标与组织目标具有合作性与协调性。

⑦全程性原则：制订职业生涯发展规划时必须考虑职业生涯发展的整个历程。

⑧量化清晰性原则：职业生涯发展规划各阶段的路线与安排必须具体可行。

⑨务实性原则：实现职业生涯发展目标的途径很多。做规划时必须考虑自己的特质、社会环境、组织环境以及其他相关因素，选择切实可行的途径。

⑩可评量性原则：制定的规划应有明确的时间限制或标准，以便评量、检查，随时掌握执行的状况，并为规划的修正提供参考依据。

(三)职业生涯发展规划的方法

职业生涯发展规划的方法有多种，下面介绍几种常用的方法。

---

① 林莉、王岩：《人力资源管理》，243～249页，北京，清华大学出版社，2012。

1. SWOT 法

SWOT 法旨在分析个人的能力、职业、喜好和职业机会。它主要用于分析组织和个人内部的优势与劣势以及外部环境的机会与威胁，制订未来发展策略。所谓 SWOT 的真正含义为：S，即 Strength，指强项、优势；W，即 Weakness，指弱项、劣势；O，即 Opportunity，指机会、机遇；T，即 Threat，指威胁、危机。

实施这种方法有四个基本步骤，即正确评估自己的长处和短处；找出职业机会和威胁；列出自己未来几年的工作目标；列出未来几年的职业工作计划。

2. "5W"法

许多职业咨询机构在提供咨询时都是从"5W"开始询问的。"5W"即我是谁(who)？我想做什么(what)？我能做什么(what)？环境允许我做什么(what)？我的最终目标是什么(what)？利用一切归零的思路，重新了解、认识自己。

案例 1-3
SWOT 法

三、师范生进行职业生涯发展规划的意义[①]

职业生涯发展规划对于学生而言就是在自我认知的基础上，根据自己的专业特长、知识结构，结合社会环境，对将来要从事的职业以及要达成的职业目标所做的方向性的方案。

根据萨珀(Sapper)的职业生涯发展理论，师范生处于职业生涯的探索阶段，且正好跨越了过渡阶段(18～22 岁)和试验承诺阶段(22～24 岁)两个阶段。在这两个阶段，师范生的能力迅速提高，职业兴趣趋于稳定，逐步形成了对未来职业生涯的预期；在完成了职业学习和职业准备，师范生毕业后会走上就业岗位，正式开始自己的职业生涯。故此，在试验承诺阶段，许多师范生往往需要就自己的未来职业生涯做出关键性的决策。

通过对自己职业生涯的规划，师范生可以解决职业生涯中的"四定"问题——定向、定点、定位、定心，尽早确定自己的职业目标，选择自己职业发展的地域范围，把握自己的职业定位，保持平稳和正常的心态，按照自己的目标和理想有条不紊、循序渐进地努力。

职业生涯发展规划的训练有助于全面提高师范生的综合素质，避免学习的盲目性和被动性；可以使师范生将职业目标和实施策略了然于心中，并便于从宏观上予以调整和掌控，能在职业探索和发展中少走弯路，节省时间和精力。同时，职业生涯发展规划还能对师范生起到内在的激励作用，使他们产生学习、实践的动力，促使他们不断为实现各阶段的目标而努力。师范生需要认识到职业生涯发展规划的重要意义。

(一)职业生涯发展规划可以发掘自我潜能，增强个人实力

职业生涯发展规划具有如下作用。

①引导师范生正确认识自身的个性特质、现有与潜在的资源优势，帮助他们重新对自己的价值进行定位并使其持续增值。

②引导师范生对自己的综合优势与劣势进行对比分析。

③使师范生树立明确的职业发展目标与职业理想。

④引导师范生评估个人目标与现实之间的差距。

⑤引导师范生形成前瞻与实际相结合的职业定位，搜索、发现新的职业机会。

---

① 周兆龙、吴伟：《大学生职业生涯与发展规划》，39～42 页，北京，人民邮电出版社，2015。

⑥使师范生学会运用科学的方法，采取可行的步骤与措施，不断增强职业竞争力，实现自己的职业目标与理想。

(二)职业生涯发展规划可以增强发展的目的性与计划性，增加成功的机会

生涯发展规划要有计划、有目的，有时候我们的职业生涯受挫就是由于生涯发展规划没有做好。好的规划是成功的开始，“凡事预则立，不预则废”就是这个道理。

(三)职业生涯发展规划可以提升应对竞争的能力

当今社会处在变革的时代，到处充满着竞争。物竞天择，适者生存。要想在竞争中脱颖而出，必须设计好自己的职业生涯发展规划。这样才能做到心中有数。然而有些师范生不能做好自己的职业生涯发展规划，他们没有充分认识到职业生涯发展规划的意义与重要性。实际上师范生需要未雨绸缪，先做好职业生涯发展规划。有了清晰的认识与明确的目标之后再把求职活动付诸实践，这样的效果要好得多，也更经济、更科学。

从人力资源的角度出发，用人单位非常看重员工的职业生涯发展规划是否透明，是否与自身的发展一致。比如，有一位毕业生在自己的求职资料中简要地描述了自己的生涯发展规划——“乐意从基层的工作做起，用3～5年时间熟悉业务，掌握相应经验，然后向高级主管职位挑战”。尽管其成绩在众多竞争者中很一般，但却应聘成功。只有少数求职者会写出自己的未来生涯发展规划。这些规划让用人单位觉得求职者的求职意向是经过深思熟虑确定的。即使其生涯发展规划只有5年甚至更短的时间，用人单位也乐意聘请这种目标明确、规划透明的人。

因此，应该从师范生入学就开始进行职业生涯发展规划相关的培养、引导和训练，以便为他们未来一生的职业发展打下坚实的基础。

四、职业生涯发展规划书的撰写①

职业生涯发展规划书是对职业生涯发展规划的一种书面化的呈现。通过撰写职业生涯发展规划书，师范生不仅能正确认识自己，而且能对职业规划有个宏观的把握，并根据社会环境和自身条件等多方面因素确定未来的职业发展方向。

(一)职业生涯发展规划书的构成

表1-2 职业生涯发展规划书的构成

构成要素	相关内容
引言	对规划书整体内容的概述，包括对职业生涯发展规划的认识、大体规划思路和愿景等
自我分析	根据职业测评结果，结合自己的成长历程，分析自己的个性、兴趣、价值观等
环境分析	对包括家庭环境、学校环境、社会环境等在内的外在环境因素进行分析
职业定位	在完成自我分析和环境分析后，根据结果和自身的优势、劣势对自己的职业目标进行定位
实施细则	根据职业目标，制订相应的实施计划；实施计划应切合自身实际，并且能够满足实现长期发展的需要
评估调整	根据环境的变化，包括国家政策、社会、市场等，结合自身的成长，进一步提出评估和调整计划
结语	总结职业生涯发展规划，对自身的未来和职业发展做出展望

① 周兆龙、吴伟：《大学生职业生涯与发展规划》，114～124页，北京，人民邮电出版社，2015。

（二）职业生涯发展规划书的撰写要求

1. 资料翔实，结构分明

师范生可以通过上网搜索、访谈、阅读书报杂志等多种途径获取撰写职业生涯发展规划书的资料，并且尽可能标注资料的出处，在适当时运用图表数据等手段来阐述问题，提高资料的说服力。师范生还应根据要求、目标设定等对资料进行分析；了解相关测评理论及知识，理性地看待测评结果，并对应自身的条件和测评结果，完成自我评估，做到有理有据，层层推进。

2. 目标设定合理

职业生涯发展规划的目标应切合实际，并始终围绕职业生涯发展规划加以设定。师范生应当综合考虑自身的兴趣爱好、优势、劣势、环境特点、未来愿景等多方面因素来设定切实可行的、有效的发展目标。职业生涯发展规划的目标能反映出师范生对自身和环境的认识情况。

3. 措施具体有效

笼统且难执行的措施、无条理的安排，会导致师范生在实施职业生涯发展规划时遇到各种困难。措施越具体有效，实施起来越得心应手。师范生应当有序地将目标分解到各个阶段，并注意各个阶段在时间、空间、功能上的内在关系。师范生应全方位地整合职业生涯、家庭生活等多方面内容，合理得当地设定目标和分解目标，确保职业生涯发展规划的每一步都有据可依。

4. 格式清晰，论证严密

一般来说，职业生涯发展规划书分为表格式、条列式、复合式、论文式四种格式。师范生应根据需要选择适当的格式。通常情况下，要对一个人的职业生涯发展规划做出详细的分析和阐述，论文式是较为完整、科学的格式。而其余三种格式的规划书是对目标、阶段、时间、职业机会、发展策略进行简单提炼而侧重点不同的实施方案，供师范生提醒自己。

案例 1-4　职业生涯发展规划书

活动与训练

请根据职业生涯发展规划书的撰写要求修改和完善自己的职业生涯发展规划书。

第二单元
教育法律法规

通过学习教育法律法规，师范生能比较系统地掌握教育法律法规的基础知识和理论，获得运用相关知识和理论解决教育教学和学生管理中的实际问题的能力。

师范生通过学习教育法律法规的基本知识，系统掌握教育法律法规，树立法治意识，认真行使教师的基本权利，履行教师的义务；在教育教学过程中能充分运用法律保障学生的合法权益，明确学生在学校的主体地位，关注学生的权利，尊重学生的人格。

本单元通过让师范生学习教育法律法规的基本知识，系统掌握教育法律法规，树立法治意识，认真行使教师的基本权利，履行教师的义务；在教育教学实践中，关注学生的权利，尊重学生的人格，充分运用法律保障学生的合法权益。

微课视频

主题一　教育法律法规概述

主题目标

1. 能比较全面系统地掌握教育法律法规；增强依法治教的意识、能力和水平。
2. 能运用所学的教育法律法规知识分析案例、解决实际问题。
3. 提高运用法律维护自身权益的能力，增强自身守法、用法的法律意识和素养。

一、教育法概述

(一)教育法的概念与功能

广义的教育法是指国家制定或认可的并由国家强制力保证实施的强调教育活动中各种社会关系的法律规范的总和。狭义的教育法仅指国家权力部门(或立法机关)制定的教育法律，即由全国人民代表大会及其常务委员会制定的教育法律。

教育法的功能指的是由教育法的属性、内容及其结构所决定的教育法的潜在效用。它是教育法具有生命力的内在依据。教育法的具体功能包括规范功能、标准功能、预示功能和强制功能。

(二)教育法的基本原则

教育法的基本原则是指教育法所固有的指导教育法治活动全过程的全局性、根本性的准则，是有关教育立法、执法的依据，是宪法在教育建设中的具体体现和党的方针的集中体现，反映了我国社会主义教育的基本性质和教育基本制度的特点。

1. 教育必须坚持社会主义方向的原则

我国教育的指导思想和基本原则依据为：以马克思列宁主义、毛泽东思想、邓小平理论、“三个代表”重要思想、科学发展观、习近平新时代中国特色社会主义思想为指导，遵循宪法确定的基本原则；坚持教育的社会主义培养方向；培养全面发展的社会主义建设者和接班人；进行爱国主义、集体主义、社会主义教育；继承、弘扬优秀历史文化传统，吸收人类发展的一切优秀成果。

2. 教育的公共性原则

《中华人民共和国教育法》(简称《教育法》)第八条规定：“教育活动必须符合国家和社会公共利益。”这一规定确立了我国教育的公共性原则。教育要对国家、人民和社会公共利益负责，宗教不得干涉教育活动。教育应以促进学生的身心发展和教育事业的发展为主要目的，坚持公共性原则。《教育法》第十二条规定：“国家通用语言文字为学校及其他教育机构的基本教育教学语言文字，学校及其他教育机构应当使用国家通用语言文字进行教育教学。”这一规定也体现了教育的公共性原则。

3. 教育的保障性原则

教育不直接创造物质财富，属于公益性事业。教育的保障性原则是指国家、社会都应关心和支持教育事业，尊重教师，全方位保障教育事业的发展。国家实施九年制义务教育，保护教师的合法权益。《教育法》以专章的形式规定了教育投入和条件保障。明确教育物质条件保障问题，是教育的保障性原则的具体落实。

4. 教育平等性原则

教育平等性原则不仅是《教育法》的基本原则，也是对宪法的贯彻和落实。所有人依法享有平等的受教育机会。国家帮助少数民族地区发展教育事业，帮助残疾人发展教育事业。

5. 终身教育原则

《教育法》以法律的形式肯定了终身教育原则。建立健全终身教育体系，鼓励发展多种形式的继续教育，鼓励学校以及其他教育机构、社会组织为公民接受终身教育创造条件。

(三)教育法的渊源

1. 宪法

《中华人民共和国宪法》(简称《宪法》)是我国的根本大法，是国家法律的总章程，是我国一切立法的依据，是我国教育法的基本渊源。《宪法》由全国人民代表大会审议通过，具有最高的法律地位和法律效力。

《宪法》作为教育法的渊源，可以从两个方面去理解：一是其规定了教育法的基本指导思想和立法依据；二是其直接规定了教育教学活动的基本法律规范。

2. 教育法律

依据制定机关和调整对象的不同，教育法律可分为基本法律和基本法律以外的法律两种。

(1)基本法律

基本法律是由全国人民代表大会制定和发布的，通常规定和调整某一方面的根本性、普通性法律。1995年3月18日通过的《中华人民共和国教育法》是我国的教育基本法。

(2)基本法律以外的法律

基本法律是由全国人民代表大会常务委员会制定和修改的规定和调整国家教育事业某一方面的具体法律关系的法律。它的规定对象较窄、内容较具体，包括《中华人民共和国学位条例》《中华人民共和国义务教育法》(简称《义务教育法》)、《中华人民共和国教师法》(简称《教师法》)、《中华人民共和国职业教育法》《中华人民共和国高等教育法》《中华人民共和国民办教育促进法》等。

3. 教育行政法规

教育行政法规是由国务院根据宪法，为实施宪法和法律而制定的关于国家教育行政管理活动方面的规范性文件。它的法律效力仅次于宪法和教育法律。它一般有三种形式，即条例、办法、规定，如《中华人民共和国教师资格条例》等。

4. 地方性教育法规

地方性教育法规是地方国家权力机关及其常设机关为保证宪法、法律和行政法规的遵守和执行，结合本行政区的具体情况和实际需要，依照法定权限通过和发布的规范性教育法律文件。其前提是不得同宪法、法律和行政法规相抵触。地方性教育法规通常包括条件、办法、规定、规则、实施细则等形式。地方性教育法规只在地方行政区域内有效。

5. 教育行政规章

教育行政规章包括部门教育规章和地方性教育规章。部门教育规章是指国务院所属各部门制定的规范性教育法律文件；地方性教育规章是指地方国家行政机关制定的规范性教育法律文件。

二、《中华人民共和国教育法》概述

《教育法》于 1995 年 3 月 18 日由第八届全国人民代表大会第三次会议通过，于同年 9 月 1 日起正式实施。这是我国历史上第一部由最高权力机关制定的关于教育的根本大法。《教育法》的制定对落实教育优先发展的战略方针，维护学校、教师和学生的合法权益，保障教育的改革和发展，建设具有中国特色的社会主义现代化教育制度，促进社会主义精神文明建设，具有重大而深远的意义。

《教育法》于 2009 年 8 月 27 日、2015 年 12 月 27 日、2021 年 4 月 29 日分别进行了三次修正。2021 年 4 月 29 日，第十三届全国人民代表大会常务委员会第二十八次会议通过《全国人民代表大会常务委员会关于修改〈中华人民共和国教育法〉的决定》，具体对第三条、第四条、第五条、第七条、第七十七条进行了修改。

(一)《教育法》的特点

1. 规范性和导向性相结合

《教育法》实施以来，特别是改革开放以来我国教育改革和发展的成熟经验，通过法律规范的形式固定下来，巩固了教育改革和发展的成果。

2. 原则性和可操作性相结合

《教育法》作为教育的基本法主要是对我国教育事业改革和发展的全局性的重大问题做出原则规定，对教育工作中的许多具体问题通过制定配套法规加以规范。但《教育法》也注意了可操作性，特别是明确了违反《教育法》的法律责任、处罚形式和执法机关，使《教育法》的实施做到有法必依、执法必严、违法必究。

(二)《教育法》的基本内容

1. 教育的性质、方针和基本原则

《教育法》第三条规定："国家坚持中国共产党的领导，坚持以马克思列宁主义、毛泽东思想、邓小平理论、'三个代表'重要思想、科学发展观、习近平新时代中国特色社会主义思想为指导，遵循宪法确定的基本原则，发展社会主义教育事业。"它明确规定了我国教育工作的指导思想和我国教育的社会主义性质。

从我国教育的社会主义性质出发，《教育法》第五条规定了我国的教育方针，即"教育必须为社会主义现代化建设服务、为人民服务，必须与生产劳动和社会实践相结合，培养德智体美劳全面发展的社会主义建设者和接班人"。《教育法》第一次以立法的形式完整、科学地表述了我国的教育方针，为我们坚持教育的社会主义方向提供了充分的法律依据。

为了全面贯彻国家的教育方针，《教育法》第六条至第十一条规定了教育活动应当遵循的基本原则。

第一，重视对受教育者进行政治思想品德教育的原则。随着改革开放的深入和社会主义市场经济体系的建立，各种新的思想观念不断产生。为此，《教育法》第六条规定："国家在受教育者中进行爱国主义、集体主义、中国特色社会主义的教育，进行理想、道德、纪律、法治、国防和民族团结的教育。"

第二，继承和吸收人类优秀文化成果的原则。《教育法》第七条规定："教育应当继承和弘扬中华优秀传统文化、革命文化、社会主义先进文化，吸收人类文明发展的一切优秀成果。"在开放的世界里，我们应当扩大同世界各国的交流与合作，吸收和借鉴国外的优秀成果。只有这样才能使我国的教育在面向世界、面向未来中不断得到发展。

第三，符合国家和社会公共利益的原则。《教育法》第八条规定："教育活动必须符合国家和社会公共利益。"在我国，国家和社会公共利益是指以工人阶级为领导、以工农联盟为基础的人民民主专政的社会主义国家的利益和中华人民共和国全体成员的共同利益。

第四，受教育机会平等的原则。《教育法》第九条规定："中华人民共和国公民有受教育的权利和义务。""公民不分民族、种族、性别、职业、财产状况、宗教信仰等，依法享有平等的受教育机会。"公民受教育机会平等是指公民在受教育方面的权利和义务具有平等的法律地位，不因民族、性别、职业、财产状况等方面的不同或差别而受到不平等的对待。

为了保障公民广泛受教育的权利，《教育法》第十条规定："国家根据各少数民族的特点和需要，帮助各少数民族地区发展教育事业。"我国是一个统一的多民族国家，加快少数民族和民族地区教育事业发展，不仅关系到少数民族的繁荣和幸福，而且关系到我国现代化建设的全局。

第五，建立和完善终身教育体系的原则。《教育法》第十一条规定："国家适应社会主义市场经济发展和社会进步的需要，推进教育改革，推动各级各类教育协调发展、衔接融通，完善现代国民教育体系，健全终身教育体系，提高教育现代化水平。"第二十条规定："国家鼓励发展多种形式的继续教育，使公民接受适当形式的政治、经济、文化、科学、技术、业务等方面的教育，促进不同类型学习成果的互认和衔接，推动全民终身学习。"

2. 教育基本制度

(1)学校教育制度

学校教育制度又称学制，是指一个国家各级各类学校的体系及其性质、任务、入学条件、学习年限及相互关系的总和。《教育法》第十七条规定："国家实行学前教育、初等教育、中等教育、高等教育的学校教育制度。""国家建立科学的学制系统。学制系统内的学校和其他教育机构的设置、教育形式、修业年限、招生对象、培养目标等，由国务院或者由国务院授权教育行政部门规定。"我国现行学制分为学前教育、初等教育、中等教育、高等教育四个阶段。

学前教育是幼儿园及其他学前教育机构对学龄前儿童实施的早期教育。学前教育应根据幼儿的身心发展规律实行保育和教育相结合的原则，促进幼儿的身心健康和谐发展。学前教育是为接受基础教育做准备的。

初等教育又称小学教育，是对受教育者进行的文化基础教育和初步生活能力教育。中等教育是在初等教育基础上进行的中等普通教育和职业教育。高等教育是在中等教育基础上进行的各种专业教育，包括高等专科教育、本科教育和研究生教育。

(2)义务教育制度

《教育法》第十九条规定："国家实行九年制义务教育制度。"所谓义务教育是指依照法律规定，适龄儿童、少年必须接受的、免费的和国家、社会、学校、家庭必须予以保证的国民教育。在我国，义务教育包括初等教育和初级中等教育两个阶段。为了保证义务教育的实施，《教育法》第十九条还规定："各级人民政府采取各种措施保障适龄儿童、少年就学。""适龄儿童、少年的父母或者其他监护人以及有关社会组织和个人有义务使适龄儿童、少年接受并完成规定年限的义务教育。"

(3)职业教育制度

《教育法》第二十条规定："国家实行职业教育制度和继续教育制度。"职业教育是从事某种职业或生产劳动所需的知识和技能的教育，包括职业学校教育、职业培训和职前培训。《教育法》第二十条规定："各级人民政府、有关行政部门和行业组织以及企业事业组织应当采取措施，发展并保障公民接受职业学校教育或者各种形式的职业培训。”

（4）继续教育制度

《教育法》第二十条规定：“国家鼓励发展多种形式的继续教育，使公民接受适当形式的政治、经济、文化、科学、技术、业务等方面的教育，促进不同类型学习成果的互认和衔接，推动全民终身学习。”国家鼓励公民接受继续教育，全面提高公民的素养，与终身教育体系相衔接。

（5）国家教育考试制度

《教育法》第二十一条规定：“国家实行国家教育考试制度。”“国家教育考试由国务院教育行政部门确定种类，并由国家批准的实施教育考试的机构承办。”国家教育考试制度是由国家统一授权或批准的实施教育考试的机构承办考试的制度，规定了考试合格者的学历、待遇、使用等。

（6）学业证书制度

《教育法》第二十二条规定：“国家实行学业证书制度。”学业证书是指学校及其他教育机构颁发给受教育者的表明其受教育程度的凭证。学业证书制度是用人单位衡量持有者知识水平和能力水平的重要手段，是一项重要的教育制度。我国的学业证书包括学历证书和非学历证书。

（7）学位制度

《教育法》第二十三条规定：“国家实行学位制度。”学位制度是指国家授权的学位授予单位对达到一定学术水平或专业技术水平的人员授予相应学位的制度。实行学位制度对于促进我国专门人才的成长，促进科学技术水平的提高以及教育、科学、文化事业的发展，有着十分重要的作用。

（8）扫除文盲教育制度

《教育法》第二十四条规定：“各级人民政府、基层群众性自治组织和企业事业组织应当采取措施，开展扫除文盲的教育工作。”“按照国家规定具有接受扫除文盲教育能力的公民，应当接受扫除文盲的教育。”扫除文盲教育是指让不识字或者识字较少的青少年和成年人获得初步的阅读、写字、计算能力而进行的基础文化教育。

（9）教育督导制度和学校及其他教育机构教育评估制度

《教育法》第二十五条规定：“国家实行教育督导制度和学校及其他教育机构教育评估制度。”教育督导是政府的行政监督行为，其基本任务是对下级人民政府、下级教育行政部门和学校及其他教育机构的教育工作进行监督、检查、评估、指导，以保证国家有关教育的方针、政策、法规得以贯彻落实。

3. 教育关系主体的权利和义务

（1）学校及其他教育机构的权利和义务

《教育法》从我国的基本国情出发，确立了我国学校及其他教育机构的基本权利和义务。其第二十九条规定了学校及其他教育机构享有的权利：①按照章程自主管理；②组织实施教育教学活动；③招收学生或者其他受教育者；④对受教育者进行学籍管理，实施奖励或者处分；⑤对受教育者颁发相应的学业证书；⑥聘任教师及其他职工，实施奖励或者处分；⑦管理、使用本单位的设施和经费；⑧拒绝任何组织和个人对教育教学活动的非法干涉；⑨法律、法规规定的其他权利。国家保护学校及其他教育机构的合法权益不受侵犯。

《教育法》第三十条规定了学校及其他教育机构应当履行的义务：①遵守法律、法规；②贯彻国家的教育方针，执行国家教育教学标准，保证教育教学质量；③维护受教育者、教师及其他职工的合法权益；④以适当方式为受教育者及其他监护人了解受教育者的学业成绩及其他有关情况提供便利；⑤遵照国家有关规定收取费用并公开收费项目；⑥依法接受监督。

(2)教师的权利和义务

教师的权利是指教师依照《教师法》所享有的一定权利，表现为教师有权做出一定的行为或要求他人做出相应的行为，在必要时可请求有关国家机关以强制力保障其权利的实现。教师的义务是指教师依照《教师法》的规定所承担的必须履行的责任，表现为教师必须依照《教师法》的规定做出一定行为或不得从事一定行为。这里规定的教师权利和义务是从事教师这一职业人员特定的基本权利和义务。教师还有依照其他法律法规规定享有的权利和履行的义务。教师的权利和义务是统一的、不可分割的。

(3)受教育者的权利和义务

《教育法》第一次把受教育者的权利、义务用法律的形式确定下来，使我国公民的受教育权有了法律保障。《教育法》第四十三条规定了受教育者享有的权利：①参加教育教学计划安排的各种活动，使用教育教学设施、设备、图书资料；②按照国家有关规定获得奖学金、贷学金、助学金；③在学业成绩和品行上获得公正评价，完成规定的学业后获得相应的学业证书、学位证书；④对学校给予的处分不服向有关部门提出申诉，对学校、教师侵犯其人身权、财产权等合法权益，提出申诉或者依法提起诉讼；⑤法律法规规定的其他权利。

《教育法》第四十四条规定了受教育者应当履行的义务：①遵守法律法规；②遵守学生行为规范，尊敬师长，养成良好的思想品德和行为习惯；③努力学习，完成规定的学习任务；④遵守所在学校或者其他教育机构的管理制度。

三、《中华人民共和国未成年人保护法》概述

(一)未成年人的概念

未成年人是一个完整的法律概念，是相对于成年人而言的，但是在不同的历史时期、不同的国家有其不同的含义。从多数国家的法律规定来看，未成年人一般是指未满 18 岁的人。《中华人民共和国民法典》规定：“十八周岁以上的自然人为成年人。”“成年人为完全民事行为能力人，可以独立实施民事法律行为。”根据大多数国家的法律规定和我国青少年的实际情况，《中华人民共和国未成年人保护法》明确规定未成年人是指未满 18 周岁的公民。

(二)《中华人民共和国未成年人保护法》形成的背景

党的十一届三中全会的召开给我国的法治建设和青少年工作带来了生机。1980 年 3 月，团中央召开了全国青少年立法座谈会，就有关控制与解决青少年违法犯罪问题进行了讨论，提出了一系列需要经过立法来加以调整和根治的具体措施，着重探讨了制定一部具有中国特色的青少年法的必要性、迫切性和现实性。会议最后通过《关于建立青少年保护法起草小组的建议》。会后由团中央带头组成了起草小组，经过半年的努力形成了《中华人民共和国青少年保护法(讨论稿)》。这是我国第一部有关保护青少年的专门法律草稿。

1987 年 12 月，团中央在调研的基础上向党中央及全国人民代表大会常务委员会报送了《关于建议制定青少年法律的报告》。1988 年 8 月，由团中央和国家教育委员会共同带头组织未成年人保护法的起草工作。1991 年 9 月 4 日，第七届全国人民代表大会常务委员会第二十一次会议通过了《中华人民共和国未成年人保护法》。这是我国第一部有关保护青少年身心健康、保障青少年合法权益的专门法律。2006 年 12 月 29 日，《中华人民共和国未成年人保护法》由第十届全国人民代表大会常务委员会第二十五次会议通过修订，并于 2007 年 6 月 1 日起实施。2012 年 10 月 26 日，《中华人民共和国未成年人保护法》由第十一届全国人民代表大会常务委员会第二十九次会议通过修改，自 2013 年 1 月 1 日起施行。

2020 年 10 月 17 日，《中华人民共和国未成年人保护法》由第十三届全国人民代表大会常务委员会第二十二次会议通过修订，自 2021 年 6 月 1 日起施行。

活动与训练

主题：举行《中华人民共和国未成年人保护法》知识竞赛。

建议时间：40 分钟。

活动准备：

知识准备：通过图书馆、网络及其他方式查找相关资料，准备竞赛。

教具准备：《中华人民共和国未成年人保护法》相关材料、多媒体设备。

活动步骤：

步骤 1：各组学生按一到四的顺序依次回答。

步骤 2：各组学生呈现的知识点清晰明确。

步骤 3：学生互问互答。

步骤 4：教师根据学生的表现总结并点评。

主题二　教师的权利与义务

主题目标

1. 识记教师的权利和义务；理解并保护教师的权利。
2. 认真行使教师的权利，履行教师的义务，树立法治观念。
3. 提升教师的基本素质，维护教师的地位。

一、教师的权利

(一)教师的权利的内涵

教师的权利是指教师在教育教学活动中依法享有的权益，是国家对教师能够做出或不做出一定行为以及要求他人相应做出或不做出一定行为的许可与保障。法律上教师的权利包括教师实施某种行为的权利以及要求义务人履行义务的权利。

(二)教师的权利的内容

教师在法律上的权利分为两部分：一是教师作为一般公民所享有的权利，二是教师作为教育者的权利。作为普通公民，教师享有宪法所规定的公民的基本权利，如公民的政治权利、宗教信仰自由、社会经济权利、文化教育权利等。作为专业人员，教师在教育教学活动中有其特殊的权利。这是一种职业特定的法律权利。

1. 教师的公民权利

教师的公民权利是指教师作为公民依法享有相关法律赋予公民的基本权利。依照我国《宪法》的规定，教师的基本公民权利主要包括政治权利、宗教信仰权、平等权、人身权、文化教育权、经济权、监督权等。在这些基本权利中，人身权和人格权是公民基本权利的两个重要方面，也是教师基本公民权利的主要表现。

教师的人身权是指包括教师的生命权、健康权和人身自由权在内的一项重要权利。首先，《宪法》保证教师的生命安全，任何非法行为不得侵犯教师的生命安全。其次，教师的身体健康权保障教师身体机能和外部器官的完整性不得受非法剥夺。最后，教师的人身权保证教师身体不受非法限制以及安宁居住不受他人侵扰。

教师的人格权主要是指教师的人格尊严不受侵害，包括名誉权、荣誉权、隐私权、肖像权和姓名权等一系列与人格尊严有关的权利。

2. 教师的职业权利①

(1)教育教学权

教育教学权即进行教育教学活动、开展教育教学改革和实验的权利。这是教师最基本的权利。这一权利的基本含义包括如下三个方面。

①有权依据其所在学校的教学计划、教育工作量等具体要求，结合自身教学特点自主地组织课堂教学。

②有权依照教学大纲的要求确定其教学内容、进度，不断完善教学内容。

③有权针对不同的教育教学对象，在教育教学的形式、方法、具体内容等方面进行改革和实验。

(2)科学研究权

科学研究权即从事科学研究、学术交流活动，加入专业的学术团体，在学术活动中发表意见的权利。这是教师作为专业技术人员所享有的一项基本权利。这一权利的基本含义包括如下三个方面。

①在完成规定的教育教学任务的前提下，有权进行科学研究、技术开发、撰写学术论文、著书立说。

②有权参加有关的学术交流活动，加入依法成立的学术团体并在其中兼任工作。

③有权在学术研究中发表自己的学术观点，开展学术争鸣。

教师在行使此项权利时要注意处理好教学与科研的关系，使之相辅相成，更好地提高教育教学质量。

(3)管理学生权

管理学生权即指导学生的学习和发展，评定学生的品行和学业成绩的权利。这是与教师在教育教学过程中的主导地位相适应的一项基本权利。这一权利的基本含义包括如下三个方面。

①有权根据教育规律和学生的身心发展特点因材施教，有针对性地指导学生的学习，并在学生的升学、就业等方面给予指导。

②有权对学生的思想品德、学习、文体活动、劳动等方面给予客观公正的评价。

③有权运用正确的指导思想和科学的方式方法，使学生的个性和能力得到充分发展。

教师在行使管理学生权时要注意加强对学生各方面的管理，将关心爱护学生与严格要求学生相结合，促进学生德智体美劳方面的全面发展。

(4)获取报酬待遇权

获取报酬待遇权即按时获取工资报酬，享受国家规定的福利待遇以及寒暑假期的带薪休假的权利。这是教师的基本物质保障权利。教师的工资报酬一般包括基础工资、职务工资、课时报酬、奖金、教龄津贴、班主任津贴及其他各种津贴在内的工资性收入。这一权利的基本含义包括如下两个方面。

①有权要求所在学校及其主管部门根据国家教育法律、教师聘任合同的规定按时足额地支付工资报酬。

②有权享受国家规定的福利待遇，包括教师的医疗、住房、退休等方面的各项待遇和优惠以及寒暑假期的带薪休假。

(5)民主管理权

民主管理权即对学校教育教学、管理工作和教育行政部门的工作提出意见和建议，通过教职工代表大会或者其他形式参与学校的民主管理的权利。

---

① 潘世欣、刘小干、颜三忠：《教育法学》，178～181页，武汉，武汉大学出版社，2003。

这是教师参与教育管理的民主权利，是宪法所规定的“中华人民共和国公民对于任何国家机关和国家工作人员，有提出批评和建议的权利”的具体体现，有利于发挥教师的主人翁作用，加强对学校和教育行政部门工作的监督。

教师有权通过教职工代表大会、工会等组织形式以及其他适当的方式，参与学校民主管理，讨论学校改革、发展等方面的重大事项，保障自身的民主权利和切身利益，推进学校的民主建设。

教师在行使民主管理权时应注意遵循民主集中制的原则，并充分发挥自己对学校、教育行政部门工作的监督作用。

(6)进修培训权

进修培训权即参加进修或者其他方式的培训的权利。这是教师享有的接受继续教育的权利。这一权利的基本含义包括如下两个方面。

①有权参加进修或接受其他形式的培训，不断更新知识，调整知识结构，逐渐完善终身学习体制，从而保障教育教学质量。

②教育行政部门、学校及其他教育机构应当采取多种形式，开辟多种渠道，保证行使教师进修培训权，如运用现代远程教育网络为教师提供继续教育、终身学习的机会。

教师行使这一权利，必须保证有组织、有安排地完成本职工作，不得影响学校正常的教育教学工作。

(三)教师的权利的保护

教师在自身的权利受到不法侵害时，有权通过合法途径保护自身的合法权益。教师可以通过行政申诉、行政复议、行政诉讼等方式或民事诉讼保护自身的合法权益。

1. 教师行政申诉

教师行政申诉是指教师在其合法权益受到侵犯时，依照法律法规的规定，向主管的行政机关申诉理由，请求处理。在这里，教师的被诉对象只能是隶属于当地人民政府的教育行政机关。教师行政申诉的范围包括如下三个方面。

①认为学校或其他教育机构侵犯其《中华人民共和国教师法》(简称《教师法》)规定的合法权益的，可以提起申诉。这里的合法权益包括《教师法》规定的教师在职务聘任、教学科研、工作条件、民主管理、培训进修、考核奖惩、工资福利待遇、退休等方面的各项权益。只要教师认为自己的上述权益受到侵犯，都可以提起申诉。

②对学校或其他教育机构做出的处理决定不服的，可以提出申诉。

③认为当地人民政府的有关行政部门侵犯其根据《教师法》规定享有的合法权益的，可以提出申诉。

2. 教师行政复议

教师行政复议是指教师认为教育行政机关做出的具体行政行为侵犯其合法权益，向做出该行为的机关的上一级教育行政机关或该机关所属的本级人民政府提出申请，由受理申请的行政机关对发生争议的具体行政行为进行复查并做出决定。教师行政复议的范围主要包括如下七个方面。

①对教育行政处罚不服的，可以提出复议。

②对教育行政强制措施不服的，可以提出复议。

③对教育行政机关做出的有关许可证、执照、资质证、资格证等证书变更、中止、撤销的决定不服的，可以提出复议。

④认为教育行政机关因不作为违法的，可以提出复议。

⑤认为教育行政机关违法集资、征收财物、摊派费用或者违法要求履行其他义务的，可以提出复议。

⑥认为教育行政机关侵犯其合法的经营自主权的，可以提出复议。

⑦认为教育行政机关的其他具体行政行为侵犯其合法权益的，可以提出复议。

3. 教师行政诉讼

教师行政诉讼是指教师认为教育行政机关的具体行政行为侵犯其合法权益，依法向人民法院起诉，请求给予法律救济，并由人民法院对行政行为进行审查和裁判的诉讼救济活动。教师行政诉讼的范围主要集中在以下五个方面。

①对教育行政处罚不服的，可以提出诉讼。

②认为符合法定条件申请教育行政机关颁发许可证或执照，而教育行政机关拒绝颁发或不予答复的，可以提出诉讼。

③申请教育行政机关履行保护人身权、财产权的法定职责，而教育行政机关拒绝履行或者不予答复的，可以提出诉讼。

④认为教育行政机关违法要求其履行义务的，可以提出诉讼。

⑤认为教育行政机关侵犯其人身权、财产权的，可以提出诉讼。

二、教师的义务

(一)教师的义务的内涵

教师的义务是指教师按照《教育法》《教师法》及其他有关法律法规从事教育教学工作而必须履行的责任，表现为教师在教育教学活动中必须做出一定行为或不得做出一定行为。

从表现形式上看，教师的义务表现为三种形式：教师贯彻教育方针，完成教育教学工作的义务就是一种积极性义务；教师不得体罚学生的义务是教育法律规定的一项禁止性义务；当教师不顾教育法律的规定，对学生实施体罚且经教育不改的，有关机关将对其进行相应的处罚并强制其履行相应的义务。

(二)教师的义务的内容

如同教师的权利一样，教师的义务也分为两部分：一是教师作为公民应承担的义务；二是教师作为教育者应承担的义务。这两部分义务既有联系，又有区别。一方面，教师作为公民应承担的一部分义务体现在教师的特定义务之中；另一方面，教师特定义务中的一部分又是公民义务的具体化和职业化，还有一部分内容是相互独立的。

1. 教师的公民义务

依照《中华人民共和国宪法》(简称《宪法》)的规定，教师作为普通公民应当履行如下义务。

(1)教师具有维护国家统一和全国各民族团结的义务

《宪法》第五十二条规定："中华人民共和国公民有维护国家统一和全国各民族团结的义务。"

(2)教师具有遵守宪法和法律以及保守国家机密的义务

《宪法》第五十三条规定："中华人民共和国公民必须遵守宪法和法律，保守国家秘密，爱护公共财产，遵守劳动纪律，遵守公共秩序，尊重社会公德。"

(3)教师具有维护国家安全、荣誉和利益的义务

《宪法》第五十四条规定："中华人民共和国公民有维护祖国的安全、荣誉和利益的义务，不得有危害祖国的安全、荣誉和利益的行为。"

(4)教师具有保卫祖国和依法服兵役的义务

《宪法》第五十五条规定："保卫祖国、抵抗侵略是中华人民共和国每一个公民的神圣职责。""依照法律服兵役和参加民兵组织是中华人民共和国公民的光荣义务。"

(5)教师具有依法纳税的义务

《宪法》第五十六条规定："中华人民共和国公民有依照法律纳税的义务。"

2. 教师的职业义务

结合教师的职业特点，根据《教育法》和《教师法》的有关规定，我国教师应承担的义务主要有以下六项。

(1)遵纪守法义务

《教师法》第八条第一款规定，教师应当"遵守宪法、法律和职业道德，为人师表"，简称遵纪守法义务。

①宪法和法律是国家、社会组织和公民活动的基本行为准则。任何组织和公民都必须遵守。教师要教书育人，就应遵守宪法和法律。

②教师职业是一种专门化的职业，有着自身的职业道德准则。教师应当自觉遵守职业道德，做到爱岗敬业，热爱学生，诲人不倦，博学多才，关心集体，团结奋进。我国 2008 年修订的《中小学教师职业道德规范》明确规定了中小学教师应当遵守的职业道德准则。

③教师是人类灵魂的工程师，担负着培养下一代的任务，他们在传授科学文化知识的同时对学生的思想品德、个性形成有着重要影响。所以教师要注意言传身教，做到为人师表。

(2)教育教学义务

教育教学工作是教师的本职工作，也是教师的基本义务。《教师法》第八条第二款规定，教师应当"贯彻国家的教育方针，遵守规章制度，执行学校的教学计划，履行教师聘约，完成教育教学工作任务"。

①教师在教育教学工作中必须坚持教育教学为社会主义现代化建设服务，必须与生产劳动相结合，培养德智体美劳全面发展的社会主义事业的建设者和接班人。教师必须坚持教育教学的社会主义方向，对学生进行社会主义教育，不能有违背社会主义方向和党的政策的任何言论和教育内容。

②教师除遵守法律法规外，还必须遵守学校的规章制度，按照教学计划和教学大纲的要求进行教育教学活动，不得任意改变教学计划，不得无故缺勤、旷工，保证学校教育教学工作的有序进行。

③教师应按照聘任合同的约定，履行本人的教育教学职责，完成聘任合同约定的工作任务。

(3)全面教育义务

《教师法》第八条第三款规定，教师应当"对学生进行宪法所确定的基本原则的教育和爱国主义、民族团结的教育，法制教育以及思想品德、文化、科学技术教育，组织、带领学生开展有益的社会活动"。

①教师应当对学生进行四项基本原则的教育和爱国主义、民族团结的教育，坚定学生的共产主义信念，培养学生爱祖国、爱人民的思想。

②教师应当对学生进行思想品德、文化、科学技术等教育，引导学生树立科学的世界观、人生观、价值观，并使学生掌握现代文化科学技术知识，把学生培养成有理想、有道德、有文化、有纪律的合格公民。

③教师应当根据学生能力培养和健康成长的需要，组织学生开展有益的社会活动，使学生在活动中长知识、长才干，培养学生的社会责任感。

(4)爱护尊重学生义务

《教师法》第八条第四款规定，教师有"关心、爱护全体学生，尊重学生人格，促进学生在品德、智力、体质等方面全面发展”的义务。

①教师应当关心、爱护学生。关心、爱护学生是教师的天职，也是教师做好教育工作的前提条件。教师关心、爱护学生，不能只是关心、爱护一部分学生，而是应当关心、爱护全体学生。对缺点较多的后进生，教师应当给予更多的关心、爱护。教师关心、爱护学生，有利于学生的健康成长。

②教师应当尊重学生的人格。人格尊严是宪法赋予公民的一项基本权利。尽管在教育教学活动中教师处于主导地位，学生处于受教育者的地位，但二者在人格上是平等的。

(5)保护学生义务

《教师法》第八条第五款规定，教师有“制止有害于学生的行为或者其他侵犯学生合法权益的行为，批评和抵制有害于学生健康成长的现象”的义务。

①教师在教育教学活动中有义务制止有害于学生的行为或其他侵犯学生合法权益的行为。保护学生的合法权益和促进学生身心健康发展是全社会的共同责任，教师更是责无旁贷。对于来自各方面的不利于学生健康成长的行为或者侵犯学生合法权益的行为，教师有义务加以劝说、制止，必要时向有关机关举报。

②教师有义务对社会上出现的有害于学生健康成长的不良现象进行批评和抵制。对于社会生活中存在的有害于学生健康成长的现象，教师有义务通过各种方式加以批评和抵制，以促进学生的健康成长。

(6)提高思想业务水平义务

《教师法》第八条第六款规定，教师有“不断提高思想政治觉悟和教育教学业务水平”的义务。

教育教学工作是一项培养人才且专业性很强的工作，这就要求教师应具有较高的思想道德和业务水平。特别是在当今社会，科学技术发展迅速，知识更新速度不断加快。为了适应新形势下教育教学工作的需要，教师应不断学习，更新知识，加强思想道德修养。只有这样，教师才能真正担负起提高民族素质的历史使命。

活动与训练

主题：举行“教师权利大于义务，还是义务大于权利”辩论赛。

活动目标：正确认识教师权利与义务的关系。

建议时间：40 分钟。

活动准备：

知识准备：通过图书馆、网络及其他方式查找相关资料，准备辩论赛。

教具准备：案例材料、多媒体设备。

活动步骤：

步骤 1：各组学生按一辩到四辩的顺序进行自我介绍。

步骤 2：各组学生的观点清晰明确。

步骤 3：在一对一攻辩阶段，学生言之有物。

步骤 4：学生自由辩论。

步骤 5：总结陈词阶段。

步骤 6：教师根据学生的表现进行总结并点评。

主题三　学生的权利及其保护

主题目标

1. 熟练掌握学生的权利，运用相关法律法规保护学生的权利。

2. 正确认识学生享有的法律规定的权利；提高学生正确行使权利的能力；使学生自觉遵纪守法，学会寻求法律保护。

3. 明确学生在学校的主体地位，关注学生的权利，尊重学生的人格。

一、学生的权利

学生的权利是法定的，可以分为两部分：一是国家宪法和法律授予所有公民的权利；二是教育法律法规授予尚处于学生阶段的受教育者的权利。

(一)学生的公民权利

1. 人身权

人身权是公民权利中最基本、最重要、内涵最为丰富的一项权利。人身权包括生命健康权、人格尊严权、肖像权、荣誉权、隐私权和安全权。

(1)生命健康权

生命健康权主要包括学生的生命健康、人身安全、人身自由等方面的内容。生命健康权包括生命权和健康权。学生的生命健康权受到法律的保护。

(2)人格尊严权

人格尊严权指公民享有作为人的最起码的社会地位和受到他人与社会最起码尊重的权利。学生作为公民，人格尊严同样不容侵犯。学校、教师应当尊重学生的尊严，不得对学生实施体罚、变相体罚或其他侮辱其人格尊严的行为。

(3)肖像权

肖像权是学生所享有的同意或不同意利用自己肖像的权利。

(4)荣誉权

荣誉权指学生对自己在社会生活中所获得的社会评价依法享有的不可侵犯的权利。

(5)隐私权

隐私权一般是指自然人享有的对自己的个人秘密和生活进行支配并排除他人干涉的权利。隐私权与生俱来，是一种典型的私权。学生依法享有维护自身合法隐私的权利。不能因为学生缺乏某种权利意识，成人就剥夺他们的此项权利。

(6)安全权

安全权是人权引申的权利，即公民享有人身、财产、精神不受侵犯、威胁的权利。安全权具体包括学生的生命安全权、健康安全权、财产安全权等。

2. 财产权

财产权是指具有物质财富内容，直接和经济利益相联系的民事权利。一般而言，学生的财产权包括财产所有权、继承权、受赠权、知识产权中的财产权等。

财产所有权是指所有人依法对其财产享有占有、使用、收益、处分的权利。

继承权是指依法享有的、能够无偿取得死亡公民遗留的个人合法财产的权利。

受赠权是指接受别人赠予的财物的权利。

知识产权中的财产权是指智力成果被法律承认以后，权利人可利用这些智力成果取得报酬或者得到奖励的权利。这种权利也称为经济权利。

(二)学生作为受教育者的权利

1. 参加教育教学权

学生享有参加教育教学计划安排的各种活动，使用教育教学设施、设备、图书资料的权利，简称参加教育教学权，这是学生的基本权利。这项权利主要包括以下两方面。

(1)参加教育教学活动权

学生享有参加教育教学计划安排的各种课堂教学、讲座、课堂讨论、观摩、实验、见习、实习、测验和考试等活动的权利。任何组织和个人都不得以任何借口非法剥夺学生参加教育教学活动的权利。这体现了教学民主精神，是学生接受教育和获取知识的保障。

(2)使用教育教学设施权

学生享有平等使用教育教学设施、设备和图书资料的权利。为保障学生完成学习任务，学校及其他教育机构应当依法提供符合卫生安全标准的教育教学设施、设备、图书资料及其他教育教学用品。

2. 获得经济资助权

学生享有按照国家有关规定获得奖学金、贷学金、助学金的权利，简称获得经济资助权。

《义务教育法》第四十四条第二款规定："各级人民政府对家庭经济困难的适龄儿童、少年免费提供教科书并补助寄宿生生活费。"义务教育阶段的适龄儿童、少年享有获得国家经济帮助的权利。

3. 获得学业证书权

学生享有在学业成绩和品行上获得公正评价，完成规定的学业后获得相应的学业证书、学位证书的权利，简称获得学业证书权。这项权利主要体现在以下两方面。

(1)获得公正评价

按照学生学籍管理的规定，学生的学籍档案里要有学习成绩登记表，学校要如实地记录学生的学业成绩和品行状况。在学业成绩和品行上获得公正评价是指学生有权在德智体美劳方面获得一视同仁的客观评价。教师对学生的评价不应受到学生家长的权地位等的影响，也不能受到其他与教育教学无关因素的影响。

(2)获得学业学位证书

学生完成规定的学业后就应该获得相应的学业学位证书，这是学生的一项重要权利。根据国家相关教育法律法规，学校可以制定校规、校纪对在校学生进行教学管理和违纪处分。但是这一切都必须符合国家宪法和法律的规定，必须保护学生的合法权益。从本质上看，学业学位证书是对学生受教育阶段内的学业成绩、学术水平和品行的最终评定。学生除思想品德等方面合格外，完成或提前完成教育教学计划规定的全部课程学习任务，考试、考核及格或修满学分，在该教育阶段结束时均有权获得相应的学业学位证书。

4. 申诉起诉权

学生享有对学校给予的处分不服向有关部门提出申诉，对学校、教师侵犯其人身权、财产权等合法权益提出申诉或者依法提起诉讼的权利，简称申诉起诉权。

当学生的合法权益受到学校、教师的侵犯，或者学生对学校给予的处分不服时，学生有权提出申诉，任何人不得无理阻挠。有关部门应积极受理，并按规定及时予以答复。依据“无救济就无管理”的现代法治思想，各级学校及教育行政部门要建立健全学生申诉制度，确保学生享有申诉权和起诉权。

5. 法定其他权

学生除了享有以上四项权利外，还享有法律法规规定的其他权利，简称法定其他权。法律法规规定的其他权利主要包括如下三方面。

①教育法之外的法定权，即其他法律法规已经规定而教育法律法规没有重复规定的权利。

②新颁布的法定权，即新颁布的法律法规对学生权利的规定，包括新赋予的权利以及对原有权利的修订、撤销等。

③变化的法定权，即教育法律法规已有规定，而随着客观形势的发展变化，经法定解释，该项权利具有了新的含义。

二、侵犯学生权利的主要表现

(一)侵犯学生的受教育权

受教育权是学生最基本的权利。常见的侵权行为主要表现为如下几方面。

1. 侵犯学生教育机会平等的权利

教育机会平等主要是指学生享有平等的受教育机会。学生的这项权利主要包括享有和使用学校的教育教学资源、图书资料、实验设备等的权利，教师不能以任何理由歧视和区别对待学生。

2. 侵犯学生的入学权

《义务教育法》规定了义务教育对象的入学条件。凡达到入学年龄，不分性别、民族、种族等，只要有接受教育的能力，都必须入学接受规定年限的义务教育。此外，实施义务教育的学校必须依法接收应该在本校就读的适龄儿童入学。

3. 侵犯学生参加教育教学活动的权利

《教育法》第四十三条规定，受教育者享有参加教育教学计划安排的各种活动的权利。这是学生在学校中享有的基本权利。在教育教学中，学生有权参加教育教学计划安排的授课、讲座、课堂讨论、观摩、实验、实习和考试等活动。

4. 随意开除学生

《中华人民共和国未成年人保护法》第二十八条规定：“学校应当保障未成年学生受教育的权利，不得违反国家规定开除、变相开除未成年学生。”一些随意开除学生或者勒令未成年学生退学的行为，就侵犯了学生的受教育权。

(二)侵犯学生的人身权

学生的人身权可分为生命权、身体权、健康权、姓名权、肖像权、名誉权、荣誉权、隐私权等。

1. 侵犯学生的生命权、身体权和健康权

学生作为公民享有《中华人民共和国民法典》赋予的这几项权利。这类侵害主要是由体罚或变相体罚、教育教学设施不安全以及学校、教师不作为等造成的。

2. 侵犯学生的姓名权、肖像权、名誉权和荣誉权

除一些特殊情况外，学生享有禁止他人未经允许制作和使用自己的肖像，禁止他人对自己的肖像进行毁损、玷污、丑化或歪曲的权利。学生的名誉不得受到歪曲或损害。

3. 侵犯学生的隐私权

隐私权是指公民生活中不愿为他人公开或知悉的个人秘密不可侵犯的人身权利。学校和教师侵犯学生隐私权的表现形式有：故意隐匿、毁弃或者非法拆开学生的信件，披露、宣扬学生自身及家庭成员的资料，提供学生成绩的方式不适当等。

(三)侵犯学生的财产权

财产权是指公民对个人所有的财产依法享有的占有、使用、收益和处分的权利。学生的合法财产受到法律保护，教师不得侵占、破坏或非法扣押、没收等。学生对教师侵犯其财产权的行为可依法申诉或提起诉讼。教师侵犯学生财产权的表现形式有：损坏学生财物、非法没收学生物品、乱罚款等。

著作权也属于财产权的一种。著作权人对其作品享有发表权，任何人不得未经许可发表其作品。中小学生的作文也是作品，也受《中华人民共和国著作权法》的保护。

活动与训练

主题：熟记学生权利的相关法律法规。

活动准备：

知识准备：通过图书馆、网络及其他方式查找相关资料。

教具准备：相关法律法规材料、多媒体设备。

活动步骤：

步骤1：各组学生按顺序依次陈述所知法规。

步骤2：各组学生互问互答。

步骤3：各组学生一对一提问，观点清晰准确。

步骤4：教师根据学生的表现进行总结并点评。

第二单元真题汇总

第三单元
教师职业道德

学习本单元要联系实际，要自觉遵循教师职业道德和行为规范，增强职业责任感和道德自律性。本单元要求师范生能明确教育过程中教师应恪守的职业道德规范，深刻理解教师职业道德规范的内涵和要求；能准确判断和理解与教师劳动相关的范畴和道德原则，掌握并运用适当的方法和途径培养职业道德和心理品质；能结合典型案例进行教师职业道德的分析与思考，努力在实践中培养职业道德意识并自觉践行职业道德，真正成为人类灵魂的工程师。

本单元旨在通过理论联系实际，让师范生明确教师的职业道德与行为规范，增强职业责任感和道德自律性，准确判断和理解与教师劳动相关的范畴和道德原则，结合典型案例融入社会主义核心价值观，让他们明白敬业的实践内涵，在实践中培养职业道德意识并自觉践行职业道德。

微课视频

主题一　教师职业道德规范

主题目标

1. 全面系统地掌握教师职业道德规范的内容；熟记中小学教师职业道德规范的具体要求，履行职责。

2. 根据职业道德规范的具体要求，能够根据学生的实际情况履行自身的职责。

3. 遵循教师职业道德规范，提升师德师风，体验职业的生命感与幸福感。

一、教师职业道德概述

(一)教师职业道德的概念

教师职业道德是教师在从事教育劳动时所应遵循的行为规范和必备品德，是调节教师与他人、与社会等关系时所应遵守的基本道德规范和行为准则，以及在此基础上所表现出来的道德观念、情操和品质。

(二)教师职业道德的主要范畴

1. 教师义务

教师义务的内容包括：①不断提高思想政治觉悟和教育教学业务水平；②尽职尽责，教书育人；③创设一个良好的内部教育环境。教师在履行教育义务时最主要、最基本的道德责任是教书育人。

2. 教师良心

教师良心可以表现在教育工作的每一个环节。其内涵包括：①恪尽职守实际上就是一种对工作责任和纪律的要求；②自觉工作的要求是由教师的劳动特点决定的；③爱护学生是教师的天职；④团结执教是教师良心的重要组成部分。教师良心作为一种精神动力，是一种内在的道德信念，对教师的道德活动和道德行为具有重要的指导、自我监督和评价作用。

3. 教师公正

教师公正是指教师在教育职业活动中公平合理地对待和评价全体合作者。教师公正的内容包括：①坚持真理；②秉公办理；③奖罚分明。

4. 教师荣誉

教师荣誉即社会对教师的道德行为的价值所做出的公认的客观评价和教师对自己行为的价值的自我意识。教师荣誉的内容包括：①光荣的角色称号；②无私的职业特性；③崇高的人格形象。

5. 教师人格

教师人格是指教师这一特定社会角色所表现出的道德面貌与特征，是教师在自己的职业活动中表现出的稳定的道德行为范式和道德品质与境界，也是教师之所以成为教师的主体本质。

教师人格培养要关注两个问题：一是培养的策略问题；二是培养的尺度问题。

在策略上，要采取“取法乎上”的策略。在尺度上，要确立教师人格修养的审美尺度。按照审美的尺度去培养教师的人格，就是要进行师表美的建设。从德育的角度来看，师表美的价值包括：①充分发挥教育主体的德育潜能；②充分促成学生的榜样学习；③改善教育与道德教育的效能。师表美的内容主要包括：①表美；②道美；③风格美。

二、《中小学教师职业道德规范》概述

2008年颁布的《中小学教师职业道德规范》共六条，分别为爱国守法、爱岗敬业、关爱学生、教书育人、为人师表、终身学习。这六条体现了教师职业对师德的本质要求和教师职业的时代特征。“爱”与“责任”是贯穿其中的核心和灵魂。

(一)爱国守法

热爱祖国，热爱人民，拥护中国共产党的领导，拥护社会主义。全面贯彻国家教育方针，自觉遵守教育法律法规，依法履行教师职责和权利。不得有违背党和国家方针政策的言行。

(二)爱岗敬业

忠诚于人民教育事业，志存高远，勤恳敬业，甘为人梯，乐于奉献。对工作高度负责，认真备课上课，认真批改作业，认真辅导学生。不得敷衍塞责。

(三)关爱学生

关心爱护全体学生，尊重学生人格，平等公正地对待学生。对学生严慈相济，做学生的良师益友。保护学生安全，关心学生健康，维护学生权益。不讽刺、挖苦、歧视学生，不体罚或变相体罚学生。

(四)教书育人

遵循教育规律，实施素质教育。循循善诱，诲人不倦，因材施教。培养学生良好品行，激发学生创新精神，促进学生全面发展。不以分数为评价学生的唯一标准。

(五)为人师表

坚守高尚情操，知荣明耻，严于律己，以身作则。衣着得体，语言规范，举止文明。关心集体，团结协作，尊重同事，尊重家长。作风正派，廉洁奉公。自觉抵制有偿家教，不利用职务之便谋取私利。

(六)终身学习

崇尚科学精神，树立终身学习理念，拓宽知识视野，更新知识结构。潜心钻研业务，勇于探索创新，不断提高专业素养和教育教学水平。

三、《中小学班主任工作规定》概述

(一)制定的背景

2009年8月，教育部颁布了《中小学班主任工作规定》(简称《规定》)。《规定》是全国中小学班主任工作的指导性文件，体现了如下两方面的精神。一是中小学班主任在中小学生的思想道德建设和全面健康成长方面发挥着特殊的作用。二是中小学班主任在班级中承担着特别的教育职责和组织管理任务。具体包括全面关心教育学生，进行班级日常管理和班集体建设，开展班级活动，进行学生评价和沟通

学校、家长和社会等。

(二)具体内容与解读

《规定》有 7 章 22 条。《规定》具体包括对班主任的配备与选聘、职责与任务、待遇与权利、培养与培训、考核与奖惩这几方面内容。

1. 配备与选聘

配备与选聘的规定具体包括对班主任的配备要求、任职条件、岗前培训等内容。《规定》明确提出，每个班级配备一名班主任。聘期由学校确定，担任一个班级的班主任时间一般应连续 1 学年以上。任职条件强调了班主任对待自身、对待学生及他人、对待班主任工作的规范要求。具体来说包括以下三个方面。

①对班主任自身：作风正派、心理健康、为人师表。

②对待学生及他人：热爱学生，善于与学生、学生家长及其他任课教师沟通。

③对班主任工作：爱岗敬业，具有较强的教育引导和组织管理能力。

2. 职责与任务

职责与任务的规定包括学生思想教育、班级日常管理。具体来说包括以下五个方面。

①全面了解班级内每一位学生，深入分析学生的思想、心理、学习、生活状况。关心爱护全体学生，平等对待每一位学生，尊重学生人格。采取多种方式与学生沟通，有针对性地进行思想道德教育，促进学生德智体美劳全面发展。

②认真做好班级的日常管理工作，维护班级良好秩序，培养学生的规则意识、责任意识和集体荣誉感，营造民主和谐、团结互助、健康向上的集体氛围。指导班委会和团队工作。

③组织、指导开展班会、团队会(日)、文体娱乐、社会实践、春(秋)游等形式多样的班级活动，注重调动学生的积极性和主动性，并做好安全防护工作。

④组织做好学生的综合素质评价工作，指导学生认真记载成长记录，实事求是地评定学生操行，向学校提出奖惩建议。

⑤经常与任课教师和其他教职员工沟通，主动与学生家长、学生所在社区联系，努力形成教育合力。

3. 待遇与权利

待遇与权利的规定包括班主任在教育管理中的作用、工作量、绩效工资管理及权利的内容。具体包括以下四个方面。

①学校在教育管理工作中应充分发挥班主任的骨干作用，注重听取班主任意见。

②班主任的工作量按当地教师标准课时工作量的一半计入教师基本工作量。

③班主任津贴纳入绩效工资管理。

④班主任在日常教育教学管理中有采取适当方式对学生进行批评教育的权利。

4. 培养与培训

培养与培训的规定包括教育行政部门应对班主任进行培养、培训。具体包括以下两个方面。

①教育行政部门和学校应制订班主任培养培训规划，有组织地开展班主任岗位培训。

②教师教育机构应承担班主任培训任务，教育硕士专业学位教育中应设立中小学班主任工作培养方向。

5. 考核与奖惩

考核与奖惩的规定包括班主任的考核、奖惩制度。具体包括以下两个方面。

①教育行政部门建立科学的班主任工作评价体系和奖惩制度。

②学校建立班主任工作档案，定期组织对班主任的考核工作。

活动与训练

材料：从当班主任的第一天起，俞老师就要求自己做一名学生喜爱的班主任。

每一届新生入校，俞老师总是从学生的“读”“写”等细节入手，想方设法创设情境。学生在体验中逐渐学会了阅读，端正了书写姿势。

他还带学生到超市体验购物，让他们学会选择物品、自觉排队；带他们乘坐公交车，学会购票、文明乘车；带他们到养老院打扫卫生，做小志愿者……

平时，学生无论遇到什么事，总是愿意告诉俞老师。

俞老师还在班上成立了“少年科学院”，尝试以各种实验激发学生的兴趣。有时候为准备一个实验，俞老师要查阅许多资料，充分准备，让学生在每一次实验中都有收获。

问题：请从教师职业道德的角度评析材料中俞老师的教育行为。

主题二　教师的职业行为

主题目标

1. 熟练掌握教师职业行为规范的主要内容；重点处理好教师与学生的关系，构建和谐的师生关系。

2. 全面认识教师在教育活动中的行为规范，构建和谐的师生关系。

3. 规范教师职业行为，履行教师职责，严守职业道德，尊重学生。

一、教师职业行为规范①

教师职业行为规范是教师在职业活动过程中，为了实现教育目标、履行教师职责、严守职业道德，从思想认识到日常行为应遵守的基本准则。

(一)教师职业行为规范的主要内容

教师职业行为规范主要包括以下几个方面。

①热爱党、热爱祖国、热爱教育事业，全面贯彻教育方针和职业规范。

②热爱、尊重学生，积极为学生创设良好的育人环境，坚持正面教育，严禁体罚和变相体罚学生。

③遵守社会公德和学校各项规章制度，全心全意为学生服务。

④严于律己，以身作则，为人师表，举止大方，为学生做出表率。

⑤语言规范文明，入学坚持使用普通话，爱护公物，勤俭节约。

⑥仪表端庄，服饰整洁、大方，便于组织学生活动。

⑦团结同事，对人真诚、有礼貌，主动、热情地帮助别人。

⑧做事认真、踏实，服从领导安排，努力做好各项工作，乐于接受任务。

⑨勤奋学习、刻苦钻研，努力提高自身素质和专业水平。

⑩尊重家长，主动、热情地为家长服务，经常征询家长的意见，宣传教育知识。

(二)教师职业行为规范的基本要求

1. 教师的思想行为规范

①热爱祖国，拥护中国共产党的领导，认真学习和宣传马克思列宁主义、毛泽东思想、邓小平理论、“三个代表”重要思想、科学发展观、习近平新时代中国特色社会主义思想，热爱教育事业。

②认真执行教育方针，遵循教育规律，尽职尽责，教书育人。

③正直诚实，作风正派，为人师表，遵纪守法。

---

① 张伟伟：《综合素质(小学部分)》，117～118页，北京，北京师范大学出版社，2014。

④树立正确的人生观和价值观，发扬无私奉献的精神，不做有损国格、人格的事。

⑤积极参加政治学习和宣传活动，做社会主义精神文明的建设者和传播者。

2. 教师的教学行为规范

①要有端正的教学态度，严肃认真地对待教学工作中的每一项内容。

②钻研业务，熟悉教材，认真备课；要善于激发学生的求知欲，组织好课堂教学，创造生动活泼的课堂气氛，尽量避免对学生进行灌输性教学。

③精心编排练习，认真批改作业，及时纠正错误。定时做好教学质量检查工作，及时查漏补缺。

④按时上课下课，不迟到、不缺课、不拖堂。

⑤上课语言文明、清晰流畅，表达准确简洁；板书整洁规范，内容简练精确。

⑥既严格要求学生，又尊重学生，对待学生一视同仁。热情、耐心地回答学生的提问。不能讽刺、挖苦学生。

⑦教学计划应符合教学进度的要求，不能随意删增内容、加堂或缺课，不能占用学生的自习课或复习考试时间，不能增加学生的学习负担。

3. 教师的人际行为规范

①教师与学生之间要做到：热爱学生，关心学生，尊重学生；严格要求，耐心教导，循循善诱，不偏不袒；不以师生关系谋取私利。

②教师之间要做到：相互尊重，切忌嫉妒；相互学习，取长补短；平等相待，不卑不亢；乐于助人，关心同事。

③教师与领导之间要做到：尊重领导，服从安排；顾全大局，遵守纪律；相互理解，相互支持；秉公办事，团结一致。

④教师与家长之间要做到：尊重家长，理解家长；经常家访，互通情况；密切配合，教育学生。

4. 教师的仪表行为规范

①衣着整洁，朴实大方。服饰要符合职业特点，体现教师为人师表的好形象。

②举止稳重大方、潇洒自然、彬彬有礼。切忌轻浮粗俗、拘谨呆板。

5. 教师的语言行为规范

①教师要使用普通话。边远地区的教师要通过媒体及其他途径练习普通话，力争发音标准。

②语义要明确，表达要清楚。这需要教师熟悉学科知识、思路清晰。

③语句要完整、上下连贯。

④教师还要注意与时俱进、丰富语言，学会用学生熟悉、喜欢的语言表达教学内容。

二、教师要处理好教育活动中的几大关系①

教师与学生、教师与家长、教师与同事、教师与教育管理者的关系是学校中基本的人际关系。处理好这些关系，直接关系着教育活动开展的质量和效率。

（一）教师与学生的关系

1. 教师与学生关系的性质

在教育活动中，虽然学生是教师教的对象，但是从教师职业道德要求看，学生也是教师承担责任和义务的对象。教师对学生所承担的责任和义务，从根本上说就是教师对学生健康成长的责任和义务。

① 《国家教师资格考试专用系列教材》编委会：《综合素质(中学)》，127～128页，北京，教育科学出版社，2013。

因此，在教师与学生的关系上，学生是教师工作的出发点和归宿。

2. 处理教师与学生关系的基本要求

处理教师与学生关系的基本要求包括如下几方面。

(1)爱学生

爱学生，是教师处理与学生关系的根本出发点。没有对学生的爱，教师对于学生所发生的一切行为就没有道德可言。教师对学生的爱，不是对少数人的爱，不是有差别的爱，而是对全体学生的爱，对所有学生付出同样的爱。不论教师面对的学生成绩如何、家庭背景如何等，教师都能够付出自己的爱。教师对学生的爱应当是无条件的。

(2)尊重学生

尊重学生，是建立师生间平等关系的表现。尊重是对师生间平等地位的认可。在师生平等的交往关系中，教师对学生的爱才能够实现；学生也才能够感受到教师的爱，从而接受教师对自己的教育。

(3)对学生负责

爱学生，尊重学生，是为了学生的成长。学生的成长需要在教育教学活动中实现。在教育教学活动中，教师的行为要符合教育教学的要求，学生的行为也要符合教育教学的要求。教师对自己严格要求，也对学生严格要求。教师对学生的严格要求需要做到严而有理。教师对学生提出的要求必须从学生的实际情况出发，在充分考虑教育条件的基础上，选择合适的教育方式，刚柔相济、寓刚于柔。这就是负责，也是一种负责的爱。

(4)公平公正

教师的爱是面向一切学生的，学生所需要的爱也是没有差别的。教师公正地对待学生要求教师公正、公平、不偏不倚、一视同仁。一方面，教师不能因为个人感情、私人关系、学生成绩等偏袒或轻视学生；另一方面，教师不能因为学生的性别、外貌、性格特征、身体条件、家庭出身等的不同而偏袒或轻视学生。

(5)保护学生

虽然学生应当是教师平等的交往对象，但是由于学生处在身心的发展阶段上，他们应对生活的能力与经验还不足，因此他们需要教师给予各个方面的保护。

(6)杜绝伤害

既然学生是教师工作的出发点，那么一切有碍、有害学生成长的行为都是不允许的，特别是体罚和变相体罚等行为。

(二)教师与家长的关系

1. 教师与家长关系的性质

学生是教师工作的出发点，因而教师对学生负有责任和义务。

家长作为孩子的第一任老师，对孩子的成长负有责任，并且是影响孩子成长的重要因素。从家长是一种教育力量的角度来看，家长也是教师工作的合作伙伴。

2. 处理教师与家长关系的基本要求

处理教师与家长关系的基本要求包括如下几方面。

(1)尊重家长

学生应当是教师给予平等看待的对象、给予尊重的对象。学生的家长当然也应当与教师之间是平等的关系，也应当得到教师的尊重。教师和家长在人格上是完全平等的。教师必须尊重家长的人格。

教师要避免向家长告状，不要当众责备其子女，否则会造成教师与家长的对立，不利于教育效能的提高。

(2)教育孩子尊重家长

教师不仅要身体力行地尊重家长，还要教育孩子尊重自己的家长。教师教育孩子尊重家长，不但可以提高家长的威信，增强家庭教育力量，而且当家长看到自己的孩子在教师的教育下健康成长，对自己又很尊敬时，会由衷地感谢教师，更加信任教师。

教师和家长都是以教育孩子、促进孩子身心的全面发展为共同目标的，应该建立彼此信任、相互支持的平等关系。

(3)相互协作

教师要想得到家长切实而有效的支持，就必须得到家长的理解。家长对教师的理解，是建立在协作关系上的。在协作关系上，教师能够了解家长需要得到怎样的指导，家长也知道教师需要得到怎样的支持。

(三)教师与同事的关系

1. 教师与同事关系的性质

教师的教育工作不是个人行为，而是集体行为。教师的工作离不开教师集体，教师集体也离不开每一位教师。

2. 处理教师与同事关系的基本要求

处理教师与同事关系的基本要求包括如下几方面。

(1)相互尊重

教师在集体中开展自己的专业性活动，与共同开展教育教学活动的同事在地位上是平等的，也应当给予同事尊重。

(2)彼此理解

教师在集体中开展工作。由于工作任务及性质上的差异，教师集体中也会产生矛盾与冲突。这就需要教师与同事之间能够相互理解。

(3)团结协作

在集体中工作，教师与同事的协作是十分必要的。协作需要教师与同事相互理解、相互支持。

(四)教师与教育管理者的关系

1. 教师与教育管理者关系的性质

教师在学校组织中工作，组织的运作是在管理中实现的。有组织，就有组织的管理；有组织的管理，就有组织管理者。教师在教育组织中开展自己的职业活动，必然要在一定教育管理者的管理之下开展职业活动。从管理的角度上看，教育管理者与教师是管理与被管理的关系。

这种管理与被管理的关系不是地位上的不平等。教师在学校教育活动中的主体地位，不因教师是被管理者的地位而有所改变。管理与被管理，只是分工的不同。教师与教育管理者的关系是组织中承担不同任务的人们之间的关系。

2. 处理教师与教育管理者关系的基本要求

处理教师与教育管理者关系的基本要求包括如下几方面。

(1)尊重

教育管理者的管理目标与教师的职业活动目标是一致的；教师应当尊重教育管理者。

(2)支持

教师在学校组织中开展职业活动。教师的职责和任务是学校教育管理者赋予的。每一位教师根据自己对职责的承诺，完成学校教育管理者分配的任务，这是学校组织实现教育目标的保障。学校教育目标的实现，是学生的利益所在。因而教师应当在自己的职业行为上支持学校教育管理者开展学校管理工作。

(3)服从

教育管理者与教师只是职务上的差异，在人格上是完全平等的。因此，服从不是对教育管理者百依百顺，而是在与教育管理者意见不一致时顾全大局。教师应服从教育管理者的工作安排，自觉接受教育管理者的检查和监督。

活动与训练

主题：举行“教育孩子是教师的事，还是家长的事”辩论赛。

建议时间：40 分钟。

活动准备：

知识准备：通过图书馆、网络及其他方式查找相关资料，准备辩论赛。

教具准备：案例材料、多媒体设备。

活动步骤：

步骤 1：各组学生按一辩到四辩的顺序进行自我介绍。

步骤 2：各组学生陈述的观点清晰明确。

步骤 3：在一对一攻辩阶段，学生言之有物。

步骤 4：学生自由辩论。

步骤 5：总结陈词阶段。

步骤 6：教师根据学生的表现进行总结并点评。

第三单元真题汇总

第四单元
人文素养

人文素养就是做人的基本修养。对于人的成长来说，人文素养是基础，专业能力是在这个基础层面上形成的。人文素养教育可以陶冶人的性情，提升精神境界，树立责任感；活跃人的思维，发挥潜力，开拓原创性思维；促进人的潜质开发，使人得到全面、自由的发展，体现社会人的价值。

人文素养是一个人外在精神面貌和内在精神气质的综合表现，也是一个人文明程度的综合体现。本单元通过让师范生阅读鉴赏古今中外经典散文、诗歌、戏剧和小说等文学作品，品味语言、感受形象、领悟内涵，体会作品的艺术魅力，理解作品反映的社会生活和情感世界，探索作品蕴含的民族心理和人文精神，更让经典浸润心田，提升精神气质。本单元通过中西方经典文学作品的对比赏析，让师范生分析不同文化背景下文学作品的内容、表现手法、欣赏视角、艺术风格的不同，在比较中凸显中国文化的独特之处，激发师范生对中国文化的自信。

微课视频

主题一　散文欣赏

主题目标

1. 能熟知散文的发展概况。
2. 赏析优秀散文。
3. 培养散文欣赏能力。

一、中国古典散文赏析

(一)中国古典散文概述

1. 先秦时期的散文

先秦时期有诸子散文，如《论语》《孟子》《庄子》等；有历史散文，如《左传》《国语》《战国策》等。

2. 汉魏六朝时期的散文

汉魏六朝时期赋文体兴起，有骚体赋、大赋、抒情小赋。骚体赋有贾谊的《吊屈原赋》和《鹏鸟赋》、司马相如的《长门赋》、司马迁的《悲士不遇赋》等。大赋代表作有枚乘的《七发》、司马相如的《上林赋》、扬雄的《甘泉赋》等。后大赋衰落，抒情小赋占主导地位，如曹植的《洛神赋》、江淹的《恨赋》等。

西汉司马迁的《史记》是中国第一部纪传体通史，被鲁迅誉为“史家之绝唱，无韵之《离骚》”。

3. 唐宋时期的散文

“唐宋八大家”——韩愈、柳宗元、欧阳修、王安石、曾巩、苏洵、苏轼、苏辙，他们倡导“古文运动”，如韩愈的《师说》、柳宗元的《捕蛇者说》和《永州八记》、欧阳修的《醉翁亭记》、苏轼的《前赤壁赋》和《后赤壁赋》等。

4. 明清时期的散文

明朝继承唐宋散文传统，有归有光的《项脊轩志》，后又有公安派主张“独抒性灵，不拘格套”。晚明小品文盛行，有张岱的《陶庵梦忆》《西湖梦寻》等。

清朝有桐城派，主张学习唐宋、秦汉古文，有方苞的《狱中杂记》、姚鼐的《登泰山记》等。

(二)中国古典散文欣赏

1.《论语》《庄子》《史记》简介

《论语》《庄子》《史记》简介

2.《前赤壁赋》

《前赤壁赋》

二、中国现当代散文赏析

(一)中国现当代散文概述

1. 新文化运动至新中国成立前的散文

新文化运动提倡使用白话文。所写散文影响较大的有陈独秀、李大钊、鲁迅、周作人、钱玄同、刘半农等。

语丝社成员周作人有小品文，其代表作有《故乡的野菜》《乌篷船》等。

何其芳的散文被称为“诗人的散文”，其代表作有《画梦录》。

闻一多的《最后一次讲演》表现了一个文人的英勇气概。沈从文的《湘行散记》是记叙自然的散文集。

2. 新中国成立后的散文

新中国成立后，散文的形式多样，有贺敬之的《重回延安——母亲的怀抱》、杨朔的《香山红叶》、叶圣陶的《游了三个湖》、茅盾的《斯德哥尔摩杂记》、冰心的《樱花赞》、吴伯箫的《歌声》和《记一辆纺车》等。

“文化大革命”后，刘白羽的《巍巍太行山》、丁宁的《幽燕诗魂》、黄宗英的《星》、巴金的《怀念萧珊》等散文继续绽放光彩。

余秋雨的散文集有《文化苦旅》《千年一叹》等。

(二)中国现当代散文欣赏

1.《我的母亲》

《我的母亲》

2.《都江堰》(节选)

《都江堰》(节选)

三、外国散文赏析

(一)外国散文发展概述

1. 古希腊罗马时期的散文

外国散文源于古希腊罗马时期。希罗多德的《历史》、色诺芬的《希腊志》、柏拉图的《对话》、塔西佗的《历史》、李维的《罗马史》等影响深远，为西方文学的发展奠定了良好的基础。

2. 文艺复兴时期的散文

在文艺复兴时期，薄伽丘的《但丁传》、马可·波罗的经典名作《马可·波罗游记》等弘扬人文主义精神。

蒙田是法国启蒙运动的先驱，被称为现代散文的奠基者。培根的代表作有《新工具》《培根随笔集》，他被誉为“英国散文之父”。

3. 18 世纪的散文

18 世纪的散文有孟德斯鸠的代表作《波斯人信札》和《论法的精神》、伏尔泰的《哲学通信》、卢梭的《社会契约论》和《一个孤独漫步者的遐想》以及狄德罗的《哲学思想录》《对自然的解释》《怀疑者漫步》等。兰姆的名作有《伊利亚随笔集》和《伊利亚随笔续集》。

4. 19 世纪的散文

19 世纪的散文揭露时弊，提倡教育等。夏多布里昂曾经把《墓畔回忆录》称作“我生活的时代之史诗”。雨果的散文《莱茵河游记》《见闻录》等浪漫中蕴含着现实的冷峻。波德莱尔有诗化散文《巴黎的忧郁》。科学散文有法布尔的《昆虫记》。梭罗有长篇散文《瓦尔登湖》。

5. 20 世纪的散文

20 世纪，英国意识流文学家伍尔夫撰写了大量随笔，如《普通读者》。奥地利众多有影响力的作家有卡夫卡、茨威格、弗洛伊德等；苏联有影响力的作家有高尔基、肖洛霍夫、奥斯特洛夫斯基等，亦有不少名篇。

(二)外国散文欣赏

1.《我为何而生》

《我为何而生》

2.《热爱生命》

《热爱生命》

活动与训练

主题：精美散文赏析。

活动目标：通过对不同类型散文的分析探讨，欣赏散文的精美。

建议时间：40 分钟。

活动准备：

知识准备：学生收集不同的精美散文。

教具准备：案例材料、多媒体设备。

活动步骤：

步骤 1：收集材料和准备活动。课前每位学生收集自己喜爱的散文。

步骤 2：个人展示。学生展示自己选出的散文片段，可以结合绘画、图片、音乐等进行展示。

步骤 3：小组讨论。学生自由讨论、探讨，分析散文的精美之处。

步骤 4：教师总结。教师针对讨论结果，分析、反馈、给予评价。

主题二　诗歌欣赏

主题目标

1. 阐述诗歌的发展概况。
2. 明确诗歌的特色。
3. 培养诗歌欣赏能力。

孔子言："《诗》，可以兴，可以观，可以群，可以怨。"

一、中国古诗词赏析

(一)中国古诗词的发展概况

1. 先秦时期的古诗词

《诗经》是我国第一部诗歌总集，收录了从西周到春秋大约570年间的305首诗歌精华，是中国诗歌史上的源头。

《楚辞》是战国后期楚国的屈原创造的一种新诗体。其诗句长短不一，多用"兮"字，是中国诗歌史上的另一个高峰。

《诗经》和《楚辞》在文学史上并称"风骚"，开创了古代诗歌现实主义和浪漫主义的传统。

2. 秦汉时期的古诗词

汉乐府民歌继承了《诗经》的现实主义传统，其代表作有《陌上桑》《孔雀东南飞》等。《孔雀东南飞》是我国诗歌史上第一部长篇叙事诗。

在汉乐府的影响下，文人五言诗逐渐兴起。东汉末年，《古诗十九首》代表了文人五言诗的最高成就，如《青青河畔草》《明月何皎皎》等。

3. 魏晋南北朝的古诗词

建安风骨"三曹"与"建安七子"所作的诗反映时代动乱、人民疾苦，抒写个人抱负。

七言古诗开始发展，有曹丕的《燕歌行》。

山水田园诗兴起。东晋末年的陶渊明和南北朝的谢灵运、谢朓都善写山水诗。

南北朝民歌的成就较大，如《木兰诗》。

4. 隋唐五代的古诗词

唐朝是我国诗歌发展的黄金时代，分为初、盛、中、晚几个时期，名家名作辈出。

"初唐四杰"(王勃、杨炯、卢照邻、骆宾王)和陈子昂，承汉魏风骨，扩大诗歌题材的内容。

盛唐：它是诗歌发展的顶峰时期。两位伟大的诗人——李白、杜甫，被称为我国诗歌史上的"双子星座”。山水田园诗人有王维、孟浩然等。边塞诗人有高适、岑参、王昌龄、王之涣等。

中唐：安史之乱后，元白诗派以元稹、白居易为代表，大力发展新乐府，主张诗歌要反映现实生活，如白居易的《卖炭翁》。韩孟诗派以韩愈、孟郊为代表，崇尚险怪。中唐代表诗人还有刘禹锡、柳宗元、贾岛等。

晚唐：“小李杜”即李商隐、杜牧。代表作有李商隐的无题诗、杜牧的《赤壁》。

词起源于民间，是配合燕乐演唱的新诗体。中唐后，文人开始填词，如白居易、张志和、韦应物、刘禹锡等；五代时，词的成就较高，以温庭筠、韦庄、李煜为代表。

5. 宋代的古诗词

诗歌自有特点，注重理性，长于思考，如苏轼的《题西林壁》。北宋诗坛影响较大的是“苏黄”，即苏轼、黄庭坚；南宋诗人的杰出代表是“中兴四大诗人”，即陆游、尤袤、范成大、杨万里。

宋代文学成就最高的是词，名家辈出，成就突出，有婉约、豪放两大流派。代表词人有柳永、晏几道、秦观、贺铸、周邦彦、姜夔、苏轼、辛弃疾、李清照等。

6. 元代的古诗词

元代出现了散曲，形式更自由，语言更活泼，具有浓厚的市民色彩。代表作家有关汉卿、马致远、张可久、乔吉等。

7. 明代的古诗词

明初有“台阁体”，歌功颂德，粉饰太平。明中期先后出现了“前七子”“后七子”，提倡复古，主张“文必秦汉，诗必盛唐”。之后又出现“公安派”“竟陵派”，反对机械复古，提倡抒写性灵。

8. 清代的古诗词

清代诗人主要有黄宗羲、顾炎武、王士禛、袁枚、龚自珍等。清末“诗界革命”出现了黄遵宪、康有为、梁启超等新派诗人。清代著名词人如纳兰性德，善作小令，长于白描，以情取胜。

(二)中国古诗词欣赏

1.《诗经·秦风·蒹葭》《楚辞·山鬼》

《诗经·秦风·蒹葭》《楚辞·山鬼》

2.《上邪》

《上邪》

3.《登幽州台歌》《月下独酌》《登高》

《登幽州台歌》《月下独酌》《登高》

4.《念奴娇·赤壁怀古》

《念奴娇·赤壁怀古》

5.《天净沙·秋思》

《天净沙·秋思》

二、中国现当代诗歌赏析

(一)中国现当代诗歌概述

1919年，新文化运动以后的诗歌以白话文写成形式较自由的诗体，如胡适的《希望》、郭沫若的《女神》、艾青的《大堰河——我的保姆》等。闻一多、徐志摩等提倡格律体新诗，如徐志摩的《再别康桥》、闻一多的《死水》等。象征诗派的代表作有戴望舒的《雨巷》《我用残损的手掌》等。

20世纪70年代末，一些年轻诗人的作品被传诵，如食指(郭路生)、顾城、舒婷等的作品。后来，他们的诗歌被命名为“朦胧诗”。

(二)中国现当代诗歌欣赏

1.《雨巷》

《雨巷》

2.《一代人》

《一代人》

三、外国诗歌赏析

(一)外国诗歌概述

西方最早出现的是英雄史诗，如《吉尔伽美什史诗》。上古史诗《伊利亚特》《奥德赛》相传为古希腊盲诗人荷马所作。

在中世纪时期，欧洲有影响力的诗人是意大利的但丁，其代表作《神曲》分《地狱》《炼狱》《天堂》

三部。

文艺复兴时期张扬人文主义，名家名作涌现，如弗朗西斯科·彼特拉克。

18 世纪，德国诗人歌德被称为“天才诗人”，其代表作为《浮士德》。

19 世纪涌现出拜伦的《唐璜》、雪莱的《西风颂》和《致云雀》，以及惠特曼的《草叶集》等作品。

20 世纪涌现出后期象征主义、未来主义、超现实主义等诗歌流派。主要作品有美国艾略特的代表作《荒原》和印度诗人泰戈尔的诗集《吉檀迦利》。

(二)外国诗歌欣赏

1.《世界上最远的距离》

《世界上最远的距离》

2.《我愿意是激流》

《我愿意是激流》

活动与训练

主题：举例分析古今中外诗歌的特点。

活动目标：通过深入认识、分析比较，加深对于诗歌作品的理解与欣赏。

建议时间：40 分钟。

活动准备：

知识准备：学生收集不同时期的诗歌作品，并比较阅读、总结特点。

教具准备：案例材料、多媒体设备。

活动步骤：

步骤 1：收集材料和准备活动。课前每个小组的学生至少收集两首不同时期的诗歌作品。

步骤 2：个人展示。学生逐一展示诗歌，结合自己的分析、研究情况，比较不同。

步骤 3：小组讨论。学生自由讨论不同诗歌的差异性，并探讨原因、总结特点。

步骤 4：教师总结。教师针对讨论结果，分析、反馈、给予评价。

主题三　戏剧欣赏

主题目标

1. 能正确阐述戏剧的发展概况。

2. 能熟知鉴赏名篇佳作。

3. 学会通过戏剧欣赏表达内在情感、陶冶情操。

黑格尔曾说："戏剧无论在内容上还是在形式上都要形成最完美的整体，所以应该看作诗乃至一般艺术的最高层。"

一、中国古典戏剧的发展概况及佳作欣赏

(一)中国古典戏剧的发展概况

1. 宋元南戏

南戏大约产生于北宋末年和南宋初年。剧本一场戏为一出。一本戏长的可达50多出，短的则为二三十出。

2. 元代杂剧

元杂剧产生于金朝末年，盛行于元代。元曲四大家指关汉卿、郑光祖、马致远和白朴。关汉卿是"元曲四大家"之首和元杂剧的奠基人，其代表作品有《窦娥冤》《救风尘》《拜月亭》和《单刀会》等。

3. 明清传奇

明代初叶，元杂剧衰落，南戏得到了发展，被称为传奇。洪昇的《长生殿》和孔尚任的《桃花扇》被称为清代传奇的双璧。

(二)佳作欣赏

1.《西厢记》简介

《西厢记》简介

2.《牡丹亭》简介

《牡丹亭》简介

二、中国现当代戏剧的发展概况及佳作欣赏

(一)中国现当代戏剧的发展概况

1. 中国话剧的萌芽

中国早期话剧的萌芽以春柳社的成立为标志。中国留日学生于1906年年底在东京成立了春柳社。其创始人为李叔同、曾孝谷，成员有陆镜若、欧阳予倩等人。他们曾演出了《茶花女》《黑奴吁天录》等，是文明戏的正式开端。

2. 中国话剧的发展

1907年下半年以来，国内陆续成立了一些剧团、剧社。影响较大的有春阳社、进化团等。春阳社于1907年9月在上海成立并进行了首次公演，其剧目为《黑奴吁天录》。“文明新戏”得到广泛传播，从而具有了全国性影响。后来涌现了《获虎之夜》《一只马蜂》《醉了》等一系列优秀之作。

3. 中国话剧的成熟

1929年，上海艺术剧社成立，参加者有冯乃超、郑伯奇、陶晶孙等人，主要负责人是夏衍。中国共产党对现代戏剧运动进行直接领导，第一次提出了“无产阶级戏剧”的口号。

1930年，南国社、摩登社、辛酉剧社、上海艺术剧社、剧艺社等联合成立上海戏剧运动联合会。同年，中国左翼剧团联盟正式成立。田汉、刘保罗、赵铭彝等为负责人。洪深的《五奎桥》，曹禺的《雷雨》《日出》《原野》，李健吾的《这不过是春天》，田汉的《回春之曲》，夏衍的《上海屋檐下》等一批艺术上成熟的剧作的问世标志着中国话剧艺术进入了成熟期。

4. 中国话剧的黄金时代

“七七”卢沟桥事变后，上海剧作者协会改组为中国剧作者协会。这是全国文艺界最早成立的抗日统一战线组织。1937年7月的成立大会上决定集体创作三幕剧《保卫卢沟桥》，拉开了整个抗战戏剧的序幕。

中华全国戏剧界抗敌协会于1937年12月在汉口成立，推出抗日战争时期的《红梅阁》《木兰从军》等话剧，尝试在传统戏曲的基础上发展新歌剧。

解放区的新秧歌运动催生了《兄妹开荒》等新秧歌剧。新歌剧《白毛女》可以说是在戏剧现代化和民族化结合上的成功之作。

(二)佳作欣赏

1.《雷雨》简介

《雷雨》简介

2.《茶馆》简介

《茶馆》简介

三、外国戏剧的发展概况及佳作欣赏

(一)外国戏剧的发展概况

1. 欧洲戏剧的诞生期

公元前6世纪后期至公元前5世纪前期是欧洲戏剧的诞生期。悲剧的雏形出现于公元前534年的雅典；公元前487年前后，喜剧出现。公元前3世纪至公元前1世纪的罗马戏剧继续古希腊戏剧的余波。代表古罗马戏剧最高成就的是普劳图斯的喜剧。

2. 宗教剧时代

文艺复兴运动兴起之前的中世纪是宗教剧时代。宗教剧大约形成于9—10世纪，14世纪发展到顶峰，从15—16世纪开始因文艺复兴运动的兴起而逐渐走向衰落。

3. 古典主义戏剧的时代

在古典主义戏剧的时代，拉辛的戏剧作品代表了古典主义悲剧的最高成就，莫里哀的戏剧作品代表了古典主义喜剧的最高成就。

4. 启蒙主义、浪漫主义和现实主义戏剧的时代

启蒙主义戏剧的中心是法国和德国，博马舍、歌德、席勒的戏剧作品代表了启蒙主义戏剧的最高成就。浪漫主义戏剧的中心在法国，雨果的戏剧作品代表了浪漫主义戏剧的最高成就，其《〈克伦威尔〉序》是浪漫主义戏剧的宣言。

德国剧作家席勒在其《论素朴的诗与感伤的诗》一文中首先使用了“现实主义”一词，19世纪中期这一术语已广为人知。俄罗斯剧作家屠格涅夫、奥斯特洛夫斯基和法国的小仲马等把批判现实主义戏剧推向了一个新高度。

19世纪末至20世纪初，现实主义戏剧获得很大发展，出现了像易卜生、萧伯纳、霍普特曼、罗曼·罗兰、托尔斯泰、契诃夫、丹钦科、斯坦尼斯拉夫斯基、高尔基、威廉斯、米勒、威尔逊等一批大戏剧家。

5. 现代派戏剧的时代

现代派戏剧是先锋戏剧，包含象征主义、表现主义、未来主义、意识流、超现实主义、存在主义、荒诞派等多个新锐派别。

(二)佳作欣赏

1.《哈姆雷特》简介

《哈姆雷特》简介

2.《玩偶之家》简介

《玩偶之家》简介

活动与训练

主题：经典剧目展演。

活动目标：通过经典话剧剧目的展演，引导学生深入理解作品的形式与内涵；充分展示学生的才艺，丰富学生的课余见闻，提升学生的文学素养。

建议时间：40分钟。

活动准备：

知识准备：学生搜寻不同时期的代表话剧，选定合适剧目。

教具准备：小舞台、服装、道具、多媒体设备。

活动步骤：

步骤1：收集材料和准备活动。各小组确定表演剧目，并组织有序练习。

步骤2：彩排跟进。教师根据活动时间安排，确定彩排与带妆彩排的时间，跟进表演进度。

步骤3：表演展示。各小组登台展示自己选定的剧目，并接受检验。

步骤4：表演复盘。表演结束后，各小组就表演的整个过程进行复盘，结合课上所学、课下准备阶段谈对话剧、表演、自身影响的体会。

步骤5：教师总结。教师针对学生的复盘与表演活动分析、反馈、给予评价。

主题四　小说欣赏

主题目标

1. 能正确阐明小说的发展概况。
2. 欣赏名篇佳作，掌握鉴赏方法。
3. 能领悟作品表达的内在情感、陶冶情操。

汉代班固在《汉书·艺文志》中说："小说家者流，盖出于稗官，街谈巷语、道听途说者之所造也。"

一、中国古典小说的发展概况及佳作欣赏

(一)中国古典小说的发展概况

1. 神话传说

中国小说的萌芽可以追溯到远古神话。《山海经》在这个意义上被称为"古今语怪之祖"。

2. 笔记体小说

中国小说初具规模是在魏晋南北朝时期，可分为志怪和志人两类，统称为笔记体小说，如干宝的《搜神记》、刘义庆的《幽明录》和《世说新语》等。

3. 传奇小说

中国古代小说真正成熟的标志是唐代传奇的出现与繁荣。唐代传奇是指唐代流行的文言小说，内容丰富、题材多样，如《任氏传》《柳毅传》《李娃传》《霍小玉传》《莺莺传》《枕中记》《南柯太守传》《长恨歌传》《虬髯客传》等。

4. 话本小说

宋代出现了话本小说。它是民间说书人讲史或演说的底本，如《碾玉观音》《快嘴李翠莲记》《错斩崔宁》等。

5. 创作小说

创作小说由明代文人模仿话本风格而改编创作，有"三言"——冯梦龙选编的短篇小说集《喻世明言》《警世通言》《醒世恒言》，"二拍"——凌濛初的《初刻拍案惊奇》和《二刻拍案惊奇》。

6. 章回体小说

明清时期是中国古代小说的全面繁荣和辉煌时期。长篇小说有罗贯中的《三国演义》、施耐庵的《水浒传》、兰陵笑笑生的《金瓶梅》、吴承恩的《西游记》、吴敬梓的《儒林外史》、曹雪芹的《红楼梦》。清代蒲松龄的《聊斋志异》是一部文言短篇小说集。

(二)佳作欣赏

《红楼梦》简介

二、中国现当代小说的发展概况及佳作欣赏

(一)中国现当代小说的发展概况

1. 现代小说

20世纪以后，白话小说兴起。名作有鲁迅的《呐喊》《彷徨》《故事新编》，郁达夫的自传体小说《沉沦》，巴金的长篇小说《家》《春》《秋》，茅盾的《子夜》，老舍的《骆驼祥子》《四世同堂》，沈从文的《边城》等。

解放区有丁玲的《太阳照在桑干河上》、周立波的《暴风骤雨》、赵树理的《小二黑结婚》和《李有才板话》等。

2. 当代小说

先锋小说有余华的《活着》《许三观卖血记》等；写实主义小说有池莉、路遥等的作品；新历史小说有莫言、苏童等的作品。

(二)佳作欣赏

1.《边城》简介

《边城》简介

2.《平凡的世界》简介

《平凡的世界》简介

三、外国小说的发展概况及佳作欣赏

(一)外国小说的发展概况

1. 文艺复兴时期的欧洲小说

此时期的小说有意大利乔万尼·薄伽丘的短篇小说集《十日谈》、法国弗朗索瓦·拉伯雷的长篇小说《巨人传》、西班牙塞万提斯的《堂吉诃德》、英国杰弗雷·乔叟的《坎特伯雷故事集》等。英国托马斯·莫尔的对话体幻想小说《乌托邦》是近代空想社会主义小说的开端。

2. 18 世纪欧洲启蒙主义小说

此时期的小说有英国笛福的《鲁滨孙漂流记》，法国卢梭的《新爱洛伊丝》《爱弥儿》《忏悔录》，德国歌德的《少年维特的烦恼》。

3. 19 世纪浪漫主义小说

此时期的小说有法国雨果的《悲惨世界》《巴黎圣母院》《九三年》，大仲马的《三个火枪手》《基督山伯爵》，乔治·桑的《安吉堡·磨工》；英国艾米莉·勃朗特的《呼啸山庄》；俄国屠格涅夫的《罗亭》《贵族之家》《前夜》《父与子》和普希金的《上尉的女儿》等。

4. 19 世纪批判现实主义小说

此时期的小说有法国司汤达的《红与黑》、巴尔扎克的《人间喜剧》、福楼拜的《包法利夫人》；英国狄更斯的《艰难时世》《匹克威克外传》《大卫·科波菲尔》，萨克雷的《名利场》，夏洛蒂·勃朗特的《简·爱》，托马斯·哈代的《德伯家的苔丝》；美国斯托夫人的《汤姆叔叔的小屋》，马克·吐温的《哈克贝利·费恩历险记》；俄国契诃夫的《变色龙》《万卡》《第六病室》《套中人》，陀思妥耶夫斯基的《罪与罚》《卡拉马佐夫兄弟》，列夫·托尔斯泰的《安娜·卡列尼娜》《复活》等。

5. 20 世纪小说

20 世纪有代表性的小说主要有劳伦斯的《虹》，罗曼·罗兰的《约翰·克利斯朵夫》，海明威的《老人与海》，玛格丽特·米切尔的《飘》，高尔基的自传体长篇三部曲《童年》《在人间》《我的大学》，肖洛霍夫的《静静的顿河》，艾略特的《荒原》，卡夫卡的《变形记》，奥尼尔的《毛猿》，普鲁斯特的《追忆似水年华》，乔伊斯的《尤利西斯》，福克纳的《喧哗与骚动》，马尔克斯的《百年孤独》等。

(二)佳作欣赏

1.《麦田里的守望者》简介

《麦田里的守望者》简介

2.《警察与赞美诗》简介

《警察与赞美诗》简介

活动与训练

主题：经典片段展示。

活动目标：通过经典小说片段展示，引导学生深入理解作品的形式与内涵；充分展示学生的才艺，丰富学生的课余见闻，提升学生的文学素养。

建议时间：40 分钟。

活动准备：

知识准备：学生搜寻经典小说篇目，选定合适的展示篇目。

教具准备：录播教室、多媒体设备。

活动步骤：

步骤1：收集材料和准备活动。各小组确定展示篇目，并组织有序练习。

步骤2：练习跟进。教师根据活动时间安排，及时跟进学生的练习进度。

步骤3：表演展示。各小组展示自己选定的篇目，并接受检验；各小组的影像资料留存。

步骤4：表演复盘。表演结束后，各小组依据影像资料对整个过程进行复盘，结合课上所学、课下准备阶段谈谈对小说、自身影响的体会。

步骤5：教师总结。教师针对学生的复盘与展示活动分析、反馈、给予评价。

第五单元
历史文化素养

“以铜为鉴，可以正衣冠；以人为鉴，可以知得失；以史为鉴，可以知兴替。”自古就有“读史使人明智”的说法，可见了解一定的历史知识对一个人的气质养成有着非常重要的意义。教师将来承担着传道、授业、解惑的重任。具备一定的历史知识，无论是对于自己将来的工作而言，还是对于自己以后的生活而言都是十分必要的。为此，本单元按照历史进程的时序介绍中国历史和世界历史常识，包括中国和世界各个历史阶段的主要历史事件。

本单元旨在使师范生了解中外文明发展的大体脉络，掌握中外历史发展过程中的重大历史事件、重大历史成就，培养家国情怀，坚定四个自信。了解中华古代文明的发展历程，体悟中华文化的悠久历史，增强民族自豪感。明确中华文明自古多元一体，自觉维护多民族国家的统一与领土完整。利用党史学习教学，明确中国共产党自诞生之日起就把民族独立、人民幸福作为自己的初心使命，并为之不懈奋斗；党带领中国人民从站起来、富起来到强起来，走出了一条中国特色社会主义道路。要坚决拥护中国共产党的领导，真正做到感党恩、听党话、跟党走。利用对世界文明发展历程的学习，感悟世界文明多源特点，具有国际视野，以包容的心态看待不同文明。明确社会主义中国是维护世界和平与稳定的重要力量，要不断壮大社会主义祖国，维护世界和平，构建人类命运共同体。

微课视频

主题一　中华文明的发展历程

主题目标

1. 了解中国历史的基本常识。

2. 能够对中国历史上重大事件进行简要分析。

3. 增强民族自豪感，珍惜当下来之不易的幸福生活。

中华民族的历史源远流长。本主题旨在了解中国历史从古至今的发展脉络。

一、灿烂的中华古代文明

(一)中华文明的起源

1. 上古时代

上古时代指现存文字记载出现以前的历史时代。在中国，上古时代一般指历史文献记载中最早的夏朝以前的时代。

2. 原始人群

在亚非文明古国中，中国是发现人类遗址较多的国家。黄河流域和长江流域是孕育中华文明的摇篮。目前中国境内发现的原始人类主要有元谋人、蓝田人、北京人和山顶洞人。

元谋人是中国境内已知的最早人类，距今约 170 万年。元谋人遗迹的发现揭开了我国历史的序幕。

蓝田人距今约 110 万年～115 万年，是目前亚洲北部所发现的最古老的直立人。

北京人距今约 70 万年，生活在龙骨山的山洞里，处于旧石器时代。北京人已经知道使用天然火并能保存火种，知道用火来抵御寒冷、吓跑猛兽、烧烤食物。

山顶洞人距今约 2 万年，是生活在龙骨山的山顶洞里的又一种原始人，处于母系氏族公社的早期阶段。他们已经掌握了钻孔和磨制技术，会用磨制的骨针缝制衣服。山顶洞人已经学会了人工取火，过着以渔猎和采集为主的生活。

3. 氏族公社时期

五六千年前，长江流域和黄河流域的一些原始居民相继进入母系氏族公社阶段。他们已经普遍使用磨制石器，进入新石器时代。长江流域的文化遗址有彭头山遗址和河姆渡遗址。在彭头山遗址发现了世界上最早的稻谷和稻壳，说明中国是世界上最早种植水稻的国家。河姆渡人过着定居的生活，已经产生了原始农业、畜牧业和手工业，开始种植水稻和粟，养殖猪、狗、水牛等家畜，能烧制陶器，纺织麻布，缝制衣服。

黄河流域的文化遗址有位于黄河中游的半坡遗址和位于黄河下游的大汶口文化中晚期遗址。半坡遗址距今5000多年，半坡居民主要是种植粟、蔬菜，也会建造房屋。大汶口文化中晚期遗址距今四五千年，处于由母系氏族公社到父系氏族公社的过渡阶段。农耕成为主要的生产部门，男子在生产、生活中处于支配地位；家畜饲养业并不发达；有少数专门从事手工业的人，手工业比较突出的是制陶业。

氏族公社是继原始人群之后出现的以血缘为纽带的人类早期社会，是原始社会的高级阶段，可以分为母系氏族公社和父系氏族公社两个阶段。其中最能反映母系氏族公社繁荣时期面貌的是河姆渡遗址和半坡遗址，最能反映父系氏族公社繁荣时期面貌的是大汶口文化中晚期遗址。

(二)奴隶社会——夏、商、西周和春秋时期

1. 夏朝

约公元前21世纪，禹建立了夏朝，定都阳城。禹的儿子启用王位世袭制代替了禅让制，夏朝成为中国历史上第一个奴隶制王朝。夏朝的历法是中国最早的历法。

2. 商朝

约公元前16世纪，商汤起兵灭夏，建立了商朝。商朝是我国历史上第二个奴隶制王朝。青铜器和甲骨文是这一时期奴隶制文明的代表。较有名的青铜器是后母戊鼎和四羊方尊。

甲骨文是刻在龟甲兽骨上的文字，是中国现存最早的成熟文字，号称商朝的国家档案。中国有文字可考的历史是从商朝开始的，甲骨文标志着中国历史进入文明时代。

3. 西周

约公元前11世纪，周武王灭商后建立周朝，定都镐京，史称西周。为了巩固奴隶制统治，西周实行了宗法制、分封制和井田制，标志着西周进入中国奴隶社会的鼎盛时期。

宗法制是为了稳固贵族阶级的内部秩序，以血缘关系划定贵族的等级地位，分配权力和财产，建立世袭统治的一种政治制度，其主要精神是“嫡长子继承制”。分封制是西周分封诸侯的制度。周王把王族、功臣和先代贵族分封到各地做诸侯；诸侯服从周王的命令，按期向周王贡献财物。井田制是一种奴隶制度下的土地国有制度。

4. 春秋时期

公元前770年，周平王将都城东迁至洛邑，东周开始。东周分为春秋(公元前770—前476年)和战国(公元前475—前221年)两个时期。经过春秋的争霸兼并战争，先后取得霸主地位的有五个诸侯，世称“春秋五霸”。

(三)封建社会的建立和初步发展——战国、秦和汉

1. 战国时期

经过春秋时期的争霸兼并战争，战国时期出现了七个实力较强的诸侯国齐、楚、燕、韩、赵、魏、秦，史称“战国七雄”。战国时期成为中国封建社会的开端。

公元前356年和公元前350年，秦孝公两次任用商鞅实行变法。商鞅变法的主要内容有：承认土地私有，允许自由买卖；取消世卿世禄制，奖励耕织，奖励军功，按功授爵；建立县制，由国君直接派官吏治理。经过商鞅变法，秦国逐渐强大。公元前256年，秦国蜀郡太守李冰父子主持修建了都江堰水利工程，为秦国的经济发展做出了贡献。

公元前230年—公元前221年，秦王嬴政先后灭掉韩、赵、魏、楚、燕、齐六国，统一全国，定都咸阳，建立了中国第一个统一的多民族封建国家——秦国。

在战国时期，诸侯争霸，社会动荡。代表各阶级利益的知识分子纷纷著书立说，提出解决社会现实问题的办法。道家、儒家、墨家、法家等纷纷登上历史舞台，形成了“百家争鸣”的繁荣局面。孔子是儒家学派的创始人。“仁”是孔子思想的核心。孟子是战国时儒学的重要代表人物。孟子发展了孔子关于“仁”的思想，主张实行“仁政”，提出了“民为贵，君为轻”的观点，被称为“亚圣”。老子是道家学派的创始人，强调一切要顺应自然，提倡“无为而治”。墨家学派的创始人是战国时的墨子，主张“兼爱”“非攻”“尚贤”“节用”。法家早期代表人物有李悝、商鞅等，集大成者是韩非子。他提出建立君主专制的中央集权国家，主张改革等。

2. 秦朝

秦王嬴政统一国家后推行了一系列的措施，主要内容如下。

把三皇五帝的称号合二为一，自称“始皇帝”，朕、诏、制为皇帝专用，国家大事由皇帝裁决。这为建立中央集权的封建国家制度开创了新局面，为以后历代封建王朝所沿袭。

允许土地私有和买卖，统一全国度量衡，统一货币，车同轨，书同文，将小篆作为统一的文字通行全国，以促进国家共同的经济区域和民族文化心理的形成。

以法为教，以吏为师，严禁私学。加强思想控制。

修筑长城，平定南越，修灵渠，建桂林、南海及象郡三郡，促进了统一的多民族国家的发展。

公元前 209 年，陈胜、吴广领导的农民起义爆发，这是中国历史上的第一次农民起义。公元前 207 年，秦朝被推翻。

3. 汉朝

公元前 206 至公元前 202 年，历经 4 年楚汉之争，汉王刘邦击败楚王项羽，建立了继秦之后又一个统一的中央集权王朝——汉朝，史称西汉。

汉初文帝、景帝在位时，中国封建社会迎来了第一个盛世“文景之治”。当时，统治者推崇黄老之术，采取轻徭薄赋、与民休息的政策。经过文景时期的宽刑简政、提倡节俭，流民还归田园，户口迅速繁息，社会经济获得显著的发展，封建统治秩序也日臻巩固。

汉武帝时期采纳董仲舒的建议“罢黜百家、独尊儒术”，儒家思想从此在意识形态领域取得长达 2000 多年的主导地位。

经过董仲舒改造的新儒学，提出“天人相应”“大一统”；认为“君权天授”，天是万物的主宰，皇帝是天的儿子，即天子，代表天来统治人民。“三纲五常”是新儒学的伦理规范。“三纲”即“君为臣纲”“父为子纲”“夫为妻纲”。“三纲”加上有意志的天就构成了封建神权、政权、族权、夫权四种统治权力。“五常”即仁、义、礼、智、信这五种处理人伦关系的原则。汉武帝独尊儒术后，历代封建王朝无不遵循，在中国文化史上开辟了 2000 多年来儒家学说独盛的局面。

此外，汉武帝还两次派张骞出使西域，开辟了丝绸之路。从此中国的丝和丝织品由阿拉伯人从长安，经过河西走廊，带往中亚、西亚，直到欧洲。因此这条道路也被称为“丝绸之路”。丝绸之路成为东西方经济文化交流的桥梁。

在西汉后期，政局逐渐混乱。公元 8 年，外戚王莽自立为帝，建立新朝，后被推翻，西汉灭亡。公元 25 年，汉朝宗室刘秀称帝，定都洛阳，史称东汉。东汉后期爆发了黄巾军起义，东汉政权瓦解。中国进入了封建国家的分裂和民族大交融时期——三国、两晋、南北朝时期。

(四)封建国家的分裂和民族交融——三国、两晋、南北朝

1. 三国时期

200 年，曹操与袁绍决战于官渡，曹操以少胜多打败袁绍，史称“官渡之战”。官渡之战为曹操统一北方奠定了基础。208年，曹操为完成统一大业，与孙权、刘备联军决战于赤壁；孙刘联军利用火攻，打败曹军，史称“赤壁之战”。赤壁之战为三国鼎立局面的形成奠定了基础。

220年，曹操的儿子曹丕称帝，定都洛阳，建立魏国。221年，刘备在蜀都称帝，建立蜀国。222年，孙权建立吴国，定都建业，三国鼎立的局面正式形成。265年，司马炎取代曹魏政权而建立新政权，建国号为晋，定都洛阳，史称西晋。西晋于280年灭吴完成统一，三国鼎立的局面正式结束。

2. 两晋及南北朝

316年，西晋灭亡，北方陷于混乱，史称五胡乱华。317年，晋室南渡，司马睿建立东晋。420年，刘裕建立刘宋，东晋灭亡，进入了南北朝时期。南朝(420—589年)包含刘宋、萧齐、萧梁、南陈四朝；北朝(439—581年)包含北魏、东魏、西魏、北齐和北周五朝。南北两方虽各有朝代更迭，但长期维持对峙形势，故称为南北朝。南北朝时期是中国历史上的一段大分裂时期，也是我国历史上的一段民族大交融时期，至589年隋灭陈而终。这一时期的数学、农学、地理、书法等方面都取得了重要成就，如表5-1所示。

表5-1 南北朝时期部分领域取得的重要成就

领域	代表人物	著作	重要成就
数学	祖冲之	《缀术》	首次把圆周率精确到小数点后的第七位数字
农学	贾思勰	《齐民要术》	中国现存的第一部完整的农业科学著作
地理	郦道元	《水经注》	以水道系统为纲，是一部综合性的地理学专著
书法	王羲之	《兰亭序》	“飘若浮云，矫若惊龙”，有“天下第一行书”的美誉；王羲之被后人称为“书圣”

(五)封建社会的繁荣——隋唐

1. 隋朝

581年，掌握北周军政大权的外戚杨坚自立为帝，改国号为隋，定都长安。杨坚就是隋文帝，后世称他在位时期为“开皇之治”。589年，隋统一全国。但隋炀帝穷奢极欲，滥用民力，引发了隋末农民起义。618年，隋朝为唐朝所取代。

隋朝设置三省六部制，加强中央集权；建立科举制度。京杭大运河是古代世界上最长的运河。它的开通大大促进了南北方的文化、经济交流。

三省是指中书省、门下省、尚书省。中书省负责起草诏令，为决策机构；门下省执掌封驳，为审议机构；尚书省是行政机关，重在执行。六部指尚书省下属的吏部、户部、礼部、兵部、刑部、工部。每部各辖四司，共二十四司。

吏部掌管全国官吏的任免与考察事务；户部掌管天下土地、户籍、赋税、财政收支等事务；礼部掌管国家典章法度、祭祀、学校、科举、外交等事务；兵部掌管武将选用、兵籍、军械、军令等事务；刑部掌管法律、刑狱事务；工部掌管山泽、屯田、工匠、水利、交通事务。六部长官为尚书。三省六部制提高了工作效率，加强了中央的统治力量，削弱了相权，加强了皇权，是中国官制史上的重大变革，标志着封建政治制度的成熟。

2. 唐朝

618年，李渊称帝，建立唐朝，定都长安。626年，李世民发动“玄武门之变”。不久，李渊退位，李世民做了皇帝，年号贞观。李世民就是中国历史上的政治家唐太宗。他在位时，政治清明，国力强盛，史称“贞观之治”。

唐玄宗在位时，社会安定，经济繁荣，唐朝进入全盛时期，史称“开元盛世”。唐玄宗统治后期，政治腐败，边镇节度使兵力不断加强。755年爆发“安史之乱”，唐朝由盛转衰。

唐朝时文化交流密切，高僧鉴真曾6次东渡日本，传播唐朝文化，为中日文化交流和佛教的传播做出了重大贡献。高僧玄奘到天竺学习佛教，回国后写成了《大唐西域记》一书。唐朝贞观年间，吐蕃赞普松赞干布向唐太宗请婚。唐太宗将文成公主嫁于松赞干布，与吐蕃建立了亲密关系。

(六)民族交融的进一步加强和封建社会的继续发展——五代十国、宋、元

1. 五代十国

从907年朱温灭唐建后梁到960年赵匡胤在陈桥发动兵变建立宋朝，黄河流域相继有后梁、后唐、后晋、后汉、后周五个朝代更替，史称五代。与五代同时，在南方各地和北方的山西出现过十个割据政权交替并存，总称十国。因此这段历史被称为五代十国。

2. 宋朝

960年，赵匡胤在陈桥发动兵变，建立宋朝，史称北宋。976年，他的弟弟赵光义结束了五代十国的分裂割据局面。

宋初，赵匡胤听从赵普的建议，“杯酒释兵权”，解除石守信等大将的兵权，进一步强化中央集权。北宋末，统治极度腐朽。1127年，金国军队攻入开封，俘获宋徽宗、宋钦宗，史称“靖康之变”，北宋灭亡。北宋康王赵构在应天府即位，随后定都临安，建立南宋。1276年，元朝军队占领临安，宋朝结束。

3. 元朝

元朝是中国历史上第一个由少数民族建立并统治全国的封建王朝。1206年，成吉思汗建立蒙古汗国。1260年，忽必烈继承蒙古汗位。1271年，他改国号为“大元”，次年定都大都。忽必烈就是元世祖，1279年统一全国。元朝的疆域空前广阔，现在的新疆、西藏、云南、台湾等地都在元朝的统治范围内。

元世祖为了巩固对全国的统治，遵行汉法，在政治上加强了中央集权。中央设中书省作为全国的最高行政机构；枢密院掌管全国军队事务；御史台掌握司法，监察百官。另外，宣政院主持全国佛教和管理西藏地区，澎湖巡检司管辖澎湖和琉球。地方设行中书省，简称行省或省，派遣官吏征收赋税。行省制的确立从政治上巩固了国家的统一，使中央集权在行政体制上得到了保证。

(七)统一的多民族国家的巩固和封建制度的衰落——明、清

1. 明朝

1368年，朱元璋称帝，以应天府为京师，年号洪武，建立明朝，朱元璋即明太祖。

明太祖吸取历朝大臣权重的教训，在中央废中书省，罢丞相，权分六部。六部的长官直接对皇帝负责。后又设内阁协助皇帝处理奏折，大权因此集中在皇帝手中。地方废除行中书省，设立承宣布政使司、都指挥使司和提刑按察使司，分担地方民政、财政和监察司法。三司分立又相互牵制，防止了地方权力过重。管理全国军事的大都督府被废除，分为中、左、右、前、后五军都督府，且与兵部相互牵制。这样军权便集于皇帝一身。

明朝永乐年间，政治较为清明，国家强盛统一。1405—1433年，郑和先后7次率领船队远航，到过中南半岛、南洋群岛、孟加拉国、印度、伊朗和阿拉伯等许多国家和地区。郑和下西洋扩大了中国同亚非许多国家的经济文化交流，使海上丝绸之路得以畅通，增进了中国人民和亚非人民的友谊。郑和远航比欧洲航海家的远航早半个多世纪，是世界航海史上的壮举。

明代中后期，赋税制度进一步改革。一条鞭法创行，徭役征银，改变了农民对封建国家的人身依附关系，为城镇手工业提供了较多的劳动力。在商品经济比较繁荣的江南出现了“机户出资，机工出力”的手工工场“机房”。新的生产关系——资本主义萌芽在封建社会内部产生，封建制度逐步走向衰落。

1644 年，李自成起义大军攻占北京，明朝灭亡。

2. 清朝

1616 年，努尔哈赤称汗，国号大金，史称后金，定都于赫图阿拉。1625 年，迁都盛京。努尔哈赤去世后，皇太极继位。1636 年，清太宗皇太极改国号为“大清”，正式建立清朝。1644 年，守山海关明将吴三桂降清，引清军打败李自成进占北京。不久，多尔衮迎清顺治帝迁都北京。

清朝雍正帝时设立军机处，军机大臣由内阁大臣兼任。他们直接听命于皇帝。军机处成为直接对皇帝负责的核心权力机构，标志着中国封建君主专制达到了顶峰。清政府派军队驻防全国各地，加强对各族人民的控制和镇压。清政府还大兴文字狱，压制反清思想，加强思想控制。清朝强化专制主义的措施体现了中国封建制度已经走向没落。

二、列强侵略和国家出路的艰难探索

(一)近代的反侵略斗争

1. 鸦片战争

18 世纪中后期，为扭转贸易逆差，英国向中国走私鸦片。道光帝任命林则徐为钦差大臣，赴广东查禁鸦片。1839 年 6 月，林则徐将缴获的英美走私的大量鸦片在虎门海滩当众销毁。英国借口虎门销烟对中国发动侵略战争。

1842 年 8 月，英军舰队驶抵南京下关江面，扬言架炮攻城。清政府屈辱求和，被迫与英国签订中国近代史上第一个不平等的条约——《南京条约》。条约的主要内容有：割香港岛给英国；赔款 2100 万银圆；开放广州、厦门、福州、宁波、上海五处为通商口岸；准许英国在通商口岸派驻领事；英商进出口货物的关税税率，须同英国商定。中国由一个独立自主的封建国家开始沦为半殖民地半封建国家。鸦片战争成为中国民主革命的开端，也是中国近代史的开端。

2. 甲午战争

1894 年 7 月，日本军队悍然挑起甲午战争。不久，中日海军在黄海展开决战。清军“致远”舰管带邓世昌在战舰中炮、弹药用尽的情况下，下令全速撞击日“吉野”舰，壮烈殉国。黄海大战以后，日军又制造了旅顺惨案。1895 年年初，日军海陆两军进攻威海卫，北洋舰队腹背受敌，全军覆没，水师提督丁汝昌自杀殉国。

1895 年，清政府被迫签订了丧权辱国的中日《马关条约》。该条约的主要内容包括：割让辽东半岛、台湾全岛及其附属岛屿、澎湖列岛给日本；赔偿日本军费 2 亿两白银；开放重庆等地为新的通商口岸；允许日本在华设厂。

《马关条约》是继《南京条约》以来最严重的不平等条约，破坏了中国的领土完整，刺激列强掀起了瓜分中国的狂潮，严重破坏了中国的主权。中国社会的半殖民地化程度大大加深了。

3. 义和团运动和八国联军侵华

甲午战争后，随着民族危机的加深，民间组织义和团打着“扶清灭洋”的旗号，掀起轰轰烈烈的反帝爱国运动。

义和团原称义和拳，是一个民间秘密结社。1898年，冠县义和拳在赵三多等人的带领下，攻打当地教堂，揭开了义和团反帝爱国运动的序幕。1899年，平原县义和拳在朱红灯的领导下取得平原大捷。此后，义和拳改称义和团，迅速席卷中国北方。后来发展成声势浩大的义和团运动，矛头直指帝国主义。

1900年6月，英、美、俄、日、法、德、意、奥八国，借口镇压义和团，在西摩尔的率领下联合发动了侵华战争。八国联军从天津向北京进犯，在廊坊、杨村附近遭到义和团和清军爱国官兵的顽强阻击，被迫退回天津。

1900年7月，八国联军占领天津。8月，八国联军攻陷北京。联军统帅德国人瓦德西的司令部就设在北京紫禁城内。慈禧太后携光绪帝仓皇出逃，途中她命令清军严厉镇压义和团，并部署与侵略者“议和”。八国联军进入北京后，烧杀抢掠，犯下滔天罪行。

1901年9月，清政府同英、俄、德、日、法、美、意、奥、荷、比、西11个国家签订了丧权辱国的《辛丑条约》。《辛丑条约》的主要内容有：向各国赔偿白银4.5亿两，分39年还清，本息共计9.82亿两，用关税和盐税作为抵押；拆毁大沽口炮台，允许列强派兵驻扎北京到山海关的铁路沿线主要地区；永远禁止中国人民成立或加入反帝性质的组织，保证禁止人民反对外国侵略；划定北京东交民巷为“使馆界”，界内不许中国人居住，由各国派兵保护等。《辛丑条约》的签订使中国完全陷入半殖民地半封建社会的深渊。

(二)近代自救道路的探索

1. 太平天国运动

鸦片战争以后，国内阶级矛盾更加激化。1851年，洪秀全率众在桂平金田起义，建号太平天国。随后，1853年3月，起义军攻克南京，改南京为天京，定为国都，与清朝对峙。1856年，太平军在军事上达到全盛时期。

太平天国为满足农民的土地愿望，于1853年颁布了纲领性文件——《天朝田亩制度》。《天朝田亩制度》突出反映了农民阶级要求废除封建土地所有制的强烈愿望，是几千年来农民反封建斗争的思想结晶。但是，这种绝对平均分配田地的方案根本无法实现。

1856年9月，天京事变发生，太平天国由盛转衰。为挽救危局，洪秀全起用年轻将领陈玉成、李秀成指挥军事，还任用洪仁玕主持朝政。洪仁玕提出具有资本主义色彩的施政方案《资政新篇》。这是中国最早的也是最完整的资本主义改革方案，但迫于形势未能实行。1864年，天京陷落。太平天国运动在中外势力的联合绞杀下失败了。

2. 洋务运动

第二次鸦片战争以后，清廷面临内忧外患的窘境。从19世纪60年代到90年代，洋务派在“中学为体，西学为用”的指导思想下，掀起了一场“师夷长技以自强”的洋务运动。主要代表人物有中央的奕䜣和地方的左宗棠、曾国藩、李鸿章、张之洞等人。

洋务运动前期，洋务派以“自强”为旗号创办了一批近代军事工业。由于财力不足，洋务派又打出“求富”的旗号，创办了一批近代民用工业。从19世纪70年代中期开始，洋务派建成了北洋、南洋和福建三支海军。为了适应洋务运动的需要，洋务派先后创办了多所新式学校，培养翻译、军事和科技人才；又选送了几批留学生、进修生出国深造，开创了近代教育的先河。

1895年，清军在甲午战争中惨败，宣告了洋务运动的失败。洋务运动虽然没有达到“自强”“求富”的目的。但是，它引进了西方的一些科学技术，培养了一批科技人才，客观上刺激了中国资本主义的产生和发展，对外国的经济侵略也起到了一定的抵制作用。

3. 维新运动

甲午战争后，由于民族危机的加深和民族资本主义的初步发展，维新思想迅速传播。以康有为、梁启超为代表的资产阶级维新派在光绪帝的支持下，发动了一场旨在挽救民族危亡、发展民族资本主义的变法运动——维新运动。1895年，“公车上书”成为这场政治运动的起点。

在维新派的推动下，1898年6月11日，光绪皇帝下诏变法，开始实行“新政”，企图建立地主阶级和资产阶级联合专政的君主立宪制国家，史称“百日维新”。9月21日，以慈禧太后为首的守旧派势力发动戊戌政变，维新变法失败。维新运动是以康有为等为代表的民族资产阶级维新派领导的变法图存、挽救民族危亡的社会变革运动。

4. 辛亥革命

面对民族危机的加深，1894年，中国资产阶级民主革命的先行者孙中山在檀香山建立了中国第一个资产阶级民主革命团体——兴中会，决心推翻清王朝的专制统治，建立资产阶级共和国。

1905年，同盟会在日本东京成立，这是中国近代第一个全国统一的资产阶级革命政党。孙中山被推举为总理。同盟会以“驱除鞑虏，恢复中华，创立民国，平均地权”为政治纲领，以《民报》为机关刊物。不久，孙中山在《民报》发刊词中把同盟会的政治纲领概括为“民族”“民权”“民生”的三民主义。三民主义是比较完整的资产阶级民主革命纲领，表达了资产阶级在政治上和经济上的利益、要求，也反映了中国人民要求民族独立和民主权利的共同愿望。

1911年10月10日，武昌起义爆发，史称“辛亥革命”。1912年元旦，孙中山在南京宣誓就任中华民国临时大总统，宣告“中华民国”成立，这是中国旧民主主义革命发展的最高峰。随后，袁世凯篡夺了革命果实，孙中山被迫辞去临时大总统职务，辛亥革命失败。此后中国进入北洋军阀统治时期。

辛亥革命是中国近代史上一次伟大的资产阶级民主革命。它推翻了清王朝，结束了中国2000多年的封建君主专制，建立起资产阶级共和国，使人民获得了一些民主和自由的权利。从此，民主共和观念逐渐深入人心。

(三)新文化运动、五四运动和中国共产党的诞生

1. 新文化运动

为反对袁世凯倒行逆施、尊孔复古逆流，陈独秀、李大钊、胡适、鲁迅等一批具有新思想的学者掀起了一场思想启蒙运动——新文化运动。1915年，陈独秀在上海创办《青年杂志》(后改为《新青年》)，标志着新文化运动的开始。《新青年》成为新文化运动的主要阵地。提倡民主与科学、反对专制与迷信是新文化运动的主要内容。

2. 五四运动

1919年年初，巴黎和会上中国外交失败，成为五四运动爆发的导火线。5月4日，3000多名学生在天安门前集会，举行游行示威。他们高呼“外争主权，内除国贼”“废除二十一条”“拒绝在和约上签字”等口号，要求惩办曹汝霖、陆宗舆、章宗祥三个卖国贼。学生的爱国行为遭到北洋政府的镇压。为支援学生的爱国斗争，自6月5日起，上海工人罢工、商人罢市、学生罢课，浪潮波及全国。在人民群众的压力下，北洋政府被迫释放被捕学生，罢免曹、陆、章三人的职务。参加巴黎和会的中国代表也拒绝在和约上签字。五四运动取得初步胜利。

五四运动是一次彻底的不妥协的反帝反封建的爱国革命运动。在运动中，青年学生是先锋，工人阶级是主力军。五四运动成为中国新民主主义革命的开端。

3. 中国共产党的诞生

1919 年爆发的五四运动大大促进了马克思主义的传播。1920 年 8 月，陈独秀等人在上海成立了第一个共产党早期组织。10 月，李大钊等人在北京成立了共产党早期组织。1921 年 7 月 23 日，中国共产党第一次全国代表大会在上海秘密召开。出席会议的有毛泽东、董必武等 13 人，代表着全国 50 多名党员。大会最后一天转移到浙江嘉兴南湖游船上举行。大会通过了党纲，确定党的名称为“中国共产党”；提出党的奋斗目标是推翻资产阶级政权，建立无产阶级专政，废除私有制，消灭阶级差别。大会决定今后党的中心工作是组织工人阶级、领导工人运动。大会还成立了党的中央机构——中央局。中国共产党“一大”宣告了中国共产党的正式成立，使中国革命的面貌焕然一新。

(四)两次国内革命战争

1. 第一次国共合作与北伐战争

1923 年，中国共产党第三次全国代表大会通过了中国共产党与中国国民党合作的决定。1924 年，孙中山在广州主持召开有共产党员参加的中国国民党第一次全国代表大会。这标志着国共两党合作的形成。1926 年，国民政府决定北伐，消灭帝国主义支持的北洋军阀吴佩孚、孙传芳和张作霖三派势力，统一全中国。北伐军很快歼灭吴佩孚、孙传芳主力，革命势力发展到长江流域。

随着北伐战争的胜利，蒋介石于 1927 年 4 月 12 日在上海发动“四一二”反革命政变，汪精卫于 7 月 15 日在武汉发动“七一五”反革命政变。第一次国共合作全面破裂，轰轰烈烈的国民革命失败了。

2. 国共十年对峙

从 1927 年国共合作破裂到 1937 年内战结束，中国处于国民党与共产党的十年对峙时期。面对国民革命失败的惨痛教训，中国共产党决定武装反抗国民党反动派的屠杀政策。1927 年 8 月 1 日，周恩来、贺龙等率领两万多革命军在南昌起义。南昌起义打响了中国共产党武装反抗国民党反动派的第一枪，标志着中国共产党独立领导武装斗争、创建人民军队的开始。

1927 年 8 月 7 日，中国共产党在汉口召开“八七会议”，确定了土地革命和武装反抗国民党反动派的总方针。会上毛泽东提出了“政权是由枪杆子取得的”著名论断。1927 年 9 月 9 日，毛泽东领导了湘赣边秋收起义。起义军进攻中心城市长沙受挫，毛泽东决定改向敌人防守薄弱的山区进军，途中对军队进行了三湾改编，确立了党对军队的绝对领导权。10 月，毛泽东率部队到达井冈山，创建了中国第一个农村革命根据地——井冈山革命根据地。1931 年冬，中华苏维埃共和国临时中央政府的成立，标志着国共政权对峙的局面正式形成。在创建农村革命根据地的实践中，以毛泽东为代表的共产党人把马克思主义普遍原理同中国革命的具体实践相结合，提出了“工农武装割据”的思想，找到了中国革命的唯一正确道路。

1934 年 10 月，由于王明等人的“左”倾错误，中国共产党在第五次反“围剿”中失利，红军主力被迫长征。1935 年 1 月，中共中央在贵州遵义召开了政治局扩大会议，即遵义会议。会议纠正了王明的“左”倾错误，成立了毛泽东、周恩来、王稼祥三人军事指挥小组，负责军事行动，重新确立了毛泽东在党中央的领导地位。遵义会议在危机时刻挽救了党和红军，成为党的历史上一个生死攸关的转折点，标志着中国共产党在政治上走向成熟。1936 年 10 月，中央红军在甘肃会宁胜利会师，红军长征胜利结束。

(五)抗日战争

1931 年，日本发动“九一八”事变，标志着日本侵华和中国抗日战争的开始。1935 年，日本制造华北事变，中日民族矛盾已上升为压倒一切的矛盾。1935 年爆发的“一二·九”运动掀起了全国抗日救国运动的新高潮。1935 年 12 月，中共中央在瓦窑堡会议上确定了建立抗日民族统一战线的方针。在中共抗日民族统一战线政策的感召下，爱国将领张学良、杨虎城接受了中国共产党“停止内战、一致抗日”的主张，和红军实行和解停战；在多次劝说蒋介石联共抗日无效的情况下，1936 年 12 月 12 日发动了西安事变，逼蒋抗日。在各方的努力下，西安事变得以和平解决，标志着抗日民族统一战线的初步形成。

1937 年 7 月 7 日，日军发动了卢沟桥事变，标志着日本全面侵华和中国全面抗日战争的开始。面对日本全面侵华战争的威胁，国共再次合作，组成抗日民族统一战线。1937 年秋，中国共产党制定了全面抗战路线。此后，八路军、新四军进入敌后，广泛开展独立自主的游击战争，把敌人的后方变成抗日的前线。1937 年 8 月，淞沪会战粉碎了日军 3 个月灭亡中国的狂妄计划。在全面抗战前期，八路军取得了平型关大捷，这是中国军队在抗日战争中取得的首次大捷；国民党正面战场上取得了台儿庄战役的胜利，这是抗战以来中国军队取得的最大胜利。1938 年 10 月，广州、武汉失守后，抗日战争进入相持阶段。1937 年 12 月，日军攻陷南京以后，对南京的无辜居民进行了惨绝人寰的大屠杀，受害人数超过 30 万。1940 年下半年，彭德怀指挥八路军 100 多个团，在华北发动了百团大战。百团大战是抗日战争中中国军队主动出击日军的一次大规模战役。

在中国人民和世界反法西斯力量的沉重打击下，1945 年 8 月 15 日，日本被迫宣布无条件投降。抗日战争的胜利是中国人民 100 多年来第一次取得反对帝国主义侵略的完全胜利。它大大增强了全国人民的民族自尊心和自信心。中国的抗日战争是世界反法西斯战争的重要组成部分，中国人民的抗战为世界反法西斯战争的胜利做出了重大贡献。

(六)解放战争

抗日战争胜利前后，蒋介石采取“假和平、真内战”的策略，3 次电邀毛泽东赴重庆，“商讨”国内和平问题。为了争取和平，1945 年 8 月底，毛泽东与周恩来等人飞抵重庆，与国民党政府进行谈判。经过 40 多天的谈判，双方于 10 月 10 日签署了《政府与中共代表会谈纪要》，即“双十协定”，确定了和平民主建国的方针。根据“双十协定”，1946 年年初，政治协商会议在重庆召开。会议通过了有利于人民的政协协议。但是，政协协议很快被国民党撕毁。

1946 年 6 月，国民党军队大举进攻中原解放区，全面内战爆发。人民解放军采取运动战方式，集中优势兵力打歼灭战。国民党军队被迫由全面进攻转为重点进攻。从 1947 年春开始，国民党军队对陕北和山东解放区实行重点进攻。几个月后，又被人民解放军粉碎。

1947 年 6 月，刘伯承、邓小平率晋冀鲁豫野战军主力渡过黄河，挺进中原，千里跃进大别山，揭开战略反攻的序幕。到 1948 年秋，中共中央连续发动了辽沈、淮海、平津三大战役。辽沈战役使东北全境解放，淮海战役的胜利基本解放了长江以北的华东和中原广大地区，平津战役基本解放了华北地区。中国革命已处于胜利的前夜。

战场上的溃败迫使蒋介石下野，并发出“求和”声明。针对这种情况，国共双方恢复和谈，达成《国内和平协定》最后修正案。但国民党政府拒绝在协定上签字，和谈破裂。1949 年 4 月 21 日，人民解放军发起渡江战役；4 月 23 日，南京解放，国民党政府在中国大陆的统治结束。

三、中国人民从站起来到富起来

（一）新中国成立

1949年9月，中国人民政治协商会议第一次全体会议在北京举行。各界代表出席大会，开始筹建新中国的工作。大会决定成立中华人民共和国，制定了《中国人民政治协商会议共同纲领》。这个纲领在新中国宪法制定以前起了临时宪法的作用。1949年10月1日，中华人民共和国成立。新中国的诞生标志着新民主革命任务的基本完成，中国进入新民主主义社会。

（二）“三大改造”

1953年秋，过渡时期的总路线正式提出，开始了对农业、手工业和资本主义工商业的大规模社会主义改造，即“三大改造”。1956年年底，社会主义改造基本完成，实现了生产资料私有制向社会主义公有制的转变和新民主主义社会向社会主义社会的转变。社会主义制度在我国建立起来了，我国从此进入社会主义初级阶段。

（三）党的十一届三中全会

1978年，党的十一届三中全会在北京召开。全会确定了解放思想、实事求是、理论联系实际的马克思主义思想路线；果断地停止使用“以阶级斗争为纲”的口号，做出了把工作重点转移到社会主义现代化建设上来、实行改革开放的战略决策。全会还决定拨乱反正，审查和解决一批重大冤假错案以及一些重要领导人的功过是非问题。

党的十一届三中全会是新中国成立以来中国共产党历史上具有深远意义的伟大转折，开启了中国改革开放的序幕，开辟了中国特色社会主义道路。

（四）经济体制改革

党的十一届三中全会后，经济体制改革逐步展开。在农村废除人民公社制度，实行以家庭承包经营为主要形式的责任制，发展乡镇企业。经济体制改革大大调动了农民生产的积极性，促进了农村经济的大发展。在城市把单一的公有制经济发展为以公有制经济为主体的多种所有制经济；把高度集中的管理体制改变为宏观与微观、计划与市场相结合的制度，建立社会主义市场经济。

（五）对外开放

党的十一届三中全会后，我国迈出了对外开放的步伐。1980年，中央首先在深圳、珠海、汕头、厦门试办经济特区。1988年，海南岛也成为经济特区。这些经济特区在吸引外资、减免税收方面享有特殊待遇，以此引进外资、先进技术和管理经验。21世纪初，我国已形成了经济特区、沿海开放城市、沿海开放区、沿江开放港口城市、沿边开放城镇、内地省会开放城市的开放体系，标志着我国全方位、多层次、宽领域的对外开放格局初步形成。

（六）“一国两制”的构想和香港、澳门的回归

为了实现祖国统一大业，1979年元旦，全国人民代表大会常务委员会发表《告台湾同胞书》，第一次公开提出采用和平方式解决台湾问题的方针。20世纪80年代初，邓小平提出了“一国两制”的伟大构想。他指出，所谓“一个国家，两种制度”，具体地说，就是在中华人民共和国内，大陆实行社会主义制度，香港、澳门、台湾地区实行资本主义制度。

“一国两制”的构想首先在解决香港、澳门问题上得到成功运用。1997年7月1日，中国正式对香港恢复行使主权。1999年12月20日，中国正式对澳门恢复行使主权。

活动与训练

主题：研究家乡的历史。

活动目标：了解家乡各地的历史遗迹、历史名人及历史故事；分析、归纳家乡的历史特征。

建议时间：45分钟。

活动准备：

知识准备：学习研究历史的基本方法，了解中国历史的基本知识。

资料准备：提前收集、整理家乡的历史遗迹、历史名人及历史故事的相关材料。

活动步骤：

步骤1：教师将来自不同县区的学生分成活动小组。

步骤2：小组活动。小组成员通过分享、研究每位同学收集到的资料，分析本县区的历史特点。

步骤3：组间交流。各小组代表分享交流本县区的相关资料，并分析各县区间历史特征的异同。

步骤4：概括归纳。各小组代表求同存异，共同概括、归纳出家乡的历史特征。

步骤5：教师总结。教师查缺补漏，引导学生积极从多个角度、用不同的历史研究方法去分析材料，从而得出更加全面、科学的结论。

主题二　世界文明的发展历程

主题目标

1. 了解世界历史的基本常识。
2. 能够对世界历史上的重大事件进行简要分析。
3. 了解世界各地的先进文化，形成开放的思想意识。

世界历史浩瀚璀璨。本主题旨在了解世界主要国家的前世与今生。

一、丰富多彩的世界古代文明

（一）古代的文明古国

1. 古代埃及

埃及地处非洲东北部，尼罗河由南而北流贯全境。金字塔是埃及国王（法老）中央集权统治的典型表现。金字塔是埃及法老的坟墓。因陵墓的外形与汉字“金”字近似，我国称它为金字塔。其中规模最大的是胡夫金字塔。哈夫拉的金字塔稍低，但外表更为精美，塔前矗立着一尊象征国王尊严的狮身人面像。公元前3000多年，古代埃及人发明了象形文字。在建筑方面，古代埃及人民表现了高度的智慧和技巧，如金字塔、法洛斯灯塔被誉为世界古代奇迹。古代埃及人根据对天文的观测，制定了世界上最早的历法——太阳历。古代埃及的医学比较发达。古代埃及人有较为丰富的解剖学知识和高超的防腐技术，善于制作木乃伊。

2. 古代巴比伦

公元前18世纪，古代巴比伦第六代王汉谟拉比统一了两河流域（包括幼发拉底河和底格里斯河中下游地区）。汉谟拉比为了保护奴隶主阶级的利益和巩固他们的政权，制定了古代第一部比较完整的法典，史称汉谟拉比法典。汉谟拉比法典分前言、正文、结语三部分。该法典严格保护奴隶主的利益，奴隶完全是奴隶主的财产。

两河流域最早文明的创造者是苏美尔人，苏美尔人发明了楔形文字。为了适应农业生产的需要，两河流域人民在观察月亮运行规律的基础上编制了太阴历，还创造了一周七天的制度。两河流域最闻名的建筑是新巴比伦王国建造的空中花园。

3. 古代印度

公元前3世纪，阿育王统一了除南端以外的整个印度。

古代印度实行严格的种姓制度。社会成员按地位的高低划分为婆罗门、刹帝利、吠舍、首陀罗4个等级。婆罗门是主管宗教祭祀的氏族贵族，垄断宗教、文化方面的权力，以占卜、念咒等方术影响国王的行政、军事行动。刹帝利是以国王为首的军事行政贵族集团。吠舍是从事农、牧、商等职业的平民大众。在首陀罗种姓中，少数人是奴隶，多数人是地位接近于奴隶的下层平民。

古代印度人还发明了0～9这10个计数符号，后经阿拉伯人传到欧洲，被称为阿拉伯数字，为全世界所通用。

4. 古代希腊

希腊包括希腊半岛、爱琴海诸岛、爱奥尼亚群岛等。公元前8世纪，希腊各地兴建了一批奴隶制城邦，其中较为强大而重要的是斯巴达和雅典。古代希腊留下了丰富的文学艺术遗产，荷马史诗《伊利亚特》《奥德赛》是希腊最早的文学作品。《伊索寓言》相传为伊索所作。埃斯库罗斯被称为"悲剧之父"，《被缚的普罗米修斯》是其代表作品。"喜剧之父"阿里斯托芬留下了《骑士》《财神》等多部作品。

古代希腊在建筑和雕刻方面达到了很高的艺术水平。雅典卫城是希腊建筑的杰出代表，奥林匹亚庙里的宙斯神像和亚历山大港外的灯塔都是举世闻名的世界古代建筑奇迹。古希腊哲学在人类哲学史上占有很重要的地位。德谟克利特是古代希腊唯物主义者的杰出代表，与德谟克利特相对立的两个唯心主义者的代表是苏格拉底和柏拉图。希腊古典时代的最后一位哲学家是柏拉图的学生亚里士多德，是希腊古典文化的集大成者。古代希腊人在史学方面也做出了非常出色的成绩，三位较有影响的史学家是希罗多德、修昔底德、色诺芬。

5. 古代罗马

古代罗马建立在意大利半岛，是以罗马城为中心发展起来的。在古代罗马遗留给后世的诸多遗产中，罗马法是其中较为重要的一项。公元前451年公布的《十二铜表法》是古代罗马的第一部成文法。534年，《查士丁尼法典》在东罗马帝国国王查士丁尼的主持下编纂完成并颁布施行，被后人称为《民法大全》，是罗马法的集大成者。《伊尼特》是古代罗马史诗，由诗人维吉尔所作。

自然科学方面的代表是老普林尼，著有《自然史》。古代罗马有许多建筑艺术成就，比较闻名的建筑物是万神殿和圆形大剧场。

(二)地理大发现

地理大发现是西方史学家对15世纪至18世纪欧洲航海家一系列航海活动的通称。1492年，哥伦布发现了美洲大陆，开创了欧美航线；1498年，达·伽马开辟了自西欧绕过非洲南端直达印度的航路；1519—1522年，麦哲伦船队首次完成环球航行。新航路的开辟和美洲的发现使以西欧为中心的世界市场的雏形开始形成，开始了西方国家殖民掠夺的狂潮。欧洲的商业中心逐渐由地中海地区转移到大西洋沿岸，由此加速了西欧封建制度的解体和资本主义生产关系的发展，预示了世界史上一个新时代的来临。

(三)文艺复兴

文艺复兴是14世纪中叶至17世纪初在欧洲发生的思想文化运动。这个运动始于意大利，后扩展到法、德、西等国家。文艺复兴冲破了中世纪的重重禁锢，是新兴资产阶级在意识形态领域的反映。在人文主义思想的指引下，文学艺术出现了前所未有的繁荣局面，产生了一大批多才多艺的代表人物，使文艺复兴时代成为硕果累累、人才辈出的时代。

二、资本主义制度的建立与两次工业革命

(一)英国资产阶级革命

新航路开辟以后，英国资产阶级和具有资产阶级倾向的新贵族形成并壮大起来。资产阶级与王权

间的矛盾日益尖锐，1640 年英国资产阶级革命爆发。1688 年，资产阶级邀请詹姆士二世的女儿和女婿承袭英国王位，共同统治英国。为了限制新国王的权力，1689 年英国议会颁布《权利法案》。该法案以明确的法律条文限制国王的权力，约束国王的行为。至此英国的君主立宪制确立起来。18 世纪前期，英国开始形成内阁制。这些为英国资本主义的发展提供了有力保障。

(二)美国独立战争和美国 1787 年宪法

1773 年冬天爆发的“波士顿倾茶事件”成为美国独立战争的导火索。1775 年 4 月，北美独立战争开始。1776 年 7 月，大陆会议通过《独立宣言》，英属北美殖民地正式宣布独立，美利坚合众国诞生。1783 年，英国被迫承认美国的独立。1787 年，来自北美各州的代表在费城召开制宪会议，通过了一部联邦宪法，习惯上称为美国 1787 年宪法。这部宪法体现了“分权与制衡”的原则。根据这一原则，联邦政府由国会、总统和联邦法院分掌立法、行政和司法三个相对独立的部门。美国 1787 年宪法是世界上第一部比较完整的资产阶级成文宪法。

(三)法国资产阶级革命

1789 年，法国爆发大革命。法国人民推翻了波旁王朝的封建统治，建立起法国历史上第一个资产阶级共和国。大革命后的 70 余年间，帝制与共和制多次改变，先后出现法兰西第一共和国、第一帝国、第二共和国和第二帝国。1870 年，法兰西第三共和国宣告成立。直到 1875 年，法国国民议会才以一票的微弱优势通过法案，颁布法兰西第三共和国宪法，确立共和制度。

(四)启蒙运动

启蒙运动是十七八世纪欧洲的一场反封建、反教会的资产阶级思想解放运动。18 世纪，法国一些知识分子公开质疑教会和统治者的说教，抨击教会的权威和迷信，反对专制和愚昧，提倡科学、自由和平等，掀起了一场轰轰烈烈的思想解放运动，史称启蒙运动。其核心是“理性”，即人具有自己思考并运用自己的智力去观察、判断和解决问题的能力。

在启蒙运动时期，法国涌现了一大批思想家。伏尔泰是法国启蒙运动的领袖，他反对君主专制，提倡君主立宪制，提倡“天赋人权”。其代表作有《哲学通信》《路易十四时代》等。孟德斯鸠反对君主专制，提出“三权分立”学说，其代表作是《论法的精神》。卢梭也是其中的杰出代表，其主要著作是《社会契约论》。他主张“社会契约”和“人民主权”思想。

(五)德国统一

德国在俾斯麦的领导下，通过三次王朝战争完成了统一大业。1871 年年初，德意志帝国建立起来。

(六)日本明治维新

日本在推翻幕府统治以后，于 1868 年开始采取了一系列资产阶级性质的改革措施，逐步废除旧的封建体制，发展资本主义，摆脱外来压迫，建立近代化的独立国家，史称“明治维新”。

(七)第一次工业革命

第一次工业革命也叫第一次产业革命，又叫第一次科技革命。第一次工业革命通常指资本主义机器大工业代替工场手工业的过程。它于 18 世纪 60 年代首先发生在英国，从棉纺织业发明织布机、纺纱机开始，逐步发展到采矿、冶金、机器制造和运输行业等部门，出现了火车、轮船等交通工具。18 世纪 80 年代，由于蒸汽机的发明和使用，工业革命得到进一步发展。第一次工业革命使人类进入蒸汽时代。19 世纪 30 年代末，英国基本完成第一次工业革命。随后，美、法、德、日等主要资本主义国家也先后完成了工业革命。工业革命是资本主义社会政治经济发展的必然结果，也是一场深刻的社会变革。

它使社会明显分裂为两大对立的阶级——工业资产阶级和工业无产阶级。

(八)第二次工业革命

19 世纪 70 年代到 20 世纪初，英、德、美、法等几个工业发达国家出现了新一轮的技术革新浪潮。许多科学研究成果被迅速应用于生产，带来了社会生产力的巨大发展。人们把这一历史进程称为第二次工业革命。电力的广泛应用是第二次工业革命的一个显著成就，人类由此进入电气时代。内燃机的创制和使用是这一时期的另一项重大成就。人们在用内燃机驱动火车和轮船的同时，还以内燃机为动力研制出了新的交通工具——汽车和飞机。石油化工业的成就令人瞩目。科学家从石油和煤等原材料中提炼出多种化学物质，制成染料、塑料、药品、香水、人造纤维等多种化学合成材料，极大地丰富了人们的生活。通信联络也因无线电的发明而得到改进。1896 年，意大利人马可尼发明了无线电接收器，大大缩短了信息沟通的时间。

(九)马克思主义诞生和巴黎公社成立

19 世纪，在工业革命的影响下，随着资本主义的迅速发展，资本主义制度的弊端也逐渐暴露出来。在长期的革命实践和理论研究中，马克思和恩格斯在对德国古典哲学、英国古典政治经济学、英法的空想社会主义学说加以批判继承的基础上，创立了马克思主义。1848 年 2 月发表的《共产党宣言》第一次较为完整系统地阐述了马克思主义的基本原理。《共产党宣言》的发表标志着马克思主义的诞生。

在 1870 年普法战争中，法国惨败，法兰西第二帝国垮台。1871 年 3 月 18 日，巴黎人民拿起武器占领了巴黎。3 月 28 日，巴黎公社正式宣告成立。巴黎公社成立后采取了一系列维护工人利益的措施。后来巴黎公社虽然失败了，但它是无产阶级建立政权的第一次伟大尝试。它的实践丰富了马克思主义关于无产阶级革命和无产阶级专政的学说。

三、纷繁复杂的现代世界

(一)第一次世界大战及相关会议

1. 第一次世界大战

第一次世界大战(1914—1918 年)是两大帝国主义军事集团同盟国与协约国为瓜分世界、争夺殖民地和世界霸权而进行的非正义战争。1914 年 6 月 28 日，萨拉热窝事件成为第一次世界大战的导火线。战争过程主要是同盟国和协约国之间的战争。中国段祺瑞统治下的北洋政府参加了协约国，对同盟国宣战。1918 年 11 月，大战以同盟国失败而告终。这场大战削弱了英、法、意等国家的势力，使美国成为世界头号经济强国；其间俄国爆发“十月革命”，动摇了资本主义世界体系，开始了无产阶级社会主义革命的新时代。

2. 巴黎和会

1919 年 1 月至 6 月，一战胜利方协约国集团在巴黎召开的会议史称“巴黎和会”。1919 年 6 月 28 日，巴黎和会上签订了对德和约，史称《凡尔赛条约》。虽然中国是战胜国，但巴黎和会竟然决定把德国原在中国山东的一切特权和胶州湾租借地转让给日本，这引发了五四运动。凡尔赛体系改变了欧洲的政治格局，确立了帝国主义在欧洲、中东和非洲统治的新秩序。

3. 华盛顿会议

为了解决帝国主义国家在远东和太平洋地区的矛盾，1921 年 11 月，美国、英国、法国、日本、意大利、比利时、荷兰、葡萄牙和中国 9 国代表在华盛顿召开会议。美国既是华盛顿会议的发起者，也是会议的主导者。1921 年 12 月，美国、英国、法国、日本签署了《四国条约》，为美国在太平洋地区的扩张扫清了障碍。1922 年 2 月，华盛顿会议签订了《限制海军军备条约》，美国获得了与英国相等的制海权。此外，日本与中国签订协议，规定将胶州湾交还中国，胶济铁路由中国赎回。

1922 年 2 月，各国代表签订了《九国公约》。公约在名义上尊重中国的主权与独立及领土和行政的完整，但美国提出的“门户开放”和“机会均等”的侵略原则打破了日本在第一次世界大战中取得的暂时独霸中国的局面。实际上中国又回到了被几个帝国主义国家共同支配的局面。华盛顿会议暂时确定了战后帝国主义国家在远东和太平洋地区的统治秩序，它是巴黎和会的继续。至此，凡尔赛—华盛顿体系形成，帝国主义国家完成了对世界的重新瓜分。

(二)苏联社会主义制度的建立

1. 十月革命

1917 年 11 月 7 日，以列宁为首的布尔什维克党领导工人阶级和士兵武装起义，推翻资产阶级临时政府，建立了世界上第一个工兵代表苏维埃政权，史称“十月革命”。十月革命是人类历史上第一次取得胜利的社会主义革命，在世界上建立了第一个无产阶级专政的国家。

2. 共产国际成立

1919 年 3 月 2 日，世界各国共产党和“左派”社会民主主义者组成的共产国际第一次代表会议在莫斯科克里姆林宫开幕。列宁致开幕词，指出新国际的根本任务就是实现无产阶级专政。会议通过了布哈林起草的《共产国际行动纲领》和托洛茨基起草的《共产国际致全世界无产者宣言》，号召全世界的无产者在工人苏维埃、夺取政权和实现无产阶级专政的革命斗争、第三国际的旗帜下联合起来。共产国际的成立开辟了国际共产主义运动的新阶段。

3. 苏联建立

1922 年 12 月，建立苏联。当时加盟的有俄罗斯联邦、外高加索联邦、乌克兰和白俄罗斯。1936 年，第八次苏维埃全国代表大会通过了苏联新宪法，标志着社会主义制度在苏联的确立。

(三)罗斯福新政

1929 年 10 月 24 日，美国纽约股市崩盘，经济危机爆发。1929—1933 年，经济危机影响了整个资本主义世界，这次危机又被称为“经济大萧条”。为化解资本主义面临的严重危机，挽救资本主义民主制度，1933 年新任美国总统民主党人富兰克林·罗斯福全面加强政府对国家经济的干预，史称“罗斯福新政”。

罗斯福新政的措施主要有：①全面整顿财政金融体系，重建信用体系。②加强对工业的计划指导，避免生产过剩。③调整农业政策，改善农业生产环境。④实施社会救济和以工代赈，稳定社会秩序。

罗斯福新政开辟了一条资本主义经济发展的新道路。它使美国逐步走出了经济危机，社会生产力得到了一定程度的恢复，社会矛盾相对缓和，在一定程度上恢复了人们对资本主义制度的信心，遏制了美国的法西斯势力。罗斯福新政的推行标志着资本主义政府大规模干预经济时代的来临。

(四)第二次世界大战及相关会议

1. 第二次世界大战

1939 年 9 月，德军突袭波兰，第二次世界大战全面爆发。1940 年秋，德国、意大利、日本组成法西斯集团。1941 年 6 月，德国突袭苏联。12 月，日本偷袭美国珍珠港，发动太平洋战争，使第二次世界大战达到最大规模。1942 年年初，中国、美国、英国、苏联等 26 个国家的代表签署《联合国家宣言》，组成世界反法西斯同盟。1943 年春，斯大林格勒保卫战扭转了第二次世界大战的局势。1943 年 9 月，意大利投降，法西斯轴心国开始瓦解。1945 年 5 月 8 日，德国宣告无条件投降。1945 年 8 月 15

日，日本宣布无条件投降。至此，第二次世界大战结束。战争进一步削弱了帝国主义，促成了战后欧亚社会主义阵营的形成，诞生了一大批新兴民族独立国家。

2.《开罗宣言》与德黑兰会议

1943年11月，中国、美国、英国三国首脑在埃及首都开罗举行会议，讨论三国对日作战问题。该会议通过了《开罗宣言》，宣言声明日本所窃取于中国之领土，如满洲、台湾、澎湖群岛等，全部归还中国。

德黑兰会议是第二次世界大战期间苏联、美国、英国三国首脑于1943年11月28日至12月1日在伊朗首都德黑兰举行的会议。会议的主要议题是讨论美国、英国开辟西欧第二战场和东西方配合对德作战问题。三国首脑还就战后成立国际组织、波兰疆界、战后处置德国和苏联参加对日战争等问题进行了讨论。会议发表了《德黑兰宣言》，宣布三国已经决定消灭德军法西斯势力的计划并在战后继续合作，协力在战后创造和平。

《开罗宣言》和德黑兰会议对维护、巩固反法西斯同盟的团结和加速战争的胜利起到了重大的作用。

3. 雅尔塔会议

1945年2月，罗斯福、斯大林、丘吉尔在苏联克里米亚半岛的雅尔塔举行了一次关于确定战后世界新秩序和列强利益分配问题的关键性的首脑会议。会议决定德国战后由苏联、美国、英国、法国分区占领；为了确保战后世界的和平与安全，决定成立联合国。这次会议对战后世界格局的形成产生了深远影响。

(五)冷战

第二次世界大战后，为了遏制苏联，美国抛出了"杜鲁门主义""马歇尔计划"和北大西洋公约组织(简称北约)三根支柱。这意味着美国从政治、经济、军事上三管齐下，对苏联实行政治上的孤立打击、经济上的封锁和军事上的包围，全面实施以杜鲁门主义为核心的冷战政策。

在政治方面，杜鲁门主义的出台是美国冷战政策的主要表现，也是美国妄图独霸世界的第一个重要步骤。杜鲁门主义是对苏联冷战开始的标志，同时也确立了对社会主义国家的基本态度和政策。

在经济方面，美国国会批准"欧洲经济复兴计划"。由于它是美国国务卿马歇尔在哈佛大学毕业典礼上发表演说时提出的，故称"马歇尔计划"。从根本上说，它有利于美国在经济上加强对资本主义世界的控制。

在军事方面，北约建立后，美国得以控制欧洲的防务。这是资本主义世界各国在军事上实现战略同盟的标志，是美国称霸世界的重要军事步骤。近年来，北约在美国的主导下不断东扩。北约东扩对欧洲乃至全球的国际关系产生了重大影响。

杜鲁门主义的出台标志着苏美冷战的全面开展，马歇尔计划是冷战在经济领域的深入。以美国为首的资本主义阵营与以苏联为首的社会主义阵营在全球范围内展开了全面的对峙和对抗，标志着美苏两级对峙格局的正式形成。

(六)战后重要的国际组织

1. 联合国

1945年年初，雅尔塔会议首次提出成立联合国。1945年春天，中国、美国、苏联、英国等50个国家的代表在美国旧金山开会，筹划成立联合国。1945年10月，《联合国宪章》正式生效，总部设在美国纽约，主要机构是联合国大会和安全理事会等。联合国建立的宗旨是维护国际和平及安全，发展各国间的平等友好关系，促进国际合作，协调各国行动。联合国在建立初期一度为美国所操纵，成为其称霸的工具。20 世纪六七十年代以来，由于大批发展中国家的加入，这一局面才得以改变。

2. 欧盟

1991 年 12 月，欧共体马斯特里赫特首脑会议通过《欧洲联盟条约》(又称《马斯特里赫特条约》)。1992 年 2 月 7 日，该条约正式生效，欧盟正式诞生。该条约确立了分阶段实现欧洲经济和货币一体化的目标、任务和步骤，正式将“欧共体”改名为“欧盟”。同时该条约提出建立共同的外交和安全政策以及促进司法与内政事务的合作。

欧盟是一个具有经济和政治双重性质的区域经济集团组织。欧洲一体化符合欧洲的整体利益和欧洲各国的利益。欧洲一体化改变了世界格局，极大地提高了欧洲在国际上的地位。

3. 世界贸易组织

世界贸易组织是一个独立于联合国的永久性国际组织，总部设在瑞士日内瓦。1994 年 4 月举行的关贸总协定部长级会议正式决定成立世界贸易组织。从 1995 年 1 月 1 日起，世界贸易组织正式开始运作，标志着世界贸易体系建立起来。世界贸易组织的目标是建立一个更加完整、更具活力的永久性多边贸易体制。它为国际贸易体系设立的基本原则有互惠原则、市场准入原则、透明度原则、促进公平竞争原则、经济发展原则和非歧视性原则。

世界贸易组织是在经济全球化进程中建立起来的，它的成立进一步推动了经济全球化的进程。它为经济全球化制定规则，为国际经济提供交流合作的舞台，有利于经济全球化沿着健康的方向发展。

我国是关贸总协定的 23 个创始缔约国之一。我国于 2001 年 12 月 11 日正式成为世界贸易组织成员。实践表明，我国加入世界贸易组织，顺应了经济全球化的趋势，有利于我国对外开放水平的进一步提高。

(七)第三世界的兴起

1. 亚非会议

随着亚非民族独立国家的纷纷涌现，亚非国家之间出现了联合反帝、反殖、反霸的新局面。1955 年，在印度尼西亚的万隆召开了第一次亚非会议，这是亚非国家第一次在没有西方殖民国家参加下自行召开的会议，是对战后两极格局的第一次大冲击。亚非会议是发展中国家崛起的重要里程碑。它所体现的亚非国家团结合作反对殖民主义、维护民族独立、促进国际和平的精神被称为“万隆精神”，直接推动了 20 世纪 60 年代民族解放的高潮。亚非会议的召开标志着亚洲人民的觉醒和团结，显示出发展中国家在国际政治舞台上的重要作用。亚非会议为第三世界的兴起奠定了坚实的基础。

2. 不结盟运动

20 世纪 60 年代的不结盟运动是发展中国家形成和发展史上的又一重要里程碑。1961 年 9 月，第一次不结盟运动首脑会议在南斯拉夫首都贝尔格莱德召开。不结盟运动的成员国在反对超级大国的霸权主义、缓解国际紧张局势、维护世界和平、推动建立国际经济新秩序的斗争方面发挥着巨大的作用。

3. 七十七国集团

1964 年在日内瓦召开的第一届联合国贸易和发展会议有 77 个参加国。77 个国家联合发表《联合宣言》，第一次正式提出了发展中国家的概念，明确表示要加强接触和磋商，制定国际经济合作的联合行动纲领。

七十七国集团是发展中国家形成和发展的又一重要标志。七十七国集团是 20 世纪 60 年代以来发展中国家在国际经济领域反对帝国主义的控制和剥削、反对霸权主义以及改造国际经济旧秩序的斗争中逐步形成和发展起来的一支有组织的重要力量。

七十七国集团在争取建立国际经济新秩序的斗争中发挥了先导作用，为推动南南合作、维护发展中国家的权益做出了积极的贡献，推动了南北对话，缓和了南北关系，在国际经济和国际政治领域发挥了不可低估的作用。

(八)东欧剧变和苏联解体

东欧剧变是指从 20 世纪 80 年代末到 90 年代初，东欧各个社会主义国家的政治经济制度发生根本性的改变。剧变最先在波兰出现，后来扩展到民主德国、捷克斯洛伐克、匈牙利、保加利亚、罗马尼亚等华沙条约组织国家。东欧剧变的实质是东欧各国的政治体制和社会性质发生改变。

1985 年，戈尔巴乔夫执政，苏联社会面临着严重的困难和严峻的挑战。戈尔巴乔夫推行改革，社会矛盾涌现，民族矛盾激化。1990 年开始，立陶宛、爱沙尼亚、拉脱维亚三个加盟共和国宣布脱离苏联而独立。其他的加盟共和国也相继发表主权宣言。1991 年 12 月，俄罗斯联邦、乌克兰、白俄罗斯三国领导人宣布成立“独立国家联合体”。除格鲁吉亚外的 11 个共和国领导人共同签署了建立独立国家联合体的文件，并宣布苏联停止存在。1991 年 12 月 25 日，苏联国旗降下，标志着苏联的解体。

东欧剧变和苏联解体标志着冷战结束和两极格局的终结。

活动与训练

主题：研究第二次工业革命中的科技创新及其重大意义。

活动目标：了解第二次工业革命中的科技创新；探讨第二次工业革命中的科技创新对人类社会生产生活的重大意义。

建议时间：45 分钟。

活动准备：

知识准备：学习研究历史的基本方法，了解世界历史的基本知识。

资料准备：各小组提前收集、整理第二次工业革命中的科技创新成果及其对人类社会生产生活的重大意义的相关材料。

活动步骤：

步骤 1：小组活动。小组成员通过分享、研究每位同学收集到的资料，总结归纳第二次工业革命中的科技创新及其对人类社会生产生活的重大意义。

步骤 2：组间交流。各组派代表介绍第二次工业革命的科技创新及其对人类社会生产生活的重大意义。

步骤 3：补充说明。各组其他学生依据收集的资料就第二次工业革命中的科技创新及其对人类社会生产生活的重大意义做进一步补充。

步骤 4：概括归纳。在教师的指导下，各小组代表共同概括归纳第二次工业革命中的科技创新及其重大意义。

步骤 5：教师总结。教师查缺补漏，引导学生积极从多个角度、用不同的历史研究方法去分析材料，从而得出更加全面科学的结论，同时对各组学生的表现给予评价。

第六单元
科学素养

国际上普遍将科学素养概括为三个组成部分，即对于科学知识、科学的研究过程和方法、科学技术对社会和个人所产生的影响的了解程度。科学素养教育是使学生具备科学的判断力，形成科学的思维方式，掌握科学的研究与实验的基本方法。本单元旨在使师范生具备理性而客观的思维能力，同时对未知世界保持强烈而持续的好奇心和探索欲。

本单元旨在使师范生形成辩证唯物主义及其所延伸的求真务实、客观理性、矛盾统一、坚持不懈及甘于奉献的科学精神，培养勇于探索、严谨推理的科学态度，感受科学的力量，遵循人、自然、社会和谐发展的客观规律，具备家国情怀和社会主体的自觉意识，遵守和践行社会主义核心价值观，为实现中华民族伟大复兴贡献自己的力量。

微课视频

主题一　多姿多彩的物质世界

主题目标

1. 认识物质的结构、化学反应的实质与形成、运动学的基本原理、热力学的基础知识、光学的基本概念。

2. 可以用所学知识解释生活中的常见现象。

3. 学会理论与实际相结合，体会物质世界的美妙。

唯物主义主张物质为第一性、精神为第二性，世界的本原是物质，精神是物质的反映。那物质又是什么呢？五彩斑斓的世界与物质又有什么样的联系呢？

一、物质的结构

(一)物质的微观结构

微观世界到底有多小？用高能电子做探针，我们现在已探测质子深至千万亿分之一厘米，但仍然没有探到微观世界的“底”。宏观世界有多大？我们现在用射电和光学望远镜已经可观测到130亿光年的距离，仍然没有看到宇宙的边。宇宙不管往大还是往小深入都没有尽头。我们先来看看微观世界中物质的微观结构，如图6-1所示。

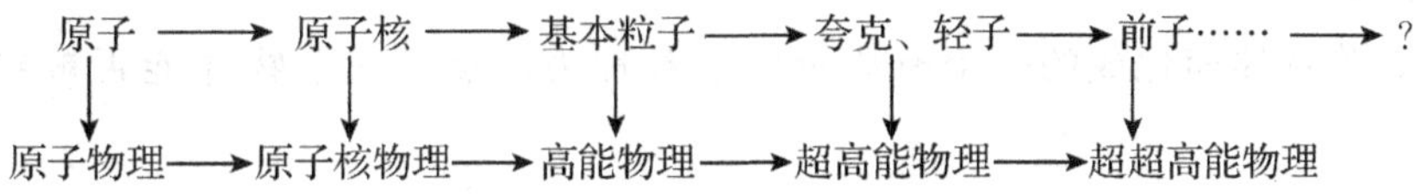

图 6-1　物质的微观结构

夸克模型(Quark Model)：1956年，日本物理学家坂田昌一提出强子是由质子、中子、超子及它们的反粒子组成的模型，能解释很多现象。但是他在解释重子的一些性质方面遇到了困难。为此，美国物理学家盖尔曼和奈曼在1961年提出了八重态模型。盖尔曼在1964年为了说明八重态结构的形成，提出强子的“夸克模型”。他认为介子由正、反夸克组成，重子由三种夸克组成。夸克也被称为“层子”，意思是比电子、质子、中子这些基本粒子更下层的粒子。夸克模型能够较好地说明许多现象，而且还能预言一些未知粒子。

(二)元素周期律

人类已经发现了100多种元素，这些元素的原子结构与元素性质之间都有什么联系？

一个星期由星期一到星期日为一周；钟表计时，从 0 点到 24 点为一天。这种周而复始、循环往复的现象被称为周期性。对于碱金属元素、卤族元素，随着原子核外电子数的增加，原子核外电子层数增加，但最外层电子依然是 1 个和 7 个。这也是周期性的一种表现，元素以什么为序排列表现周期性呢？

什么叫原子序数？根据原子序数的规定方法，该序数与原子组成的哪种粒子有关？有什么关系？

原子序数＝核电荷数＝质子数＝原子核外电子数

元素周期律的内容如下。

①随着原子序数的递增，元素原子的最外层电子排布呈现周期性的变化。

②随着原子序数的递增，元素原子的半径呈现周期性的变化。

③随着原子序数的递增，元素的化合价呈现周期性的变化。

(三)化学反应

1. 化学反应的概念

分子破裂成原子，原子重新排列组合生成新物质的过程，称为化学反应。反应中常伴有发光、发热、变色、生成沉淀物等。判断一个反应是否为化学反应的依据是反应是否生成了新的物质。但核反应不属于化学反应。

2. 化学反应的实质

化学反应是旧化学键断裂和新化学键形成的过程。根据化学键理论，我们可根据一个变化过程中是否有旧键的断裂和新键的生成来判断其是否为化学反应。

3. 化学反应的主要形式

化学反应按反应物与生成物的类型分为四类：化合反应、分解反应、置换反应、复分解反应。

二、物体的运动

(一)运动

1. 运动的描述

(1)质点和参照系

物体具有质量，将物体简化成的一个有质量的点被称为质点。一个物体能否被看成质点是由问题的性质决定的。

自然界的一切物体都处于永恒的运动中，绝对静止的物体是不存在的。我们可以说运动是绝对的。观察一个物体需要选择另一个物体做参考，另一个物体就称为参照系。

(2)时间和位移

时间是指时刻和间隔时间。

路程是指物体运动轨迹的长度。路程是标量，没有方向，只有大小。

位移是指质点位置的变化。位移是矢量，有方向和大小。

(3)运动快慢的描述——速度

位移与时间的比值为速度。速度有平均速度和瞬时速度。平均速度是在时间间隔内的平均快慢速度。瞬时速度是在某一时刻的速度。速度的大小为速率。

(4)速度变化快慢的描述——加速度

速度的变化量与发生这一变化所用时间的比值被称为加速度。

2. 牛顿第一定律

(1)伽利略的研究和科学想象

同一小车从同一斜面上的同一位置由静止开始滑下(这是为了保证小车每次到达水平面时有相同的速度)。在水平面上分别铺上毛巾、较光滑的棉布、光滑的木板，小车滑行的距离逐渐变大。伽利略认为，平面越光滑，小车滑行的距离就越大。实验证明，阻力越小，小车滑行的距离就越大。伽利略做出设想：要是能找到一块十分光滑的平面，阻力为零，小车的滑行速度将不会减慢。

(2)笛卡尔等人的补充

笛卡尔等人在伽利略研究的基础上进行了更深入的研究。他们认为，如果运动物体不受任何力的作用，不仅速度大小不变，而且运动方向也不会变，将沿原来的方向匀速运动下去。

(3)牛顿的贡献

牛顿总结了伽利略等人的研究成果，从而概括出一条重要的物理定律：一切物体在没有受到力的作用的时候，总保持静止状态或匀速直线运动状态。这就是牛顿第一定律，又称惯性定律。因为不受力的物体是不存在的，所以这不是实验得出的定律。

3. 牛顿第二定律

(1)牛顿第二定律的内容

牛顿第二定律具体表述为：物体的加速度跟物体所受的合外力成正比，跟物体的质量成反比，加速度的方向跟合外力的方向相同。

(2)牛顿第二定律的公式

牛顿第二定律的公式为：$F_{合}=ma$($F_{合}$ 为物体所受的合外力，m 为物体的质量，a 为物体的加速度)。

(3)牛顿第二定律的适用范围

①只适用于低速运动的物体。

②只适用于宏观物体，不适用于微观原子。

③参照系应为惯性系。

4. 牛顿第三定律

(1)牛顿第三定律的内容

牛顿第三定律具体表述为：两个物体之间的作用力和反作用力在同一条直线上大小相等、方向相反。

(2)牛顿第三定律需要注意的问题

①作用力和反作用力没有主次、先后之分，同时产生，同时消失。

②这一对力是作用在不同物体上，不可能抵消。

③作用力和反作用力必须是同一性质的力。

④与参照系无关。

(二)力

1. 力的定义

力是物体(物质)与物体(物质)之间的相互作用产生的。力的大小、方向、作用点是力的三要素。力的国际单位为牛顿，简称牛，符号是 N。这是为了纪念牛顿而命名的。$1\ N=1\ kg\cdot m/s^2$。力的测量工具为弹簧秤或测力计等。

2. 力的分类

①根据力的性质，力可分为万有引力、弹力、摩擦力、分子力、电磁力、核力等。

②根据力的效果，力可分为拉力、张力、压力、支持力、动力、阻力、向心力、回复力等。

③根据力的研究对象，力可分为外力和内力。

④根据力的作用方式，力可分为非接触力(如万有引力、电磁力等)和接触力(如弹力、摩擦力等)。

(三)沉与浮

小实验：取一个新鲜鸡蛋，放在清水中，观察它在水中沉浮的情况；向水中慢慢加些盐，并轻轻搅拌，观察鸡蛋怎样运动；如果再加些清水，观察到什么现象？

①把鸡蛋放入清水后，它是上浮还是下沉？

②加盐轻轻搅拌的目的是什么？

③随着不断地往水里加盐，有什么现象出现？

④为什么会有这样的现象出现？

认识鸡蛋所处的如下三种状态。

下沉：浮力＜重力。

上浮：浮力＞重力。

悬浮：浮力＝重力(平衡)。

(四)声和听觉

我们生活的世界充满了丰富多彩的声音，人们是凭借什么器官听到声音的？又通过什么途径感知声音呢？

1. 耳的构成

人的耳可分为外耳、中耳和内耳三部分。外耳包括耳郭和外耳道。外耳道是声波传入中耳的通道。中耳是由鼓膜、鼓室、听小骨组成的。鼓膜是外耳与中耳的一层界膜，是椭圆形的、灰白色的薄膜，是接收声波振动的结构，随着声波的强弱产生不同的振动。鼓膜产生的振动由三块听小骨传到内耳。鼓室的底部有一条咽鼓管与咽相通。当口张开或吞咽时，咽鼓管开放，空气由此进入，使鼓膜内外两侧气压相等，可避免鼓膜被太强的声波震破。内耳有耳蜗、前庭和半规管三部分。前庭和半规管是位觉感受器，能感受人头部的位置变化。

2. 听觉

听觉的形成过程为：外耳、中耳收集和传导声波；内耳耳蜗接受刺激，产生神经冲动；位听神经中与听觉有关的神经传导神经冲动；大脑皮层听觉中枢兴奋，形成听觉。

3. 声音

声音是由物体的振动产生，靠介质(固体、液体、气体等)传播的。声音以波的形式通过介质将声源的振动向外传播，这种波叫声波。在同一温度下，固体的声速大于液体，液体的声速大于气体。在同一种物质中，温度越高，声音的传播速度越快。声音的反射叫回声。回声到达耳朵比原声晚 0.1 秒以上时，人耳才能把回声和原声分开。

响度是指声音的强弱，是人感觉到的声音的大小。响度跟发声体的振幅有关：振幅越大，响度越大；振幅越小，响度越小。音调是指声音的高低。音调跟发声体振动的频率有关。音色是指由人耳感觉到的声音的品质。由于相同音调和响度的不同声音有不同的音色，人们就能分辨出来。超声波在超声波导航、人工声呐、B 超等方面应用广泛。

(五)光与视觉

太阳光的光谱通常被认为是由红、橙、黄、绿、青、蓝、紫七色组成的。物理学家发现光线照射到物体上后会产生吸收、反射、透射等现象。而且各种物体都具有选择性地吸收、反射、透射色光的特性。就物体对光的作用而言，大体可分为不透光和透光两类。如果一个物体几乎能反射阳光中的所有色光，那么该物体就呈白色。反之，如果一个物体几乎能吸收阳光中的所有色光，那么该物体就呈黑色。不透光物体的颜色是由它所反射的色光决定的，透光物体的颜色是由它所透过的色光决定的。

三、能量及其转化

(一)功与机械能

1. 功的两个必要因素

功的两个必要因素包括：①作用在物体上的力；②物体在力的方向上通过的距离。

2. 功的计算

功的大小等于力跟物体在力的方向上通过的距离的乘积。写成公式，即 $W=FS$(W 为功，F 为力，S 为距离)。

3. 机械能

(1)动能

物体由于运动而具有的能量叫动能。动能的大小是由物体的质量及速度所决定的。

(2)势能

势能分为重力势能和弹性势能。物体由于被举起而具有的能叫重力势能，重力势能的大小由物体的质量和被举起的高度所决定。物体的质量越大，被举起的高度越高，重力势能越大。物体由于发生弹性形变而具有的能叫弹性势能。弹性势能的大小与物体的弹性形变有关。物体的弹性形变越大，它具有的弹性势能就越大。

(3)机械能

动能、势能统称为机械能。动能、势能、机械能的单位都是焦耳。

(4)动能与势能的转化

在一定的条件下，动能可以转化为势能，势能也可以转化为动能。在动能与势能的相互转化过程中，如果没有其他形式的能产生，则机械能的总量保持不变。

(二)能与功率

1. 功率的定义

功率是指单位时间内完成的功，它表示物体运动快慢的物理量。

2. 功率的计算公式

功率的计算公式为：功率=功/时间。

如果用 W 表示功，t 表示时间，P 表示功率，则可以把上式写成 $P=W/t$。

(三)热能和热量

热能是生命的能源。热量是指在热力系统与外界之间依靠温差传递的能量。人体的一切生命活动都需要能量，如物质代谢的合成反应、肌肉收缩、腺体分泌等。这些能量主要来源于食物。动、植物性食物中所含的营养素可分为碳水化合物、脂类、蛋白质、无机盐和维生素五大类，加上水则为六大类。其中碳水化合物、脂类和蛋白质经体内氧化可释放能量，三者统称为产能营养素或热源质。热能供给过多时，多余的热量就会变成脂肪贮存起来。这样时间久了，身体就胖起来了。

活动与训练

主题1：无中生有。

活动目标：了解物质的大小；物质的大小无极限，值得一直研究。

建议时间：10分钟。

活动准备：

知识准备：掌握物质微观结构的基本知识。

教具准备：杯子、石头、沙子、水、糖。

活动步骤：

步骤1：在杯子里面放了一块石头，询问："满了吗?"

步骤2：放沙子，询问："满了吗?"

步骤3：放水，继续询问："满了吗?"

步骤4：放糖，继续询问："满了吗?"

步骤5：学生、教师总结。教师引导学生积极主动地认识到物质的大小无极限，需要科学家不断研究。

主题2：人造彩虹。

实验器材：水盆、喷雾器、玻璃杯、镜子。

方法1：在阳光下放一盆清水，将镜子竖立在盆边，并对着一面墙。这时墙面便会出现一道彩虹。

方法2：可以把镜子拿到阳光下，对着阳光喷一喷水雾。

方法3：用玻璃杯装满一杯清水，将玻璃杯放在阳光充足的窗台上，使阳光透过玻璃杯折射到地板上的一张白纸上。这时纸上会呈现出一道彩虹。

主题二　生命与自然

主题目标

1. 解释生物的特征，说出生物的分类和生物多样性的意义。
2. 依据所学知识解释生活现象。
3. 增强保护生物多样性和保护环境的意识。

一、生物概述与特征

(一)生物概述

生物是有生命的个体。有生命特征的有机体叫作生物，无生命的物体和物质叫作非生物。

地球上的植物有 50 多万种，动物有 150 多万种。多种多样的生物不仅维持了自然界的持续发展，而且是人类赖以生存和发展的基本条件。

(二)生物的特征

从错综复杂的生命现象中我们可以发现生命的基本特征：①除病毒外，均由细胞和细胞产物构成；②生命表现出严谨的结构性和高度的有序性，生命系统的结构层次包括细胞、组织、器官、系统、个体、种群、群落、生态系统、生物圈；③具有新陈代谢作用；④具有应激性，能适应环境并影响环境；⑤具有生长、发育、生殖的特性；⑥具有遗传和变异的特征。

二、生物的分类、多样性与类群

(一)生物的分类

生物分类是研究生物的一种基本方法。生物通常包括种、属、科、目、纲、门、界 7 个主要级别。种是基本单元，近缘的种归为属，近缘的属归为科，科隶属于目，目隶属于纲，纲隶属于门，门隶属于界。人们在不同的历史时期都对生物进行过分类。从历史发展上看，分类方法有分类法和自然分类法两种。这两种方法代表了分类工作发展的两个阶段。近代分类学诞生于 18 世纪，它的奠基人是瑞典植物学家林奈。林奈创建了双名命名法。图 6-2 为生物的分类。

- 生物
  - 非细胞结构生物
    - 病毒：SARS 病毒、人类免疫缺陷病毒（HIV）、流感病毒等
    - 类病毒：仅由 RNA 分子构成
    - 朊病毒：仅由蛋白质构成，如疯牛病病原体
  - 细胞结构生物
    - 原核生物
      - 细菌：球菌、杆菌和螺旋菌等
      - 蓝藻：蓝球藻、念珠藻、颤藻等
      - 放线菌：支原体、衣原体、立克次氏体
    - 真核生物
      - 原生生物：衣藻、小球藻、草履虫、变形虫等
      - 真菌：酵母菌、青霉菌、黏菌、蘑菇、木耳等
      - 植物：多细胞低、高等植物
      - 动物：多细胞低、高等动物

图 6-2　生物的分类

（二）生物的多样性

生物的多样性

（三）生物的类群

1. 动物的主要类群

动物是生物界中的最大类群，150 多万种动物占据生物总数的四分之三左右。在庞大繁杂的动物世界里，各种动物以自己独特的生活方式来适应外界环境，争得在大自然中的生存地位。生物学家根据动物体内有无脊柱将动物分为无脊椎动物和脊椎动物两个主要类群。无脊椎动物分为原生动物、腔肠动物、扁形动物、线形动物、环节动物、软体动物、节肢动物和棘皮动物；脊椎动物主要分为鱼类、两栖类、爬行类、鸟类和哺乳类。表 6-1 为脊椎动物的分类。

表 6-1　脊椎动物的分类

类群	生活环境	结构			体温	常见动物
		皮肤及其附属物	附肢	呼吸器官		
鱼类	终生生活在水中	有鳞片	鳍	鳃	变温	鲫鱼、草鱼等
两栖类	幼体生活在水中，成体生活在潮湿的地方	皮肤裸露，无鳞片	四肢	幼体用鳃呼吸，成体用肺呼吸，兼用皮肤呼吸	变温	青蛙、蟾蜍、大鲵、蝾螈等
爬行类	真正的陆生动物	有角质鳞片	一般有四肢	肺	变温	龟、蛇、鳄、蜥蜴等
鸟类	陆地上生活，适于飞行	有羽毛	前肢变成翼	肺较发达，与气囊相通，可进行双重呼吸	恒温	家鸽等
哺乳类	分布最广、最高等的动物	体表有毛	四肢	肺发达	恒温	牛、羊、兔等

2. 植物的主要类群

已被人类认识的植物约有 35 万种。根据繁殖方式的不同，植物可分为孢子植物和种子植物。孢子

植物分为藻类植物、苔藓植物、蕨类植物，它们都可以进行孢子繁殖。孢子是一种生殖细胞。藻类植物绝大多数生活在水中，它们没有根、茎、叶的分化。蕨类植物常常生活在潮湿的环境中，植株有根、茎、叶的分化。苔藓植物生活在比蕨类植物更阴湿的地方，它们植株矮小，有茎、叶的分化，但没有真根。

种子植物可分为被子植物和裸子植物。被子植物又可分为单子叶植物和双子叶植物。被子植物和裸子植物的根本区别在于被子植物的胚珠有子房包被，种子有果皮包被；裸子植物的胚珠和种子都是裸露的。绿色开花植物都是被子植物。

3. 细菌和真菌

大多数细菌和真菌的体内都不含叶绿素，不能自己制造有机养料，必须依靠现成的有机物维持生活。细菌是一种个体微小、结构简单、能独立生活的单细胞原核生物，需用1000倍的光学显微镜或电子显微镜观察。它有球状、杆状、螺旋状三种形态。它在自然界的分布极广；在几十万米的高空有细菌，在地壳的深处有细菌，在北极冰川有细菌，在温泉中有细菌。每克干土有108～1010个细菌，所以细菌和人类、自然界有着十分密切的关系。

真菌的菌体是由单细胞或多细胞的菌丝组成的，是一类较低等的真核生物。它无根、茎、叶的分化，无叶绿素，不能自己制造养料，营腐生或寄生生活。它的种类很多，约有25万种，广泛分布于自然界，与人类的关系十分密切。酵母菌是单细胞的真菌，呈圆形或卵形。酵母菌在有氧、无氧条件下都能进行呼吸作用。在有氧条件下，酵母菌进行需氧呼吸，分解葡萄糖，产生二氧化碳和水；在无氧条件下，酵母菌进行厌氧呼吸，分解葡萄糖，产生乙醇和二氧化碳。细菌和真菌都能分解动植物的尸体，把有机物变成无机物，在自然界的物质循环中起着重要的作用。

4. 病毒

病毒是一类非细胞生命形态，是个体极其微小的生物。大多数病毒的直径为20～200纳米，只有通过电子显微镜才能观察到。常见的病毒有球形(如动物病毒：脊髓灰质炎病毒)、杆形(如植物病毒：烟草花叶病毒)、蝌蚪形(如细菌病毒：大肠杆菌噬菌体)等。病毒的结构简单，一般由蛋白质组成的外壳和核酸组成的核心构成，没有细胞结构，含单一核酸(DNA或RNA)。蛋白质的外壳对核酸起保护作用，而核酸在病毒的遗传中起重要作用。

活动与训练

制作酸奶：第一，选择比较新鲜的纯牛奶和自己喜欢的酸奶。第二，在酸奶机中注入适量的开水消毒。第三，将酸奶机中配备的塑料碗事先用开水浸泡2～4分钟消毒，然后将纯牛奶和酸奶都倒入碗中，搅拌均匀。第四，将塑料碗盖上盖子，注意一定盖紧盖子，接着放入酸奶机，再将酸奶机的盖子盖好；插上电源，8～12小时后酸奶就做好了。取出塑料碗加入糖搅拌均匀，然后放入冰箱冷藏即可。

主题三　地球科学

主题目标

1. 解释地球圈层的结构、地貌演化、大气、能源的利用、天体与天体系统。
2. 学会自然灾害的应急技能，分析地球环境问题产生的原因及解决方法。
3. 形成相信科学、杜绝迷信、珍惜资源的意识，培养热爱环境的意识和素养。

一、地球的概况

(一)地球的形状与大小

从整个地球来看，地球大致呈一个椭球体，其表面极不规则，不便于用数学公式来表达。地球的平均半径大约是 6371 千米，其海洋面积约占 71%，陆地面积约占 29%。

随着测量技术的不断进步，特别是人造地球卫星的利用，现在测得的地球赤道半径大约为 6378 千米，极半径大约为 6356 千米，两者相差 22 千米；赤道的周长约为 4 万千米。

(二)宇宙中的地球

1. 地球

地球是太阳系八大行星之一。地球与太阳的平均距离在行星中排第三位；其体积大小在行星中排第五位。

2. 地球的温度

地核的温度大约是 6880℃，比太阳光球的表面温度要高。地球上最冷的地方在哪里？北半球的“冷极”在西伯利亚东部的奥伊米亚康，1961 年 1 月的最低温度是－71℃。南半球的“冷极”在南极大陆，1960 年 8 月的最低温度为－88.3℃。

3. 地球的电性：带负电

地球带负电的原因为：地球自西向东旋转，而地磁场外部是从磁南极指向磁北极(由北极指向南极)。这样所形成的环形电流与地球自转的方向相反，所以是带负电的。

(三)地球的圈层结构

地球的圈层结构分为地球外部圈层和地球内部圈层两大部分。地球外部圈层可进一步划分为三个基本圈层，即水圈、生物圈、大气圈；地球内部圈层可进一步划分为三个基本圈层，即地壳、地幔和地核。地壳和上地幔顶部(软流层以上)由坚硬的岩石组成，合称岩石圈。

二、地球的构成

(一)矿物

1. 地壳中的化学元素

地壳中有90多种化学元素。氧、硅、铝、铁、钙、钠、钾、镁八大元素的含量约占地壳总重量的97%，其余元素约占3%。地壳中的氧约占49%，硅约占26%。

2. 地壳中的矿物

地壳中的化学元素随着地质作用的变化不断地进行化合和分解，形成各种具有一定物理化学性质的矿物。矿物是形成地壳岩石与矿石的基本单位。地壳中的矿物大约有3000种，但与形成岩石有关的矿物主要有石英、正长石、斜长石、角闪石、辉石、云母、方解石等，通常被称为造岩矿物。

3. 主要造岩矿物的特征

石英为柱状或块状、透明或半透明，具有油脂光泽，用刀刻划不产生条痕，为重要造岩矿物。

(二)岩石

地壳是由各种岩石组成的，岩石是由各类矿物组成的。根据形成的条件与当时形成的环境，岩石可分为岩浆岩、沉积岩与变质岩三大类。

(三)土壤

土壤是岩石圈表面的疏松表层，是陆生植物生活的基质和陆生动物生活的基底。土壤不仅为植物提供必需的营养和水分，而且也是动物赖以生存的栖息场所。土壤的形成从开始就与生物的活动密不可分，所以土壤中总是有细菌、真菌、放线菌、藻类、轮虫、线虫、蚯蚓等在活动；少数高等动物(如鼹鼠等)一直都生活在土壤中。土壤是生物和非生物环境的一个极为复杂的复合体。生物的活动促进了土壤的形成，众多类型的生物又生活在土壤之中。

三、地貌演化

(一)地貌演化概述

在各种地貌营力的作用下，地貌在不断形成、发展和演变中经历的各种阶段和过程被称为地貌的演化。各种地貌营力形成地貌都要经历一定的演化过程。

(二)风化和侵蚀

1. 风化

地质学中的风化指风化作用，是指地表或接近地表的坚硬岩石、矿物与大气、水及生物接触过程中发生物理、化学变化而在原地形成松散堆积物的全过程。

2. 侵蚀

侵蚀作用是自然界的一种现象，是自然环境恶化的重要原因。水的流动会带走地球表面的土壤，使土地变得贫瘠，岩石裸露，植被遭到破坏，生态恶化。侵蚀作用可分为风化、溶蚀、磨蚀、浪蚀等作用。

(三)块体运动和风

1. 块体运动

块体运动是地表岩体和土体在重力等内外力综合作用下发生的向下运动。它多发生在斜坡地区，其主要的自然营力是重力，故形成的地貌被称为重力地貌。块体运动包括崩塌、滑坡、泥石流和蠕动四类。自然界还存在许多过渡类型，各类型之间能相互转化，如滑坡向崩塌转化，崩塌转化为泥石流，蠕动转化为滑坡等。

2. 风

风是由空气流动引起的一种自然现象，是由太阳辐射热引起的。太阳光照射在地球表面上，使地表温度升高，使地表的空气受热膨胀变轻而往上升；热空气上升后，低温的冷空气横向流入，上升的空气因逐渐冷却变重而降落；由于地表温度较高又会加热空气并使之上升，这种空气的流动就产生了风。

风速是指空气在单位时间内流动的水平距离。一般根据风对地面或水面的物体所引起的现象可将风力的大小分为 18 个等级。

风向是指风吹来的方向。例如，北风就是指空气自北向南流动。风向一般用 8 个方位表示，分别为北、东北、东、东南、南、西南、西、西北。

四、地球上的大气

(一)地球的大气层

地球的大气层是在地球引力的作用下，由大量气体聚集在地球周围所形成的。气体随离地面高度的增加而变得越来越稀薄。

自地表起垂直向上，大气层通常分为对流层、平流层、中间层、热层和逃逸层。对流层位于地面至 12 千米，贴近地面的最底层，是大气中最活跃、与人类关系最密切的一层。我们常见的风、雨、雷、电等天气现象就发生在这一层，该层的温度随高度的升高逐渐降低。

平流层位于对流层顶至 50 千米。该层的大气主要以平流运动为主，有利于高空飞行。另外，平流层中的臭氧层吸收太阳紫外线，保护地球上的生物免受太阳的有害辐射。该层的温度随高度的升高迅速升高。

中间层位于平流层顶至 85 千米。进入大气的流星体大部分在中间层燃尽。该层的温度随高度的升高逐渐降低。

热层位于中间层顶 80 千米至 500 千米。该层的温度随高度的升高而迅速升高。热层内的温度很高，昼夜变化很大。热层下部尚有少量的水分存在，因此偶尔会出现银白并微带青色的夜光云。

逃逸层指热层以上的大气层。该层的空气极为稀薄，其密度几乎与太空密度相同，又被称为外大气层。由于该层的空气受地心引力极小，气体及微粒可以从该层飞出地球致力场进入太空。逃逸层是地球大气的最外层，其上界在哪里还没有一致的看法。逃逸层的温度随高度的升高而略有增加。

(二)大气的运动

大气的运动是不同地区和不同高度之间的大气进行热量、动量、水分的交换，使不同性质的空气得以相互交流，并以此形成各种天气现象和天气变化。大气的运动包括水平运动和垂直运动两种形式。

（三）天气与气候

天气是一定区域短时段内的大气状态及其变化的总称。气候是长时间内气象要素和天气现象的平均或统计状态。天气与气候的区别为：天气时间短，是多变的；气候时间长，一般变化不大。

五、地球上的资源和能源

（一）地球上的资源

地球上的资源按自然要素可以分为土地资源、水资源、生物资源、矿产资源；按再生性质可以分为不可更新资源、可更新资源和永可更新资源。

（二）地球上的能源

能源分为一次能源和二次能源。一次能源是指自然界中以原有形式存在的、未经加工转换的能源，又称天然能源；二次能源是指由一次能源经过加工转换以后得到的能源，包括电能、汽油、柴油、液化石油气和氢能等。二次能源可以解释为一次能源中再被使用的能源。比如，将煤燃烧产生蒸汽能推动发电机运转，所产生的电能可称为二次能源。或者电能被利用后，经由电风扇再转化成风能，这时风能可称为二次能源。一次能源转化成二次能源必有一定程度的损耗。

六、地球与宇宙

（一）天体与天体系统

天体是指宇宙空间的物质存在形式。宇宙中的天体都在运动着，运动着的天体因相互吸引和相互绕转而形成天体系统。万有引力和天体的永恒运动维系着它们之间的关系，组成了多层次的天体系统。天体系统有不同的级别，按从低到高的级别依次为地月系、太阳系、银河系和总星系。

地球与月球构成了一个天体系统，称为地月系。太阳系位于银河系的边缘。太阳系是由太阳以及在太阳的引力作用下围绕太阳运转的天体构成的天体系统。它包括太阳、八大行星及其卫星、小行星、彗星、流星体以及行星际物质。人类所居住的地球就是太阳系中的一员。

本星系群是一个典型的疏散星系团，没有明显的向中心聚集的趋势。银河系和仙女星系是本星系群成员星系中较大的两个，它们大体上位于本星系群的中心。星系一般不单独存在，有成团的倾向。星系在自成独立系统的同时，以一个成员星系的身份参加星系团的活动。超过 100 个星系的天体系统称作星系团，100 个星系以下的天体系统称为星系群。

超星系团是由若干个星系团聚在一起形成的更高一级的天体系统，又称二级星系团。通常一个超星系团只包含几个星系团。河外星系是在银河系以外，由大量恒星组成，但因为距离遥远，在外表上都表现为模糊的光点。按照形状和结构，河外星系可以分为旋涡星系、棒旋星系、椭圆星系和不规则星系。通常把我们观测所及的宇宙部分称为总星系。有人认为，总星系是一个比星系更高一级的天体层次，它的尺度可能小于、等于或大于观测所及的宇宙部分。

（二）太阳和太阳系

太阳是太阳系中唯一的恒星和会发光的天体，是太阳系的中心天体。太阳系的大部分质量都集中在太阳上。太阳系是由太阳、八大行星、超过 170 颗的卫星及无数小行星、彗星、气体和尘埃等组成的。

(三)月球和地月系

月球与地球相比在质量和体积等方面都小得多，导致月球的引力只有地球引力的六分之一。由于月球的质量小、引力小，因此月球上没有大气，声音也无法传播。月球由于没有大气层，自然没有水汽、风、云、雨、雪等自然现象。由于没有大气，月球的昼夜温差特别大，白天阳光直射时温度可达127℃，夜晚可降到－183℃。月球上没有水，因而也没有生命物质。

月球的表面有两种地形：一种是陆地，分布了10多条山系。另一种为平原和低地，地势低平。从地球上看，比较暗的阴影区好似“海”，它们是被暗褐色熔岩覆盖的地区。整个月面布满了大大小小的环形山，它们都是天体撞击月面和火山活动的产物。

地球与月球构成了一个天体系统，被称为地月系。月球的运动比其他星球更加明显，它对于地球来说影响很大。由于地球只有月球这个天然卫星，地球的质量比月球大得多，因此地球和月球相互吸引使得月球不断地绕着地球公转。月球绕地球公转一周的时间大约是27.32日，月球自转一周的时间大约也是27.32日。月球自转与公转的方向相同，都是自西向东。

(四)地球的运动

地球绕地轴自西向东地自转。在地球赤道上，自转的线速度大约是每秒465米。天空中各种天体东升西落的现象都是地球自转的反映。从北极点来看，地球是逆时针转的；从南极点来看，地球是顺时针转的。地球是绕着太阳公转的，公转与自转都是自西向东倾斜的，不会变化。

七、地球上的环境问题

环境问题是指人类活动作用于周围环境所引起的环境质量变化，以及这种变化对人类的生产、生活和健康造成的影响。

环境问题有两大类：一类是自然演变和自然灾害引起的原生环境问题，如地震、洪涝、干旱、台风、崩塌、滑坡、泥石流等。另一类是人类活动引起的次生环境问题，如乱砍滥伐引起的森林植被破坏、过度放牧引起的草原退化、工业生产造成的大气和水环境恶化等问题。

目前已经威胁到人类生存并已被人类认识到的环境问题主要有：全球变暖、臭氧层破坏、酸雨、淡水资源危机、能源短缺、森林资源锐减、土地荒漠化、物种加速灭绝、垃圾成灾、有毒化学品污染等。因此，正确处理环境保护与发展的关系，使环境保护和经济发展成为一个有机联系的整体，是世界上每一个国家的当务之急。

活动与训练

主题：举行“环境保护，我先行”演讲比赛。

活动目标：正确认识环境与人和谐统一的关系。

建议时间：60分钟。

活动准备：

知识准备：通过上网及其他方式查找相关资料，准备演讲赛。

教具准备：白板或黑板、板擦、白板笔或粉笔、磁扣、白板夹子、彩色卡纸。

活动步骤：

步骤1：活动前期准备工作。

步骤2：参赛选手入场签到。分组及各组抽签决定出场顺序。

步骤3：由活动主持人介绍活动目的、出席嘉宾等事项，并邀请领导致辞。

步骤4：参赛者上台演讲，评委当场评分。

步骤5：评委点评。

步骤6：主持人公布比赛的最后名次，颁奖，比赛结束。

总结评价：

1. 你认为环境的重要性体现在哪些方面？

2. 环境保护如何从自我做起？

第七单元
健康素养

健康素养教育通过有计划、有组织、有系统的学校教育活动，使师范生自觉地采纳有益于健康的行为和生活方式，消除或减少影响健康的危险因素，提高生活质量，并对教育效果做出评价。健康素养教育的核心是使师范生树立健康意识，促使他们改变不健康的行为和生活方式，养成良好的行为和生活方式。

本单元旨在引导师范生均衡合理饮食，铸就健康体魄，感受局部和整体相互影响、相互依存的辩证关系；使师范生形成积极健康心态，提高自信心和社会适应力，学会自我情绪宣泄，树立身心健康的生活学习理念；引导师范生端正心态，理性看待性健康教育，形成健康性人格，与异性建立纯洁友谊，促进身心健康全面发展。

微课视频

主题一　走出亚健康

主题目标

1. 明确健康、亚健康的定义。解释健康的标准及影响因素。

2. 能对健康做出判断，学会运用走出亚健康的方法。

3. 深刻领会健康的含义，从自我做起，做一名健康的人。

美国心理学家马斯洛认为："你需要尊重，需要爱与被爱，你的终极需要是与整个宇宙融为一体。"

一、健康的定义

健康是指一个人在身体、精神和社会等方面都处于良好的状态。现代人的健康观是整体健康，不仅指一个人身体没有出现疾病或虚弱现象，还指一个人生理、心理和社会适应的完好状态。

二、健康的标准[①]

健康的标准包括如下几个方面。

(一)身体的良好状态

①体格强壮，生长发育达到该年龄应有的标准。

②饮食、睡眠等生活起居符合科学要求。

(二)心理的良好状态

①智力正常。

②善于协调和控制情绪。

③具有较强的意志品质。

④人际关系和谐。

⑤可以能动地适应和改善现实环境。

⑥保持人格的完整和健康。

⑦心理行为符合年龄特征。

(三)社会适应的良好状态

①在人际交往和各种社会活动中，能够恰如其分地扮演生活中的各种社会角色，注意以法律和道

---

① 容小翔：《幸福，十分之九是健康》，载《食品与健康》，1999(5)。

德规范自己的行为。

②重视人类与其所生存的自然环境和社会环境的融洽与协调。

三、亚健康

(一)亚健康的定义

医学家把健康称为人体的“第一状态”，把身患疾病称为人体的“第二状态”。亚健康是指介于健康与疾病之间的边缘状态，又叫慢性疲劳综合征或第三状态。亚健康状态是指躯体上没有疾病但有可能向疾病方向转化的状态。

(二)亚健康的转归

亚健康的转归有两方面：一是经过及时有效的调控，可向健康状态转变；二是任其发展进一步恶化，转向疾病状态，甚至出现因过劳导致未老先衰、猝然死亡的现象。

(三)亚健康产生的原因[①]

亚健康产生的原因主要有以下几个方面。①不良生活方式和行为习惯的影响：不良饮食行为、缺乏运动、吸烟、酗酒等。②社会心理因素的影响：竞争、紧张、冲突、焦虑、抑郁等。③环境因素的影响：生态破坏、环境污染、人口过剩等。④生物学因素的影响：遗传因素(致病基因和易感基因等)。

(四)亚健康的临床表现

亚健康主要以主观感受为主，客观体征极少或没有，症状可单一出现或交替、合并出现。它的特征是患者体虚困乏、易疲劳、失眠、休息质量不高、注意力不易集中、适应能力减退、精神状态欠佳，甚至不能正常生活和工作。医院经过全面系统检查后，往往还找不到患者的病因。亚健康的临床表现为如下几个方面。

①疲劳。

②失眠或嗜睡。

③健忘。

④食欲不振。

⑤烦躁不安。

⑥抑郁或消沉。

⑦焦虑不安。

⑧头晕、心悸、气短。

⑨大小便异常。

⑩免疫功能下降(如经常感冒或有感冒症状，咽喉不适，口腔溃疡等)。

(五)亚健康的主要特征

1. 身体的亚健康

身体的亚健康表现为：饮食习惯、食物结构不合理；营养过剩与营养不足同时存在；体育锻炼不足(时间、强度不够)，体质较弱；一些身体器官超前使用，如眼睛负荷过重导致近视率高，以及脊柱

① 转引自白玉梅：《浅谈蒙医学对亚健康状态的认识及调治》，载《中国民族医药杂志》，2017(2)。

侧弯等；随着计算机的普及、网络信息的发展，睡眠不足越发常见。

2. 心理的亚健康

心理的亚健康表现为：来自家庭、学校、同学的压力造成单一的心理负担，认为学习好就行，其他的都不用管。压力之下引发的亚健康直接影响着心理健康。

3. 情感的亚健康

情感的亚健康表现为：本应关心社会，对生活充满热情，但实际上对一些事情比较冷漠。

4. 思想的亚健康

思想的亚健康表现为：思想表面化，脆弱不坚定，容易接受和改变。

5. 行为的亚健康

行为的亚健康表现为：生活作息等形成定势，长此以往容易产生行为的偏激。

(六)走出亚健康的方法

1. 生活要有规律

在当今瞬息万变的时代，人们的工作和生活节奏明显加快，疲劳也就容易产生。脑力疲劳是导致亚健康的一个不可忽视的重要因素。人们要学会休息，保证充足的睡眠，科学安排作息时间，生活节奏要有规律。顺应人体生物钟的运转规律作息，进食、工作、休息的时间相对稳定，有助于人体的新陈代谢，从而使生理机能发挥最佳效应。

2. 营养均衡

一日三餐的比例适中，绝不可不吃早饭；食物多样，以谷类为主；多吃新鲜蔬菜、瓜果，适当增加牛奶、蛋、豆制品及鱼、肉等食物。这样可以补充人体所必需的各种营养物质。同时注意不要暴饮暴食或偏食。暴饮暴食会造成消化道器质病变；偏食会因为缺乏某种营养物质而诱发亚健康。

3. 适度运动

体育锻炼是走出亚健康较为有效的途径。快节奏的现代生活会使人感到紧张，适度而有趣的运动会使人的身心处于舒畅、和谐和愉快之中，在运动后，无氧阈结束或激素分泌，还可使人处于更放松的状态。虽然运动不能改变压力源，而且运动后还要面对压力与紧张，但运动能转移注意力。

4. 培养良好的卫生习惯

注意个人卫生和公共环境卫生的保持。要勤洗澡、勤换衣；要每三个月换牙刷，早晚刷牙，饭后漱口；将毛巾与别人分开使用，并常常保持毛巾的干净卫生等。

5. 保持心理健康

健康的情绪会促进血液循环，有利于肺部气体交换，有利于脑部放松。因此多参加集体活动，多帮助他人，都有益于身体健康：平时不要因为一些小事而引起情绪波动，多体谅别人，多看别人的优点；不苛求别人，心胸开阔，心境平和。

6. 克服性格缺陷

性格缺陷主要表现在虚荣心、依赖心和嫉妒心上。有的人对自己缺少自知之明，夸大自己的能力，不实事求是，并在与别人的比较中产生委屈等不良情绪。有的人焦虑不安，有时过于自卑，情绪上表现为无可奈何，有失落感。有的人觉得别人什么都不如自己，对别人显露的才能和成绩不服气，导致自己的心理不平衡。为此要经常保持充实的生活，不要感情用事，不要发牢骚，靠努力产生自信心，学会豁达，顺其自然。

活动与训练

主题1：自测亚健康状态。

活动目标：了解亚健康状态的监测标准；找出亚健康产生的原因；制订计划，走出亚健康。

建议时间：40分钟。

活动准备：

知识准备：掌握健康、亚健康的定义及表现。

教具准备：白纸、夹子、笔。

活动步骤：

步骤1：将学生自由组合成5人一组的活动小组。

步骤2：借助拓展资料中亚健康自检表，自测自己的亚健康状态。

步骤3：小组活动。汇总自测的结果，并找出自己产生亚健康的原因；讨论如何走出亚健康。

步骤4：小组总结。小组代表总结亚健康表现的共性及个性，并确定走出亚健康的措施。

步骤5：教师总结。教师引导学生积极主动地采取措施，走出亚健康。

主题2：科学上网，健康生活。

活动目标：了解游戏障碍与上网的区别；了解游戏障碍的危害；学会正确科学地使用网络。

建议时间：40分钟。

活动准备：收集游戏障碍的案例。

活动步骤：

步骤1：通过各小组的案例分析展示游戏障碍的危害。

步骤2：小组讨论如何区分正常上网和游戏障碍，对上网的利与弊进行辩论。

步骤3：小组代表总结游戏障碍，并提出摆脱游戏障碍和健康生活的倡议。

步骤4：教师帮助学生认清网络是一把双刃剑，结合成功戒除游戏障碍的个例，总结避免和摆脱游戏障碍的方法。

主题二　饮食与健康

主题目标

1. 阐明膳食结构的分类与疾病的关系；说出平衡膳食的标准、主要营养素的种类和功能。
2. 学会制订合理膳食的计划。
3. 培养良好的饮食习惯。

饮食对健康有着重要影响。预防医学中有关疾病的预防就提到了饮食干预，并且越早干预越好。

一、食物中的营养素和功能

人体所需的营养素主要包括蛋白质、碳水化合物、脂类、无机盐、水和维生素六大类。其中，蛋白质、碳水化合物、脂类在人体的代谢过程中能够产生机体所需要的能量，被称为产能营养素；而无机盐、水和维生素在人体的代谢过程中不能产生能量，被称为非产能营养素。

二、合理营养和平衡膳食

(一)膳食结构的定义和分类

1. 膳食结构的定义

膳食结构是指膳食中各类食物的数量及其在膳食中所占的比例。

2. 膳食结构的分类以及与疾病的关系

根据动植物食物在膳食中所占的比例，膳食结构大体上可以分为三种类型：动植物比较均衡；高植物、低动物；高动物、低植物。

在我国，随着现代社会和科学技术的发展，人们的经济条件和生活方式发生了巨大的变化，影响着人们的饮食选择。越来越多的加工食品充斥着市场；城市居民的膳食结构中碳水化合物、脂类等所占比例不断增加。城市居民膳食结构的西方化会带来很多相关慢性疾病和公共健康的隐患。

(二)饮食与心脑血管疾病

饮食结构的改变和体力活动的减少给人们的健康带来威胁。一些非传染性、慢性的疾病如肥胖、糖尿病、高血压、高血脂、脂肪肝、动脉粥样硬化、心脑肾血管病、高尿酸血症、癌症等正威胁人们的健康。

代谢(异常)综合征又称胰岛素抵抗综合征，是一种涉及代谢异常、与心血管病紧密相关的疾病状态。其以肥胖(超重)、高血压、血糖异常、血脂异常为主要症状。代谢(异常)综合征的防治着重于非药物治疗，改变生活方式，如提倡健康的饮食习惯，增加体力活动，控制体重。

(三)饮食与肿瘤①

癌症是当前人类健康的最大敌人。多年来，攻克癌症是人类的愿望，也是众多医生和科学家不懈追求的目标。肿瘤的产生是多因素综合作用的结果。饮食与癌症的关系是复杂的：饮食既能致癌，又能防癌、抑癌。

世界癌症研究基金会曾总结了全世界在癌症领域的研究结果，从膳食和健康方面提出了预防癌症的 14 条建议，具有广泛的科学依据，是目前全世界人民预防癌症、提高健康水准的行之有效的方法。

1. 合理安排饮食

选择以植物性食物为主的膳食，包括各种蔬菜、水果、豆类以及粗加工的主食。

2. 控制体重

避免体重过轻或过重。BMI 的全称为 Body Mass Index，代表身体质量指数，是国际上常用的衡量人体肥胖程度和是否健康的重要标准。

$$\text{BMI}=\frac{\text{体重(千克)}}{\text{身高(米)}^2}$$

评价标准：BMI 的理想值为 18.5～23.9。

3. 坚持体育锻炼

如果平时很少活动或仅有轻度活动，每天应进行 1 小时的快走运动，每周至少要进行 1 小时出汗的剧烈运动。

4. 多吃蔬菜、水果

多吃蔬菜、水果可以预防多种常见的癌症。一年四季应坚持每天吃一些蔬菜和水果。

5. 吃适量的淀粉类食物

富含淀粉和纤维的食物对保持身体健康和预防癌症是十分重要的。每天应吃一些谷物、豆类、植物类根茎，吃加工越少的食物越好。要限制精制糖的摄入量。

6. 限制饮酒

不提倡饮酒。即使饮酒，也要限制饮酒量。

7. 吃适量的肉类食品

每天应吃一些肉类食品。吃鱼肉和禽肉更有益于健康。

8. 限制脂肪的摄入量

限制高脂肪食物，特别是动物性脂肪的摄入量。选择恰当的植物油并控制用量。经常吃低脂肪食物对预防癌症有重要意义。

9. 少吃腌制食物和食盐

限制腌制食物的摄入量并控制食盐的摄入量。

10. 食物储藏

不要食用在常温下存放时间过长、可能受真菌毒素污染的食物。

11. 控制食品中的添加剂用量

当食物中的添加剂用量低于国家规定时，添加剂在食品或饮料中的存在是无害的。但是添加剂的使用不当会影响健康。

① 姚应水：《临床营养学》，301～302 页，北京，人民军医出版社，2011。

12. 注意食物烹制

不吃烧焦的食物，不喝烧焦的鱼汤。直接在火上烧烤的腌肉及熏肉只能偶尔食用。

13. 不必普遍食用营养补充剂

如果能遵循以上建议，一般不必食用营养补充剂。

14. 不要吸烟

不吸烟和咀嚼烟草。

(四)常见的不良饮食方式

①不吃早餐或早餐营养质量不高。

②偏爱零食。多数零食过于香甜或咸鲜，脂肪和糖盐的含量较高，既影响进食正餐的胃口，又容易造成钙、铁、锌、碘、维生素等多种营养素的缺乏。

③偏爱油炸食品。此类食品经高温烹调可产生大量有强烈致癌作用的毒性物质，所以不宜多食用。

④白开水的饮用量偏少。白开水中含有多种对人体有益的矿物质和微量元素，而且这些矿物质和微量元素不需要消化就能被人体吸收。

⑤水果和蔬菜的摄入量少。水果和蔬菜能够为人体提供每日以及长期健康所必需的多种维生素和矿物质。水果和蔬菜还有助于维持体内酸碱平衡。

⑥饮食不规律。饮食不规律，饥一顿、饱一顿是导致消化系统紊乱的主要原因。饮食长期没有规律会导致疾病的发生。

(五)平衡膳食

1. 平衡膳食的定义

平衡膳食即合理饮食、均衡营养，是指饮食中所含有的各种营养素应种类齐全、比例合适、数量充足，能满足人体的生理和健康需要。

2. 居民平衡膳食标准

2022 年 4 月，中国营养学会正式发布《中国居民膳食指南(2022)》。该指南遴选了 8 条基本准则，具体包括：食物多样，合理搭配；吃动平衡，健康体重；多吃蔬果、奶类、全谷、大豆；适量吃鱼、禽、蛋、瘦肉；少盐少油，控糖限酒；规律进餐，足量饮水；会烹会选，会看标签；公筷分餐，杜绝浪费。图 7-1 为中国居民平衡膳食宝塔。

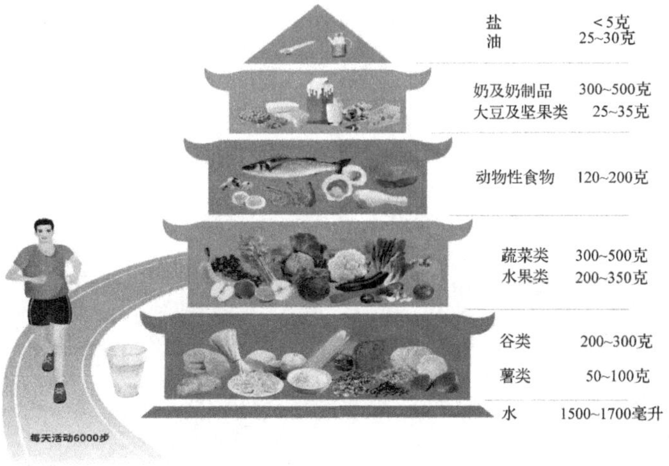

图 7-1　中国居民平衡膳食宝塔

活动与训练

主题：讨论不良饮食习惯。

活动目标：树立正确的饮食习惯。

建议时间：40 分钟。

活动准备：

知识准备：通过上网及其他方式收集不良饮食习惯的各种表现。

教具准备：多媒体设备、白板或黑板、板擦、白板笔或粉笔、磁扣、白板夹子、彩色卡纸。

活动步骤：

步骤 1：各小组派代表展示不良饮食习惯的实例图片 4～5 个。

步骤 2：观察图片，在图中找出不恰当的地方。

步骤 3：交流讨论图中不恰当的地方，讨论不良饮食习惯的严重后果。

步骤 4：各小组进行总结。

步骤 5：教师根据学生的表现进行总结并点评。

主题三　性健康教育

主题目标

1. 了解性器官的构成及主要生理作用和青春期生理现象。
2. 探究青春期性教育。
3. 轻松度过青春期。

一、性器官的构成及主要生理作用

女性的主性器官是卵巢，附性器官有输卵管、子宫、阴道、外生殖器等。卵巢具有产生、排放卵子的生卵功能和分泌雌激素、孕激素及少量雄性激素的内分泌功能。

男性的主性器官是睾丸，此外还有附睾、输精管、射精管、精囊腺、阴茎等附性器官。睾丸既是产生男性生殖细胞的器官，又是分泌雄性激素的内分泌腺。

二、第二性征

青春期是从童年向成年过渡的时期，是生殖系统开始发育到成熟的时期。总之，它是我们身心发育的重要时期。在这一时期，人体会出现显著的变化，身高和体重迅速增加。另外，进入青春期后，人体脑的内部结构和功能不断分化、发展。另外的变化表现在出现性别上新的差异，也就是第二性征。

第二性征亦称“副性征”，是在青春期出现、成年期大部分或全部保留的生理特征。女性表现为乳房隆起，生长出阴毛、腋毛，骨盆宽度增加，声调变高，开始出现月经。由月经来潮的第一天至下一次月经来潮的前一天所经历的时间即一个月经周期。在每个月经周期中，卵巢、子宫内膜和阴道上皮都会发生一系列的变化。男性表现为阴毛、腋毛、胡须显著生长，肌肉变得发达，骨骼变得粗壮，喉结突出，声音变得低沉，开始出现遗精等生理现象。男女这些生理特征虽由遗传决定，但最终的显现和成熟依赖于性腺内激素分泌的调节，否则第二性征可能永不出现。第二性征出现的年龄在不同的国家有差异，在同一国家的不同历史时期有差异，在男女两性之间也有差异。男孩一般要比女孩晚两年出现第二性征。

女性在月经期内身体的抵抗力减弱，比平时更容易染病，必须注意保健；应进食易消化、营养丰富的食物，避免吃刺激性食物，多喝开水，要保证睡眠充足；参加适当的户外活动，但不可以从事重体力劳动或进行剧烈运动；注意保暖，避免受凉，不要久坐湿地、淋雨，不要用冷水洗澡、洗头、洗脚；注意身体卫生，每天用温水清洗。

男性遗精是一种正常的生理现象，不要恐惧担忧。只要不频繁遗精就不会有损健康。预防频繁遗精可以采取以下做法：集中精力学习并积极参加文体活动；加强体育锻炼，提高个人品德修养；养成良好的个人卫生习惯；睡前用温水洗脚；选择宽松舒适的内裤；早上醒来立即起床，不要恋床。

三、青春期性教育

性教育在广义上是指以人格教育为主体，包括性生理、性心理、性道德和性法治的教育，因此性教育是一个综合性的教育。性教育旨在使个体接受科学的性知识，纠正与性有关的认识和行为偏差，保持性卫生和性心理健康，树立健康的性意识与正确的性观念，培养良好的性道德，在生理、心理和社会三方面走向成熟。

青春期个体具有性欲望和性冲动，是一种本能的生理现象，不受大脑和意志支配。面对性欲望和性冲动，个体可以选择转移注意力、积极参与有异性在场的文体活动等。

青春期性意识的发展：性意识是指随着生理发展、社会成长而逐渐形成的有关性别、性征、性角色及性行为等方面的心理认识活动。进入青春期后，随着第二性征日益明显，青春期个体感受到了自己与异性的差异，进而对异性产生好奇心和神秘感，这就是青春期的性意识。

青春期性心理教育：进入青春期，个体既要经历性生理成熟，又要适应性心理成熟。性生理成熟的标志通常是生殖器官由原来的幼稚状态发展为成熟状态，具有了生殖功能。性心理由于受家庭教育、学校教育和社会环境的制约，其成熟往往滞后于性生理的成熟，从而出现生理与心理错位的状况。青春期性心理教育主要包括正确对待月经、遗精等正常生理现象和客观处理恋爱问题等。

青春期性道德教育：性道德是指两性关系和交往活动中必须遵守的行为规范，即衡量人们的性观念、性选择、性交往和性行为的是非善恶标准。性道德受一定社会的经济、政治、文化、思想、历史的制约，不同的社会有不同的性道德标准。为此，个体应提高自身的性道德认识水平、培养健康的性道德情感和良好的性道德行为习惯。

恋爱问题是青春期要面对的普遍问题。青春期恋爱带来的利弊常取决于成人的引导。成人以自己的情感、言语、观念及行为推动孩子青春期的成长。为此，一方面成人要帮助孩子正视“青春期恋情”；另一方面成人要学会摆脱情感纠结。具体如下。

①把握男女交往的分寸，建立纯洁友谊。

②学会疏导自己的情感，用欣赏的眼光看待异性。

③注意自己的着装得体大方。

④面对追求者，拒绝的决心要坚定。

⑤将精力花费在自己的学习上，以求获得心智发展。

⑥遇事学会与成人沟通，以获得帮助。

另外，青春期个体应将主要精力放在学习上，合理引导对性的关注；增强性道德观念及意志力，洁身自爱，为发展健康爱情奠定基础；培养法治观念，避免陷入性犯罪的深渊；要学会拿起法律武器维护自己的合法权益。

活动与训练

主题：举行友谊与爱情辩论赛。

活动目标：正确认识在校期间男女的正常交往，区分友谊与爱情。

建议时间：40 分钟。

活动准备：

知识准备：通过上网及其他方式查找相关资料，准备辩论赛。

教具准备：白板或黑板、板擦、白板笔或粉笔、磁扣、白板夹子、彩色卡纸。

活动步骤：

步骤 1：各参赛队按一辩到四辩的顺序进行自我介绍。

步骤 2：各方陈述观点，各用时 3 分钟。

步骤 3：一对一攻辩。

步骤 4：自由辩论。

步骤 5：总结陈词。

步骤 6：教师根据学生的表现总结并点评。

主题四　心理健康

主题目标

1. 掌握心理健康的标准，了解师范生常见的心理问题及解决对策。
2. 能对照心理健康的标准检测自己的心理健康问题。
3. 能根据应对心理问题的对策进行自我心理调节。

心理疾患的高发病率已经成为当前危害人类身心健康的一大问题。目前心理健康问题已经引起了社会的普遍关注，加强心理健康教育势在必行。

一、心理健康的定义

心理健康是指一种良好的心理状态，表现为能够恰当地认识、评价自己及周围的人和事，有和谐的人际关系，情绪稳定，行为有目的性，不放纵，能够应对生活中的压力，能够正常学习、工作和生活，对家庭和社会有所贡献。它有以下几个特征。

智力正常：正常的智力水平是人们生活、学习、工作、劳动的基本的心理条件。

情绪稳定与心情愉快：情绪稳定与心情愉快是心理健康的重要标志。如果某个人经常愁眉苦脸、灰心绝望、喜怒无常，则是心理不健康的表现。

行为协调统一：心理健康的人表现为行为受意识和理智支配，思想与行为协调统一，并有自我控制能力。如果一个人的行为与思想相互矛盾，思维支离破碎，那做事杂乱无章，行为怪诞离奇，那就是心理不健康的表现。

人际关系融洽：与人友好，助人为乐，善于沟通。

适应能力良好：保持弹性思维，随机应变，具有良好的适应能力。

二、心理健康的标准

①智力正常。

②情绪适中。

③意志健全。

④人格统一。

⑤人际关系和谐。

⑥与社会协调一致。

⑦心理特点符合年龄阶段。

三、师范生常见的心理问题

(一)较弱的心理承受力导致脆弱心理、厌学心理的产生

进入学校后，一些师范生告别了饭来张口、衣来伸手的生活，一时难以适应，同时也很难承受课业负担等。这就导致他们心理失衡，产生厌学情绪；时而不思进取或者以自我为中心，不听从教师的劝告；一旦受挫心理便极度脆弱，感到无法承受。

(二)较弱的适应能力导致自卑心理、盲目心理的产生

面对新的生活环境以及随着社会发展而出现的一系列新情况、新形势，有些师范生感到无法适应。比如，看到别人的生活条件比自己优越，便产生自卑心理。此外，有些师范生还没有形成正确的人生观和价值观，没有主见，很容易盲目跟风攀比，一旦受挫便会出现严重的心理问题。

(三)较弱的自我调节能力导致嫉妒心理、逆反心理的产生

自我调节能力包括对能力、情绪、身体、环境各方面的自我调节或适当控制。有些师范生往往不能有效地调节自身，对自我的认识不到位，容易产生自满情绪。在这种情况下，他们最容易产生嫉妒心理。比如，有人在某方面超过自己或在某方面取得进步，他们便心存嫉妒。

四、学校解决师范生心理问题的对策①

学校必须高度重视师范生的心理健康教育，全方位了解师范生的心理健康状况。当师范生出现心理问题时。学校应及时排解，把因心理问题引发的事件遏制在萌芽状态，将心理健康教育常规化、制度化，不再流于形式。为此，学校应做好以下几方面工作。

(一)高度重视师范生的心理健康教育

学校领导和教师应切实转变教育观念，彻底改变以往只重视专业教育而忽视心理健康教育的错误做法。少数师范生存在不同程度的心理问题，如厌学、焦虑、抑郁等。这些心理问题不但影响他们的健康发展，而且给他们正常的学习、生活带来困扰。这就要求学校领导和教师在思想观念上对心理健康教育形成正确认识。心理健康教育完全不同于精神医学中的诊疗模式，主要是针对师范生心理发展需要而开展的教育活动，旨在培养和提高师范生的心理素质，使其更好地适应社会、适应自身的发展变化。

(二)健全学校的心理健康教育体系

学校要明确心理健康教育在师范生发展中的重要作用，在思想上彻底消除心理健康教育可有可无的错误认识。同时学校还要鼓励师范生对因无法适应变化而表现出的心理不适和阻抗行为进行积极应对，在出现心理问题时及时找心理教师疏导。解决思想上的错误认识后，学校还要行动起来，如健全学校心理健康教育体系、招聘心理学专业教师、开设心理学课程、建设心理咨询室等。

首先，更新观念，统一认识，建设一支心理健康教育师资队伍。这是落实心理健康教育的根本保障。学校应引进师范类院校心理学专业毕业生做心理学教师，购置相关的教材、图书、录像资料等，并将心理学课程设为必修课，在不同的年级开展不同层次的心理学教学，以此促进学校心理健康教育的全面发展。

---

① 刘文琦：《中职生心理问题成因及对策》，载《卫生职业教育》，2013(13)。

其次，加强班主任培养工作，让班主任掌握心理辅导技巧，成为一名合格的心理辅导员。班主任是师范生的老师，更要做师范生的知心朋友。班主任要通过各种途径，面向全体师范生，设计充实而丰富的心理健康教育内容，帮助师范生认识自我、调节自我、完善自我，营造一个和谐友爱、充满朝气的班集体。

最后，除了组织师范生积极参加心理辅导小组活动外，还要细心做好个别师范生的心理咨询工作。为此，要成立专门的心理咨询室，让具有专业知识的人员担任心理咨询师。鼓励有心理问题而无法从心理阴影中走出来的师范生大胆走进咨询室，通过与专业人员的交流、沟通、互动，化解心理矛盾和解决心理问题，最终走上健康生活、快乐学习的阳光之路。

(三)把握师范生的心理差异

教师要善于捕捉和把握师范生在不同阶段所呈现出的心理差异，及时进行心理辅导，促进师范生形成健康积极的心态。

1. 引导师范生调整自我，树立自信

有些师范生走进学校的大门，内心有时会处于矛盾状态之中，在学习、生活中存在忧虑和失落的心理。因此，这一阶段心理辅导的重点是帮助其进行自我调整，尽快适应新环境、新生活；同时从心理学的角度对其进行人生观、价值观教育，从而培养其健全人格，懂得“行行出状元”的道理，树立热爱专业并为学好专业技能而发奋读书的思想。此阶段的教育方法是多种多样的，如请家长座谈、请优秀毕业生做成才报告等，帮助师范生形成健康稳定的心理。

2. 引导师范生认清形势，学好技能

随着社会的飞速发展，各行业对职业教育提出了更高的要求。首先，教师要正确评价师范生，用爱心对待师范生。其次，教师要引导师范生进行正确的自我评估。教师要让师范生看到自己的优点，鼓励其在各种活动中施展自己的才华。最后，消除师范生的畏惧心理。这需要适当降低教学难度，不断改进教学方法。只有这样才能充分调动师范生的学习主动性、积极性，使其掌握专业技能、更好地适应社会需求。

3. 引导师范生排除干扰，正视现实

近几年来，严峻的就业形势给师范生就业带来了冲击。特别是社会上一些不正确的就业观念，使部分师范生滋生了好逸恶劳、贪图享受、追求虚荣的不良倾向。毕业前后，有些师范生的心理波动较大，他们往往情绪焦躁不安，谋求职业时眼高手低。这一阶段的心理辅导难度较大：做得好就能稳定师范生的情绪，使其顺利就业并成熟起来；做得不好会导致几年的心血付之东流。这时的心理辅导应当慎之又慎，一切工作要想师范生之所想，急师范生之所急，应做好以下几方面的工作。

第一，加强就业形势的分析与就业指导，使师范生认清就业形势。

第二，端正师范生的就业思想，使其正视现实。

第三，指导师范生用平常心看待就业。

第四，对确有求职困难的师范生，应采取各种办法帮助其走上工作岗位。

第五，增强师范生的抗挫折与应对磨难的能力。

(四)充分利用网络资源和社会力量，进一步加强师范生的心理健康教育活动

学校心理健康教育资源有限，需要全社会的帮助与参与，但需要对从事这项工作的人员进行认真筛选。学校应大力呼吁相关专业人员积极参与到师范生心理健康教育活动中来，从而促进学校心理健康教育工作走上全面、可持续发展的道路，为师范生真正健康快乐成长创造良好的环境。

活动与训练

试分析小丽的心理是否健康。如果不健康，小丽在哪些方面出了问题。

小丽最近失眠多梦，上课注意力不集中。她因为心情不好和同桌吵了一架。几天过去了，俩人还是谁都不理谁。看到同桌穿得比自己漂亮，她心里感到不平衡。对于学校的管理制度，她也感到不满，觉得学校不该天天让学生打扫卫生。她还对所学的技能课感到吃力。不管她怎么用心学，她都学不会。她有时还想退学。

第八单元
艺术素养

艺术素养教育是以艺术为媒介，以培养师范生的艺术感知和体验能力、创造和表现能力、评价与反思能力为目的的教育活动。艺术素养教育作为素质教育的一项重要内容受到越来越多的关注。因此，实施艺术素养教育不仅是适应现代社会发展的需要，同时也是时代的发展对学校教育提出的新的要求，也是实现高素质人才培养的保证。艺术素养教育不仅有助于提高师范生的审美能力、表现能力和创新能力，也能促进师范生人格的完善。

艺术作品蕴含了艺术家的心系天下的家国情怀、精益求精的精神、高尚的道德情操、坚贞不渝的人格修为、民族自豪感和文化自信。本单元旨在让师范生通过了解艺术作品的历史文化、思想内涵，体会不同国家、流派的地域美、民俗美，体会艺术家的家国情怀和真情实感，形成高尚的品质和崇高的理想，自觉传承中华优秀传统文化，增强文化自信。

微课视频

主题一　艺术欣赏引论

主题目标

1. 了解艺术欣赏、艺术创作和艺术批评的概念，理解三者间的关系。知道艺术欣赏的认识、教育和审美作用。

2. 掌握在艺术欣赏活动中应具备的能力，根据自身情况找到适合自己的提高艺术欣赏能力的途径和方法。

3. 为欣赏艺术作品做好充分的准备，提高自身对艺术作品的审美与创造能力。

艺术与人类一同诞生，只要有人类，艺术就如影随形。艺术使人类的情感、文化、生活、品格、境界得到升华和发展。艺术来源于生活，只有热爱生活的人才能在艺术的道路上走得更远。

一、艺术欣赏的本质和作用

(一)艺术欣赏的本质

艺术欣赏是艺术审美活动的重要组成部分，是人的一种复杂的高级精神活动。这项活动包括主体和对象两个基本要素。其中，主体是指欣赏者，对象是指艺术作品。也就是说，在艺术欣赏活动中，欣赏者以艺术作品为对象，不是在社会生活中直接产生美感的，而是直接和艺术作品发生联系形成美感的。

艺术欣赏包括欣赏者的感知、体验、理解、想象、再创造等心理活动，以及获得情感的愉悦和精神的满足。所以，艺术欣赏是欣赏者发挥主观能动性对艺术作品进行再创造、再评价的活动过程。

(二)艺术欣赏的作用①

1. 认识作用

艺术是现实生活在艺术家头脑中反映的产物。它以形象来再现社会生活场景，展示各历史时期的政治、经济和社会风尚，表现人们的生活、相互关系及精神面貌，从而使人们认识生活、认识世界。艺术作品包含着艺术家对生活的深刻理解和评价，其内容往往能够揭示出生活的本质和规律。尤其是在世界观的指导下，通过作品再现的生活要比实际生活更典型、更理想、更带有普遍性，所以具有很高的认识价值。

2. 教育作用

艺术作品寄寓着作家对生活的认识和评价、情感与态度。它会通过艺术形象自然地告诉人们生活

---

① 黄保强：《艺术欣赏纲要》，9～10页，上海，复旦大学出版社，2004。

中的美与丑、人生的哲理、人的理想与情操，告诉人们哪些是对的和应该肯定的，哪些是错的和应当否定的，从而使人们受到教育。尤其是优秀的艺术作品可以跨越历史、跨越国界，对一代又一代的人们产生影响。

3. 审美作用

艺术的认识作用、教育作用都是通过审美作用来实现的。艺术家通过具有美感意义的形象来反映他们对生活的情感与态度、理想与愿望，因而容易唤起人们在思想感情上的交流与共鸣。艺术往往使人们产生对美好生活的向往与追求、对丑恶事物的憎恨与厌恶，从而在思想感情上获得愉悦和在精神上获得满足。

二、艺术欣赏与艺术创作

(一)艺术创作的概念

我们通常用“创作”一词来描述艺术家的工作。写诗、写小说、写散文被称为“文学创作”；作曲、演奏、歌唱被称为“音乐创作”；绘画、雕塑被称为“美术创作”。艺术是人类自我意识的特殊形式，是人类创作活动的最高形式，是人类审美活动的典范形式。

马克思在《关于费尔巴哈的提纲》中指出，从前的一切唯物主义——包括费尔巴哈的唯物主义——的主要缺点是对事物、现实、感性，只是从客体的或者直观的形式去理解，而不是把它当作人的感性活动，当作实践去理解，不是从主观方面去理解。所以，结果竟是这样，和唯物主义相反，唯心主义却发展了能动的方面，但只是抽象地发展了，因为唯心主义当然是不知道真正现实的、感性的活动本身的。根据马克思的这一观点，应将艺术创作看作人对现实的一种能动的反映。能动性是人的主体性的重要体现。不过，能动性是与主动性的另一侧面——受动性相联系而存在、相对立而发展的。艺术创作不管如何奇妙、如何变幻无穷、如何天马行空，它不能不建立在一定的现实生活的基础上，不能不受到时代等客观条件的制约，不能不归结为对一定现实生活的反映。

所以，艺术创作是自觉性与非自觉性的统一，是逻辑性思维与非逻辑性思维的统一。艺术创作是以形象思维为主的兼有多种思维形式的一体化思维活动。

(二)艺术欣赏与艺术创作的关系

艺术欣赏和艺术创作是艺术活动的两个重要方面，两者相互联系、相互渗透。在艺术创作活动中，艺术家以社会生活为对象，通过创作活动主体的能动性创造、感受、反映生活中的美；而在艺术欣赏活动中，欣赏者以艺术品为对象，通过直接和艺术作品发生联系形成美感。例如，中国画中的画竹可谓历史久远。早在唐代就有人专攻画竹，但那时多画青绿之竹，是直接再现竹子的自然色彩。后来画家不满足对自然色彩的再现，墨竹画开始大量出现。在艺术创作过程中，艺术家深入生活把“眼中之竹”升华为“心中之竹”，最后将“心中之竹”表现为“手中之竹”。在艺术欣赏过程中，欣赏者通过对“手中之竹”的欣赏，感悟艺术家在作品中所表现的客观生活和审美追求，再去认识生活。可以说艺术家感受生活创作出艺术作品，欣赏者对艺术家已创作出来的形象(艺术作品)进行再创作就是艺术欣赏活动。

三、艺术欣赏与艺术批评①

(一)艺术批评的概念

艺术批评是艺术活动的一个重要形式，是根据一定的思想立场和美学原则，以艺术理论为指导，

① 四川流：《艺术批评学》，33页，46～47页，南京，东南大学出版社，2012。

运用一定的批评方法，并依据一定的批评标准对艺术现象，特别是艺术作品所做的理论上的鉴别、分析和评判的活动。艺术批评的对象包括对艺术作品、艺术家、艺术运动、艺术思潮和艺术流派等所做的研究、认识和评价。其中，艺术作品是艺术批评的主要对象。

(二)艺术欣赏与艺术批评的关系

艺术欣赏与艺术批评既有各自的特点和独立性，又有密切的联系。艺术欣赏是艺术批评的前提和基础，艺术批评是艺术欣赏的升华。

欣赏是批评的先导和基础，没有经历欣赏阶段，就无法进入批评阶段。艺术欣赏是艺术批评的中介，艺术批评必须以艺术欣赏中的具体感受为出发点。因而优秀的批评家往往具有敏锐的感受力、丰富的想象力和准确的判断力，这些能力能帮助其认识和把握作品的内在意蕴和审美价值。艺术欣赏过程中不能没有对作品的思考，在欣赏之后更要充满对作品的审视和评判。真正科学意义上的艺术批评需要有艺术理论的支持，以一定的形式理性地表达出对作品的评判。

艺术欣赏过程多是感性、直观的过程；而艺术批评则已上升到理性思考和判断，并以概念、理论为中介，将零散的感性印象提炼总结为完整系统的理论见解。艺术批评具有科学性，要求艺术批评家在艺术欣赏的基础上运用一定的哲学、美学、艺术学理论及其他领域的专门知识，对批评客体进行分析与研究，并做出判断。艺术批评的目的不再是单纯地再现欣赏过程中的感受，而是根据一定的欣赏实践，通过一定的理性分析，对艺术作品或艺术现象的审美价值和社会价值做出评价。

四、提高艺术欣赏能力的途径与方法①

获得审美情趣，提高审美品位是人们接触艺术作品、欣赏艺术作品的直接目的。艺术欣赏是一种充满情感体验的审美活动，需要欣赏者有一定的艺术修养。在这个审美活动中，欣赏者要先用自己的情感经验去体会和把握艺术作品中蕴含的情感，然后对作品进行再创造，让情感升华。为更好地把握艺术作品的内涵，欣赏者需要具备一定的欣赏能力和丰富的审美感受。第一，要有把握艺术作品的审美认知能力，具有丰富的生活经验和艺术作品所包含的社会知识、自然知识等；第二，要有阐释艺术作品文化价值的能力；第三，要有对艺术作品的形象、情境或意境进行联想和想象的再创造能力。当欣赏者具备一定的艺术知识、相应的文化品位与修养，就能在艺术欣赏活动中认识艺术作品的审美价值、文化价值，真正参与对作品形象、情境或意境的再创造。例如，一个没有一定音乐史知识和钢琴演奏知识的人，听到一首肖邦的玛祖卡时，可能很难从中听出肖邦对祖国的思念之情。当然艺术修养和能力的提高不是一蹴而就的，它是一个长期积累和不断提高的过程。具体来说，可以从以下几个方面入手。

(一)掌握艺术理论知识

艺术理论知识不仅包括一般艺术理论和艺术史知识，还包括各个门类和体裁的艺术特征、美学特征和艺术语言知识。欣赏者可以多阅读艺术理论和艺术史、美术史、音乐史、舞蹈史等艺术类书籍。比如，欣赏中国画，要了解中国绘画艺术的发展史和艺术家的风格、流派，要了解中国画的技法特点，要运用比较的方法进行欣赏；欣赏书法，要了解各种书体的演变发展史，熟悉书法家的风格流派，要学会采用远观和近观的观赏方式；欣赏音乐，要了解音乐的基本表现要素和曲式结构，了解各种乐器的特征和乐曲题材结构，了解不同的声乐演唱形式，了解综合的音乐艺术。由于各个门类、体裁样式

① 参见于永顺：《艺术美概论》，沈阳，辽海出版社，2006。

的艺术具有不同的审美特征和表现技法，只有掌握了这些基本的知识，才能真正理解作品独特的艺术魅力。

(二)积极参加艺术活动

艺术欣赏能力的提高离不开大量的实践。只有通过参加大量的艺术实践活动进行学习和交流，让理论知识、艺术作品、自身情感相融合并升华，才能不断地提高个人的艺术修养水平。

(三)积累科学文化知识

艺术欣赏需要社会历史、哲学、天文、地理等方面的文化知识去支撑。若欣赏者知识匮乏，他们往往难以全面地了解艺术作品，更无法与创作者产生共鸣。艺术修养是个人文化修养的重要组成部分。只有了解了特定艺术时期的历史，才能了解这一时期的艺术作品。只有掌握了相关的文化知识，才能更好地欣赏艺术作品。如果不了解西方现代哲学的基本知识，就很难欣赏荒诞派戏剧、意识流小说、电影、超现实主义绘画等。可以说，较高的文化修养通常有助于提升艺术欣赏水平。

(四)丰富生活经历

鲁迅说过："但看别人的作品，也很有难处，就是经验不同，即不能心心相印。所以常有极要紧，极精彩处，而读者不能感到，后来自己经验了类似的事，这才了然起来。"[①]艺术创造源于生活，是人类实践的产物；艺术欣赏同样也离不开生活。丰富的生活经验有利于欣赏者去鉴赏艺术作品。如果作品中反映的是欣赏者在生活中从未体验过的直接或间接的经历，那么欣赏者可能较难感受到艺术作品的内容和价值。所以欣赏者生活经验的丰富程度与欣赏作品的深度息息相关。

活动与训练

列举曾经打动自己的一件艺术品(美术作品、音乐作品、舞蹈作品均可)，并大胆表述自己的感受。

① 《鲁迅书信集》上卷，399页，北京，人民文学出版社，1976。

主题二　美术艺术欣赏

主题目标

1. 了解建筑艺术的特征，学会欣赏几种不同风格的建筑艺术作品；了解绘画艺术的表现形式，体会绘画艺术作品的感染力；了解雕塑艺术的特点，学会欣赏几件典型的雕塑艺术作品；了解书法的特点，学习书法艺术作品的欣赏方法。

2. 尝试用课上所学的欣赏方法，评价一座身边的当代建筑；欣赏绘画艺术作品，掌握绘画艺术作品欣赏的技巧，提高欣赏水平和审美能力；掌握欣赏雕塑艺术作品的方法；掌握书法艺术作品的欣赏方法，能独立分析、欣赏书法艺术作品，并能进行简单的书法练习。

3. 形成勤于观察、勤于发现的好习惯，学会从生活中发现美、欣赏美，并在欣赏过程中迸发出创造美的火花；丰富雕塑艺术知识，提高审美能力；通过分析典型的书法艺术作品，获得欣赏书法艺术作品的知识，拓宽视野，提升审美水平。

美术是创造美的重要途径。美术伴随着人类的生活、生产、风俗习惯而产生、发展和传承。美术作品不仅美化了生活环境，还蕴含着人们的心理素养和精神内涵，反映了人们质朴的审美观念。美术欣赏作为美育的主要手段之一，它的主要任务不仅是传授美术知识和进行美术技能的训练，还是通过欣赏培养审美素养，发展良好的心理状态，促进各种潜能的协调发展，体验美好生活，提高生存价值，实现美好的人生。

一、建筑艺术作品欣赏

建筑艺术是一种将实用与审美相结合，以形体、线条、色彩、质感、装饰、空间组合等为语言，构成实体形象的造型性空间艺术。建筑艺术具有文化价值和审美价值，具有象征性和形式美，体现民族性和时代感。歌德认为建筑艺术是“凝固的音乐”。黑格尔认为建筑艺术是象征性艺术的代表。苏联的鲍列夫认为建筑艺术用石头记录人类历史，是人类历史文化的纪念碑。

古罗马建筑师维特鲁威提出了建筑的实用、坚固、美观三条基本原则。直到现在，这仍然是建筑师遵循的基本原则。人类历史上早期的建筑完全是用于防寒御兽、遮风避雨等。随着人类社会生活的发展和生产技术水平的提高以及审美观念的形成和发展，建筑越来越具有审美的性质。

活动与训练

布达拉宫是我国有名的宫殿式建筑，是藏族古建筑艺术的代表作之一。结合有关布达拉宫的文字资料，尝试分析应该如何去欣赏布达拉宫，并大胆说出自己的感受。

二、绘画艺术作品欣赏

建筑艺术作品欣赏

绘画艺术是运用点、线、空间和色彩等艺术语言在平面上创造形象、反映生活和表达感情的艺术。从古今中外绘画艺术发展的成就和影响来看，绘画艺术主要分为以中国传统绘画为代表的东方绘画体系和以欧洲为中心的西方绘画体系。它们具有各自的艺术传统和独特的表现方式。从绘画使用的材料来看，绘画可分为中国画、油画、版画、水彩(粉)画、素描等。从绘画的题材内容来看，绘画可分为人物画、风景画、风俗画、静物画、历史画、军事画、宗教画、动物画等。从绘画的社会作用来看，绘画可分为年画、宣传画、广告画、插画、装饰画等。总之，绘画有多种分类，对于满足人们精神生活的需求具有不可替代的作用。

在欣赏绘画艺术作品时，人们可以考虑的因素有很多，如作品带给人们的第一印象，作品的构图、色彩、线条、创作手法、创作背景以及作者的生平等。

活动与训练

1. 齐白石是我国近现代画家。其画风独具一格，画作《蛙声十里出山泉》是一件不可多得的艺术名作。结合有关文字及图片资料，尝试分析、欣赏此画作，并大胆说出自己的感受。

2. 油画《向日葵》是法国画家凡·高的代表作。他以浓重的笔触把向日葵的黄色画得极其刺眼，画中的每朵花如燃烧的火焰一般。结合有关文字及图片资料分析、欣赏此画作，并尝试分析、感受中西传统绘画艺术的异同。

绘画艺术作品欣赏

三、雕塑艺术作品欣赏

雕塑艺术是一种直接利用物质材料，运用形体、量感、明暗、塑痕、材质、环境等塑造艺术形象、表现审美情感的艺术。雕塑艺术作为视觉性的三维空间造型艺术，具有物质性、技艺性与立体性相统一以及造型与观念相融合的特点。

雕塑的分类方法有很多。从雕塑的制作工艺来看，雕塑可分为雕和塑两大类。从雕塑运用的物质材料来看，雕可分为石雕、木雕、玉雕、牙雕、骨雕等；塑有泥塑、陶塑等。从雕塑的题材来看，雕塑可以分为纪念性雕塑、城市园林雕塑和陈列性雕塑等几类。从雕塑的样式来看，雕塑可分为头像、半身像、全身像、群像等几类。从雕塑的表现手法和造型来看，雕塑可分为圆雕、浮雕和透雕三类。

雕塑常常以人为主要表现对象，即使表现的对象不是人，所揭示的也是人的情感、思想与精神。这是雕塑的灵魂所在。优秀的雕塑艺术作品总能唤起人们丰富的联想，使人们从中获得生命的启示。雕塑艺术可以突破语言、文字、国家及民族的界限，生动形象地记录科学、文化、经济、政治、社会生活等，是全人类共同享受的艺术。欣赏雕塑艺术作品可以从认识作品外部的形态特征开始，分清类别，看形象是否具有美感，与环境是否协调；进而分析作品的思想内容、创作者的艺术技巧；最后体察作品的内蕴和创意。如果一件雕塑艺术作品能使人们在感官上和精神上都得到满足，那么它就可能是一件具有艺术价值的作品。

活动与训练

古代希腊雕塑家米隆的代表作《掷铁饼者》是现存流传较广的艺术杰作之一。结合文字及图片资料，分析、欣赏此作品，大胆地表述自己的感受。

雕塑艺术作品欣赏

四、书法艺术作品欣赏

中国书法是一门古老的汉字书写艺术，与中国传统绘画、篆刻艺术关系密切。中国书法从甲骨文、石鼓文、金文(钟鼎文)演变为大篆、小篆、隶书，至定型于草书、楷书、行书等。中国书法是一种很独特的视觉艺术，汉字是中国书法中的重要因素。这是因为中国书法是在中国文化里产生、发展起来的，汉字是中国文化的基本要素之一。以汉字为依托，是中国书法区别于其他种类书法的主要标志。

书法艺术是指用毛笔书写汉字的方法和规律，具体包括执笔、运笔、点画、结构、布局等内容。书法有篆书、隶书、楷书、行书、草书等书写形式。在欣赏书法时，一是要认识书法用笔之法，二是了解结构之法，三是了解布局之法，四是理解书法形象的特点。

书法艺术作品欣赏

活动与训练

“瘦金体”是宋徽宗赵佶所创的一种字体，是书法史上极具个性的一种书体。瘦金体与晋楷、唐楷等传统书体区别较大，故可称作书法史上的一个独创，代表作有《楷书千字文》《秾芳诗》等。结合历史分析欣赏宋徽宗的书法艺术作品，并大胆地表述自己的感受。

主题三　音乐艺术欣赏

主题目标

1. 了解中国器乐的音乐风格，学会欣赏中国器乐作品；了解中国声乐的艺术特征，学会欣赏中国声乐作品；了解外国乐器的种类和艺术特征，学会欣赏外国器乐作品；了解外国声乐的艺术特色，学会欣赏外国声乐作品。

2. 掌握欣赏中国器乐作品的方法，可以多角度、客观地评价和欣赏不同类别的器乐作品；掌握欣赏声乐作品的技巧，能够欣赏不同形式的声乐作品，从而更好地运用歌唱的原理和科学的发声知识进行歌唱；能对音乐作品进行全面的领略，从而获得完美的艺术享受；能学会欣赏不同国家、不同风格的声乐作品。

3. 体会中国器乐的独特之美，并大胆地表述自己的感受；通过曲目的欣赏，获得美的愉悦，并大胆地表达内心的感受；能从感官的欣赏达到感情的欣赏，最后上升到理智的欣赏；通过声乐作品的欣赏和学习，激发参与艺术实践的积极性，树立多元文化意识，提高审美情趣。

音乐是人类生活的精神食粮。人类有丰富的情感需要充分表达，这就需要借助音乐。音乐能调节人的思想感情，锤炼人的道德情操，使人的身体舒缓、心态平和，甚至大大拓展思维的创造空间。

一、中国器乐作品欣赏

中国器乐的产生和发展有着悠久的历史，素以丰富、独具特色而闻名于世。在长期的历史进程中，先民发明创造了丰富的乐器，创作出大量的优秀乐曲。这些宝贵的器乐财富和其他音乐形式一样，伴随着人民的生活，真实地反映着人民的思想感情和审美情趣，在过去、现在乃至将来都是人民精神生活中不可或缺的重要组成部分。

活动与训练

小提琴协奏曲《梁山伯与祝英台》由陈钢和何占豪于1959年创作完成并首演。倾听该音乐并感受其艺术魅力，尝试说出自己的感受。

中国器乐
作品欣赏

二、中国声乐作品欣赏

声乐是音乐艺术的重要形式。人们依凭声带与横膈膜的振动以及气息，可以自唱自娱，既是歌者，又是鉴赏者。所以，声乐活动是音乐艺术中较为普遍的活动。声乐中有美声唱法、民族唱法、通俗唱法等。声乐的演唱形式有独唱、对唱、重唱、合唱等。声乐作品是指由人声演唱的歌曲。声乐作品的体裁有多种，其中艺术歌曲在声乐领域中占有极其重要的地位。

人们一般应从两方面去欣赏声乐作品。一是歌曲的美感，如旋律的起伏发展，线条的优美，节奏的铿锵或舒缓，伴奏的配合是否适当等。二是演唱者的表演，如是否很准确地把握了作品的精髓；音准、节奏、表情等因素是否掌握得恰当，尤其是嗓音是否嘹亮；气息是否自如并给予歌曲有力的支持。

活动与训练

中国声乐
作品欣赏

《黄河大合唱》是冼星海最重要的、影响力最大的一部大型合唱代表作。它作于 1939 年 3 月，由诗人光未然作词。欣赏此作品，并大胆地说出自己的感受。

三、外国器乐作品欣赏[①]

从遥远的旧石器时代到现代社会，随着人类文明的进步，乐器逐渐受到重视和发展。古代底格里斯河和幼发拉底河流域的美索不达米亚居民曾创造了灿烂的古代文化。希伯来人的音乐文化可追溯到公元前 2000 年左右，他们在寺庙的仪式上和犹太教堂里广泛使用羊角号。13 世纪，乐器被广泛使用，独立的器乐语言逐渐获得发展。器乐被用于独立表演，曲目是在风格上与声乐的世俗音乐相似的单旋律舞曲。

16 世纪，器乐发展得很快，并在演奏技巧方面有了独特的发展，如加强节奏、快速反复一些音和音型、出现较大起伏的旋律线和较远音程的跳进，以及旋律中频繁使用装饰音等。这一时期的器乐曲作为一种独立的音乐形式在欧洲出现。歌剧的兴起、器乐演奏形式的发展、大型乐曲的创作为日后管弦乐队的发展奠定了基础。

据统计，世界古代、近代乐器共计数万种。目前，世界通用乐器的数量并不是很多，但它们都是经过历史的发展留下的精华。这些乐器制作精良、结构合理。

活动与训练

外国器乐
作品欣赏

大提琴独奏曲《天鹅》是法国作曲家圣-桑创作的组曲《动物狂欢节》中的乐曲之一。倾听该音乐，并大胆地说出自己的感受。

四、外国声乐作品欣赏

活动与训练

外国声乐
作品欣赏

《莫斯科郊外的晚上》又称为《莫斯科之夜》，是具有国际影响力的苏联歌曲之一。1957 年，该歌曲在第 6 届世界青年联欢节上夺得了金奖。欣赏该歌曲，并大胆地说出自己的感受。

---

① 李娟：《音乐欣赏》，122～133 页，北京，首都师范大学出版社，2010。

主题四　舞蹈艺术欣赏

主题目标

1. 了解舞蹈的概念和特征，掌握简单的舞蹈知识及相关术语。

2. 了解不同风格的舞蹈艺术作品，学习分析舞蹈艺术作品的方法，掌握赏析舞蹈的基本技巧。

3. 熟悉部分舞蹈艺术作品的创意和表现形式并积累作品量，提升自身的气质，增强艺术欣赏能力。

舞蹈艺术欣赏是人们观赏舞蹈演出时所产生的精神活动，是对舞蹈艺术作品感受、体验和理解的整个过程。人们在欣赏舞蹈艺术作品的过程中往往会联系自己的生活经历，引起情感上的共鸣，调动记忆中有关的印象、经验以及一系列的想象、联想等形象思维，来丰富和补充舞蹈艺术作品中的舞蹈形象，使其更加完整、生动和鲜明。这样人们就能在观赏舞蹈艺术作品的过程中体会到更加宽广的生活内容和深刻的思想含义。

一、舞蹈艺术语言[①]

(一)什么是舞蹈

舞蹈是动态的人体形象流动于一定空间与时间内的舞台艺术。它的美蕴藏在一系列的动作、韵律、表情、音乐、舞美、服装的整体效果中。舞蹈不同于其他人体动作主要表现在三个方面。首先，它以舞蹈动作为主要艺术表现手段，着重表现语言文字或其他艺术表现手段所难以表现的人们内在深层的精神世界——细腻的情感、深刻的思想、鲜明的性格和人与自然、人与社会、人与人之间以及人自身思想的矛盾冲突。其次，它用动作创造出的是可被人感知的生动的舞蹈形象，反映的是舞蹈创作者的审美情感、审美理想，是对生活的审美特性的表达。最后，舞蹈中人体动作不停顿地流动变化的特点，使它必须在空间和时间内存在。

(二)舞蹈艺术的基本特征

1. 动作与姿态

舞蹈皆由动作组成。当动作被组织到某种节奏的连续运动中并表现出某种情绪、情调时，方可被称为舞蹈。一个舞步、一个身段、一个动作，能够表达出任何其他手段所不能表达的东西。内心的感情越强烈，就越难以用语言来表达。

2. 节奏与韵律

节奏是作为表现艺术的舞蹈的一大特征。在日常生活中，人的动作实际上都在节奏的支配之中。

---

① 桂迎、赵丹丹：《舞蹈欣赏与创作》，3～25页，杭州，浙江大学出版社，2006。

节奏对于表现舞蹈的意境与人物的情绪有着相当重要的作用。

节奏是表达人的感情力度的基础，各国各民族不同风格的舞蹈中充满变化丰富的节奏。中国古典舞、抒情舞蹈的总体节奏风格徐缓而优美，表现了和谐而美好的意境。现代劲舞在表现方式上有所不同，或节奏强烈，或动作节奏与音乐节奏相悖；表现舞蹈意蕴中的意识，表现强烈情绪，或表现当代人、当代城市的心理节奏。

3. 抒情与表现

人们常常是在用文学、歌唱、口语都不足以表述真情实感时才手舞足蹈，倾泻心中之情。可见，舞蹈艺术是抒发人物思想感情的艺术形式之一。

意境是抒情借用的艺术效果，能表现出作品要表达的深刻内涵。舞蹈中常见虚实结合、形神兼备的艺术效果，包含主观意念与客观景象两方面，要求两者相谐相融，以达到完美的境地。舞蹈的意境包含了整部舞蹈的艺术构思、情景描绘，也包含了由这种独特构思而引起的美感效果。意境的创造离不开情与景，情景交融才是基础。对于舞蹈来说，它是借外观形象而体现意境来达到抒情和表现的目的的。

舞蹈艺术欣赏活动包括欣赏主体（作为欣赏舞蹈艺术作品的人）、欣赏客体（被欣赏的舞蹈艺术作品）和欣赏中介三个方面。欣赏主体与欣赏客体通过舞蹈审美实践相互作用，从而形成舞蹈艺术欣赏活动。在欣赏过程中，舞蹈艺术作品积极影响着欣赏主体，唤起欣赏主体的情感活动；欣赏主体根据自己的艺术修养和生活经验，并尽可能地发挥主观能动性，努力领会和揭示舞蹈艺术作品的形式美与思想意蕴，并通过想象和联想去丰富和补充舞蹈艺术作品的形象，使其更完整、生动和鲜明，从而使欣赏成为一种创造性的活动。

二、舞蹈艺术作品欣赏

舞蹈艺术作品欣赏

活动与训练

《千手观音》是残疾人艺术团表演的大型原创音画舞剧，被评为中国国宝级人类文化遗产。《千手观音》由舞蹈编导家张继刚创作，由 21 个平均年龄约为 21 岁的听障演员表演。欣赏该舞蹈，并大胆地说出自己的感受。

第九单元
信息处理能力

通过本单元的学习，师范生可以了解、掌握与信息技术相关的基础知识，具备应用信息技术的基本能力，为今后的学习、生活和工作打下坚实的基础。

本单元的内容主要包括：计算机基础知识、文字处理软件 Word、电子表格软件 Excel 和演示文稿软件 PowerPoint。本单元着重介绍计算机的基本概念、基本原理和基本应用，主要考查计算机基础知识和办公软件的简单操作。

在 Word、Excel 和 Power Point 的练习中使用的素材为爱国主义的题材，一定程度上能增强师范生思想政治教育的针对性和实效性。

微课视频

主题一　计算机基础知识

主题目标

1. 了解计算机病毒的特点和预防，掌握 Windows 11 系统的操作方法。
2. 掌握计算机系统的组成部分。
3. 培养良好的科学素养，能较系统深入地掌握计算机的基础知识。

一、计算机的发展

计算机是 20 世纪人类社会伟大的发明之一。1946 年，美国宾夕法尼亚大学研制出世界上第一台电子计算机 Eniac(中文名为埃尼阿克)。这台电子计算机的诞生标志着人类社会进入计算机时代。

从第一台电子计算机诞生，计算机的硬件和软件技术都取得了较大的发展。一般认为，按照所采用的主要电子元器件，可把计算机的发展阶段划分为 4 个，如表 9-1 所示。

表 9-1　计算机的发展阶段

发展阶段	电子元器件	软件	应用领域
第一代(1946—1958 年)	电子管	机器语言、汇编语言	科学计算
第二代(1959—1964 年)	晶体管	高级语言、批处理系统等	数据处理、过程控制
第三代(1965—1970 年)	中、小规模集成电路	操作系统、会话式语言	企业管理、自动控制、辅助设计和辅助制造
第四代(1971 年至今)	大规模和越大规模集成电路	数据库管理系统、网络操作系统等	办公自动化、音视频处理、人工智能、社会的各个领域

当前广泛应用的计算机属于第四代电子计算机。超大规模集成电路的广泛应用是第四代电子计算机的主要特征。

计算机正朝着巨型化、微型化、网络化、智能化和多功能化方向发展。

二、计算机系统的组成部分

(一)硬件系统

计算机的硬件系统通常由运算器、控制器、存储器、输入设备和输出设备组成。这五大部分具有相对独立的功能，分别完成不同的工作。

运算器负责对信息进行加工和运算，它的速度决定了计算机的运算速度。参加运算的数(称为操作数)由控制器指示从存储器或寄存器中取出到运算器。

控制器是整个计算机系统的控制中心，指挥计算机各部分协调工作，保证计算机按照预先规定的目标和步骤有条不紊地进行操作及处理。

运算器和控制器通常合称为中央处理器。中央处理器是计算机的核心部件，是计算机的大脑。

存储器是具有记忆功能的设备，利用两种稳定状态的物理器件来存储信息。存储器分为内存储器和外存储器，简称内存和外存。与外存相比，内存的存储容量较小，但内存的存储速度较快。

输入设备的主要功能是把计算机程序和数据输入计算机，供中央处理器调用和处理。常用的输入设备有鼠标、键盘、扫描仪、摄像头、数码相机等。

输出设备的主要功能是将计算机的数据和程序从计算机输出。

(二)软件系统

软件系统是指在计算机上运行的各种程序及相应的各种文档资料。软件系统通常分为系统软件和应用软件两大类。

系统软件是管理、监控和维护计算机资源以及开发应用软件的软件。系统软件居于计算机系统中最靠近硬件的一层，主要包括操作系统、语言处理程序、数据库管理系统、支撑服务软件等。

应用软件是为解决计算机各类应用问题而编写的软件，如办公软件 Microsoft Office、QQ、UC 等。

三、计算机病毒

计算机病毒是指编制或者在计算机程序中插入的破坏计算机功能或者毁坏数据，影响计算机使用，并能自我复制的一组计算机指令或者程序代码。

(一)计算机病毒的特点

计算机病毒的特点为：①可执行性；②破坏性；③传染性；④潜伏性；⑤针对性；⑥衍生性；⑦抗反病毒软件性。

(二)计算机病毒的预防

计算机病毒的传播是通过一定途径来实现的。为此必须重视制定法规，加强职业道德教育。另外还应采取一些有效方法来预防和抑制病毒的传播。

①谨慎使用公用软件或硬件。

②任何新的软件或硬件在使用前必须先检查。

③定期检测计算机的磁盘和文件并及时消除病毒。

④要定期对系统中的数据和文件进行备份。

⑤要对所有系统盘和文件等关键数据进行写保护。

四、Windows 中文操作系统

下文以 Windows 11 系统为例来介绍。Windows 11 系统是微软公司推出的个人计算机操作系统。它由于在系统性能及可靠性等方面都较以往版本有了明显的提高，因此得以广泛运用。

(一)Windows 系统的启动

启动 Windows 11 系统就是常说的开机。连接好计算机电源，按下主机箱的电源开关，系统即进入

启动状态。系统首先对电脑设备进行自检。在完成自检后，如果用户没有设置密码，则可直接进入 Windows 11 系统的桌面；如果用户设置了登录密码，则进入登录界面，并要求输入密码，输入正确密码后就能进入 Windows 11 系统的桌面。当看到 Windows 11 的桌面时，则表明电脑启动成功了。

（二）Windows 系统的退出

退出 Windows 11 系统，就是常说的关机。Windows 11 系统为用户提供了多种关机的方案，有关机、切换用户、注销、重新启动和睡眠等。用户可按具体情况选择使用。

①关机有两种情况。正常关机就是以正确的方法结束 Windows 11 系统的运行，并关闭计算机。在关机之前，用户应及时保存有关文件。

单击“开始”按钮，从中单击“关机”按钮，待 Windows 11 系统退出后关闭计算机的电源。

强制关机：在电脑运行过程中，某种意外原因（如软件出错等）可能导致系统停止运行，即发生了所谓的“死机”现象。在这种情况下，如果无法正常关机，则可采用强行关机。

按住主机箱上的电源开关，并持续几秒钟即可实现强制关机。在能够正常关机的情况下，应当避免采用强制关机。

②切换用户：选择“切换用户”命令，可选择其他用户的账户登录系统。这时并不影响已登录用户的账户设置和程序运行。

③注销：选择“注销”命令后，系统退出已登录的账户，关闭所有应用程序，切换到用户登录界面。

④重新启动：选择“重新启动”命令后，系统将关闭正在运行的所有应用程序，保存当前设置并退出，再重新启动。

⑤睡眠：选择“睡眠”命令后，计算机进入一种节能的“睡眠”状态。这时计算机内存仍保持供电，其他部件暂停工作。如要恢复运行，一般可以按下计算机上的电源按钮键盘上的任意键或单击鼠标，使系统恢复到此前的运行状态。

（三）Windows 系统的窗口

各种程序窗口在内在特征和外在风格上都具有高度的一致性。因此，掌握窗口的操作技能对于学习使用计算机具有重要意义。

窗口通常由标题栏、地址栏、菜单栏、工具栏、导航窗格、工作区域、细节窗格和预览窗格等部分组成。

①标题栏：它位于窗口的顶部，其上显示窗口的名称（文件夹或程序名称），设有控制菜单按钮和“最小化”“最大化/还原”及“关闭”3 个按钮。

②地址栏：它位于标题栏的下面，一般设有“前进到”“返回到”按钮以及正在访问的位置和刷新按钮。地址栏采用了层级路径，单击地址栏的某个路径按钮就可实现对相应目录的访问。

我们还可在右侧的搜索框中输入要查找的关键词，以实现对程序或文件、文件夹的快速筛选和查找。

③菜单栏：它位于标题栏或地址栏的下面，一般包括多个菜单。单击某个菜单按钮后会展开一个下拉菜单列表，这个下拉菜单列表一般会展开一些命令或命令组。

④工具栏：它一般设有若干个或若干组命令按钮。使用这些命令按钮可以使相关操作更为方便、快捷。

⑤导航窗格：它一般提供了收藏夹、库、家庭组、计算机、网络等链接按钮。单击某个链接按钮后即可快速跳转到相应的目标文件夹。

⑥工作区域：它位于窗口的中部，在顶部显示列标题。使用列标题可以调整文件列表的排序方式。当文件数较多而不能全部显示时，可以拖动工作区域的右侧及下方的滚动条，查看窗口中的文件信息。

⑦细节窗格：它用于显示选定文件或文件夹的属性，如文件(或文件夹)名、作者、修改日期等描述文件(或文件夹)的信息。

⑧预览窗格：使用预览窗格可以查看某些文件的内容。例如，当选定某些文档或图片时，在预览窗格中即可查看到它们的内容。一般可以通过工具栏上的“显示预览窗格”按钮或“隐藏预览窗格”按钮来显示或隐藏预览窗格。

窗口的基本操作包括打开与关闭窗口、调整窗口的大小、移动窗口和切换活动窗口等。

五、Windows 系统的上机操作

(一)认识开始菜单

在 Windows 11 中，开始菜单采用居中、简化的静态图标布局，用户可通过单击任务栏的 Windows 徽标或按下 Win 键打开“开始”菜单。Windows 11 系统的开始菜单有如下几个方面功能。

1. 所有程序

打开开始菜单后，菜单顶部为“已固定”区域，显示用户固定的常用应用；点击右上角的“全部”按钮，即可按字母顺序浏览所有已安装程序。右键单击应用图标，可选择“固定到开始屏幕”或“从开始屏幕取消固定”。如果需要进一步创建桌面快捷方式，可选择“更多→打开文件位置”，随后在资源管理器内对目标可执行文件右键单击，选择“创建快捷方式”即可。

2. 搜索框

搜索框已与开始菜单深度融合，默认位于菜单顶部；也可按 Win＋S 或 Win＋Q，或单击任务栏上的放大镜图标打开搜索框。输入关键词，结果按“应用、文档、网页、设置、照片”分类显示，并支持拼音与模糊匹配。

3. 关机与锁定

Windows 11 系统提供了“锁定”“睡眠”“关机”和“重启”按钮。单击“锁定”按钮，可使当前用户桌面安全锁定。单击“睡眠”按钮，快速使计算机进入节能模式，只需要几秒钟便可使计算机恢复到用户离开时的状态。单击“关机”按钮，将结束所有程序并安全关闭计算机电源，适合长时间不使用计算机或需要完全断电的场景。单击“重启”按钮，将完全重新加载操作系统，有助于解决系统临时性问题或应用更新后生效。

(二)基本操作

1. 打开窗口

在 Windows 11 系统中，运行任何一个程序，都将打开一个程序窗口。

方法：双击桌面上的快捷方式图标；右击图标，从弹出的快捷菜单中单击“打开”命令；单击任务栏上的程序图标。

2. 关闭窗口

方法：单击标题栏右侧的关闭按钮。

3. 调整窗口的大小

调整窗口的大小包括最小化、最大化或还原、调整边框等几种操作方法。

方法：①在标题栏的右上角，单击“最小化”可将窗口最小化至任务栏；单击“最大化/还原”可使窗

口最大化或还原。

②可以通过鼠标拖拽的方法来改变窗口的高度和宽度。

③把鼠标移动到窗口的右边框或左边框(下边框或上边框)，当指针变成双向箭头时，拖动鼠标即可改变窗口的大小。

把鼠标移到窗口的一个角上，当指针变为斜向双箭头时，拖动鼠标即可缩小或扩大窗口。

4. 移动窗口

把鼠标指向窗口的标题栏，按住鼠标左键并拖动到合适位置后释放。

5. 排列窗口

对于在桌面上打开的多个窗口，可以按不同的方式来排列。

在任务栏的空白处右击，所弹出的快捷菜单中提供了“层叠窗口”“堆叠显示窗口”“并排显示窗口”3条命令。可以按实际需要从中选择一个命令来排列桌面上的窗口。

6. 切换当前窗口

在多个窗口之间切换当前的窗口，可以用以下方法来实现。

方法：通过任务栏按钮，用户可以快速切换当前的窗口。任务栏上的一个按钮代表一个打开的程序、文件或文件夹。每打开一个窗口，任务栏上就会出现一个任务栏按钮。在任务栏上，单击要切换的任务栏按钮，即可切换当前的窗口。

活动与训练

主题：Windows 11 系统的基本操作。

活动目标：掌握 Windows 11 系统的启动和关闭方法及窗口的基本组成部分和基本操作方法。

建设时间：40 分钟。

知识准备：计算机主要硬件的组成。

活动步骤：

步骤 1：Windows 11 系统的启动与关闭。

步骤 2：了解 Windows 11 系统桌面的基本组成部分。

步骤 3：桌面的简单调整。

步骤 4：窗口的基本组成部分和基本操作。

步骤 5：了解实验所用计算机的主要硬件的基本信息。

主题二　文字处理软件 Word

主题目标

1. 掌握文档的排版技巧和表格的制作方法。
2. 熟练掌握 Word 文档的基本操作方法和应用技巧。
3. 在实践中感受成功的体验，培养良好的学习习惯。

本主题以 Word 2010 为例进行介绍。

一、Word 概述

(一)了解 Word

Word 2010 是 Office 2010 软件包中的文字处理软件，也是计算机办公应用软件中使用较普及的软件之一。Word 2010 提供了强大的文字处理功能，可用于创建专业水准的文档，让用户轻松地与他人协同工作并在任何地点访问自己的文件。

(二)Word 的主要功能

作为一款文字处理软件，Word 2010 继承了以前版本的基本功能，如文字编辑和格式化、多媒体混排、表格制作、拼写和语法检查、模板与向导、帮助、网络、打印等，并做了很多的改进。其操作界面更加清晰、友好，同时还新增了许多功能。

1. 搜索和导航

用户在导航窗格的搜索框中输入要查找的关键词后，会发现以前的版本只能定位搜索的结果。而 Word 2010 可以列出整篇文档中所有包含该关键词的位置，快速定位于高亮显示的与搜索条件相匹配的关键词。

2. 屏幕截图

以往在 Word 文档中插入屏幕截图时，需要安装专门的截图软件。而 Word 2010 则内置了屏幕截图功能，随时可以将截图插入 Word 文档。

3. 图片处理

插入图片以后，利用 Word 2010 新增的图片编辑工具，无须启动其他图片编辑软件，就可以对图片进行裁剪、添加特效或简单的抠图操作；也可以轻松地将简单文档转化为艺术作品。

4. 与他人同步工作

Word 2010 重新定义了共同处理某一个文档的方式。多个用户可以利用共同创作功能共同编辑同一个文档。对于企业和组织来说，与他人同步工作的功能可以使用户查看共同编写文档的某个人是否空闲，并在不离开 Word 文档的情况下轻松会话。

5. 几乎可以在任何地点访问和共享文档

联机发布文档，然后通过用户的计算机或智能手机可以在任何地方访问、查看和编辑这些文档。通过 Word 2010 Web 应用程序，用户可以在多个地点和多种设备上获得一流的编辑文档体验。当在办公室、家里之外通过 Web 浏览器编辑文档时，用户已经习惯的高质量查看体验不会被削弱。

6. 利用增强的用户体验完成更多的工作

Word 2010 简化了用户使用功能。新增的 Microsoft Office Backstage 视图替换了传统菜单。用户可以利用改进的功能区快速访问常用命令，更加符合工作习惯的需要。

二、认识 Word 的工作界面①

Word 文档窗口由标题栏、功能区、工作区、状态栏、文档视图工具栏、显示比例控制栏、标尺、滚动条等部分组成。在 Word 2010 文档窗口的工作区中，用户可以对创建或打开的文档进行各种编辑、排版操作。

(一)标题栏

标题栏位于 Word 2010 文档窗口的最上方，设有控制菜单图标、快速访问工具栏、窗口控制按钮等。

①控制菜单图标：单击该图标，将会弹出一个窗口控制菜单。通过该菜单，用户可对窗口执行还原、最小化和关闭等操作。

②快速访问工具栏：用于显示常用的工具按钮。默认显示的按钮有“保存”“撤销”和“恢复”。用户单击这些按钮可执行相应的操作，也可以自己定制快速访问工具栏。

③窗口控制按钮：设有“最小化”“最大化”“向下还原”和“关闭”按钮，单击它们可执行相应的窗口操作。

(二)功能区

在 Word 2010 文档功能区中，当单击这些功能图标时，将会切换到与之相对应的功能区面板。根据功能的不同，每个功能区分为若干个命令组。这些功能区及其命令组涵盖了 Word 的各种功能。

用户可以根据需要，通过执行“文件”—“选项”—“自定义功能区”命令来定义自己的功能区。

Word 2010 文档默认含有 8 个功能区，分别是“开始”“插入”“页面布局”“引用”“邮件”“审阅”“视图”和“加载项”。

1.“开始”功能区

“开始”功能区包括剪贴板、字体、段落、样式和编辑等几个命令组，包含了有关文字编辑和排版格式设置的各种功能。

2.“插入”功能区

“插入”功能区包括页、表格、插图、链接、页眉和页脚、文本、符号等几个命令组，主要用于在文档中插入各种元素。

3.“页面布局”功能区

“页面布局”功能区包括主题、页面设置、稿纸、页面背景、段落、排列等几个命令组，用于帮助

---

① 参见游鑫、唐倩：《计算机应用基础模块化教程》，长沙，湖南人民出版社，2013。

用户设置文档页面样式。

4.“引用”功能区

“引用”功能区包括目录、脚注、引文与书目、题注、索引和引文目录等几个命令组，用于实现文档中插入目录、引文、题注等索引功能。

5.“邮件”功能区

“邮件”功能区包括创建、开始邮件合并、编写和插入域、预览结果和完成等几个命令组。该功能区的作用比较专一，专门用于在文档中进行邮件合并方面的操作。

6.“审阅”功能区

“审阅”功能区包括校对、语言、中文简繁转换、批注、修订、更改、比较和保护等几个命令组，主要用于对文档进行审阅、校对和修订等操作，适用于多人协作处理大文档。

7.“视图”功能区

“视图”功能区包括文档视图、显示、显示比例、窗口、宏等几个命令组，主要用于帮助用户设置Word操作窗口的查看方式、操作对象的显示比例等，以便用户获得较好的视觉效果。

8.“加载项”功能区

“加载项”功能区包括“菜单命令”一个组，用于为Word配置附加属性，如自定义的工具栏或其他命令等。

(三)工作区

工作区是水平标尺以下和状态栏以上的一个屏幕显示区域。在Word 2010文档窗口的工作区中，用户可以打开一个文档，并对它进行文本键入、编辑或排版等操作；还可以打开多个文档。每个文档有一个独立窗口，并在Windows任务栏中有一对应的文档按钮。

一般情况下，Word 2010文档窗口上显示标题栏、功能区、状态栏、文档视图工具栏、显示比例控制栏、标尺、滚动条等。显然这样会缩小窗口工作区的范围。用户可以通过最小化或展开功能区的操作来扩大或缩小工作区的范围，即单击功能区右上角的“功能区最小化/展开功能区”按钮，可实现功能区最小化或展开功能区。

(四)状态栏

状态栏位于Word 2010文档窗口的底端左侧。它用来显示当前的某些状态，如当前页面数、字数等。状态栏上有用来发现校对错误的图标及对应校对的语言图标，还有用于将键入的文字插入插入点处的插入图标。

(五)文档视图工具栏

Word 2010提供了多种视图模式供用户选择。这些视图模式包括页面视图、阅读版式视图、Web版式视图、大纲视图和草稿视图五种视图模式。用户可以在“视图”功能区中选择需要的文档视图模式，也可以在Word 2010文档窗口的右下方单击“视图”按钮选择视图。

1. 页面视图

页面视图可以显示Word 2010文档的打印结果外观，主要包括页眉、页脚、图形对象、分栏设置、页面边距等元素，是最接近打印结果的页面视图。

2. 阅读版式视图

阅读版式视图以图书的分栏样式显示Word 2010文档，将“文件”按钮、功能区等窗口元素隐藏起来。在阅读版式视图中，用户可以单击“工具”按钮选择各种阅读工具。

3. Web 版式视图

Web 版式视图以网页的形式显示 Word 2010 文档。Web 版式视图用于发送电子邮件和创建网页。

4. 大纲视图

大纲视图主要用于设置 Word 2010 文档和显示标题的层级结构，便于用户折叠和展开各种层级的文档。大纲视图广泛用于 Word 2010 文档的快速浏览和设置。

5. 草稿视图

草稿视图取消了页面边距、分栏、页眉页脚和图片等元素，仅显示标题和正文，是最节省计算机系统硬件资源的视图方式。当然现在计算机系统的硬件配置都比较高，基本上不存在由于硬件配置偏低而使 Word 2010 运行遇到障碍的问题。

(六)显示比例控制栏

显示比例控制栏由“缩放级别”按钮和“缩放滑块”组成，用于更改正在编辑文档的显示比例。

(七)标尺

标尺有水平标尺和垂直标尺两种。草稿视图下只能显示水平标尺。只有页面视图下才能显示水平标尺和垂直标尺。

标尺除了显示文字所在的实际位置、页边距的尺寸外，还可以用来设置制表位、段落、页边距的左右缩进和首行缩进等。

显示或隐藏标尺的方法为：执行“视图”—“标尺”命令可显示或隐藏标尺。

(八)滚动条

滚动条分水平滚动条和垂直滚动条。使用滚动条中的滑块或按钮可滚动工作区的文档内容。

三、Word 的上机操作

下文以 Word 2010 为例来介绍。

(一)Word 的基本操作

1. 新建文档

(1)新建空白文档

首先打开 Word 2010，依次单击“文件”—“新建”—“空白文档”—“创建”按钮，就可以成功创建一个空白文档。

(2)使用模板新建文档

Word 2010 内置了多种用途的模板(如书信模板、公文模板等)。用户可以根据实际需要选择特定的模板新建 Word 文档，操作步骤如下所述。

①打开 Word 2010，依次单击“文件”—“新建”按钮。

②打开“新建文档”对话框，在右窗格“可用模板”列表中选择合适的模板，并单击“创建”按钮。同时用户也可以在“Office. com 模板”区域选择合适的模板，并单击“下载”按钮。

2. 输入文档内容

(1)输入文本

方法：在功能区依次单击“插入”—“形状”—“文本框”，插入文本框，将光标定位在文本框内即可输入文字。

①打开 Word 2010，依次单击“文件”—“选项”按钮。

②在打开的"Word 选项"对话框中切换到"高级"选项卡，在"编辑选项"区域选中"启用'即点即输'"复选框，并单击"确定"按钮，如图 9-1 所示。

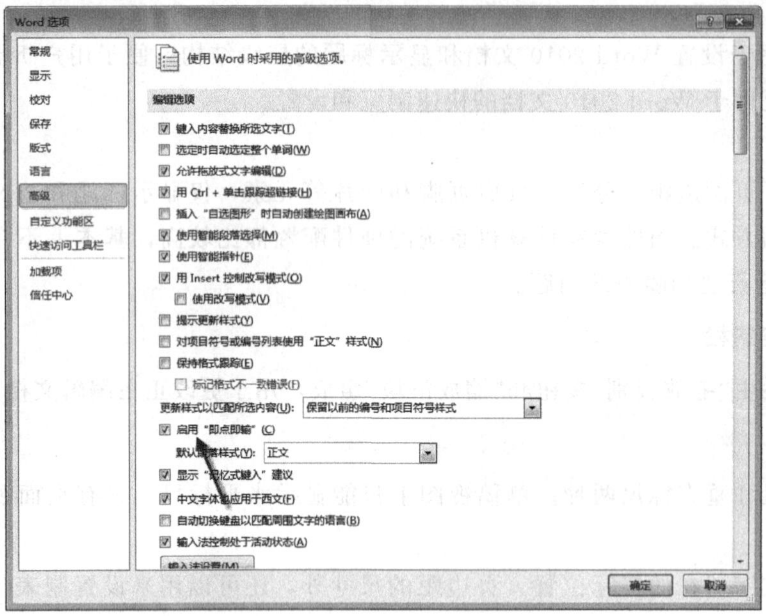

图 9-1 "Word 选项"对话框

返回 Word 2010 文档窗口，在页面内的任意位置双击，即可将插入点光标移动到当前位置。

(2)输入带圈字符

在日常使用 Word 2010 的时候，用户经常会给一些比较重要的字加上各种各样的标记。操作步骤如下所述。

①打开 Word 2010，在"开始"功能栏中选择字体组中"带圈字符"功能按钮。

②在弹出的"带圈字符"对话框中选择要加圈的文字、样式及其圈号，按"确定"按钮，如图 9-2 所示。

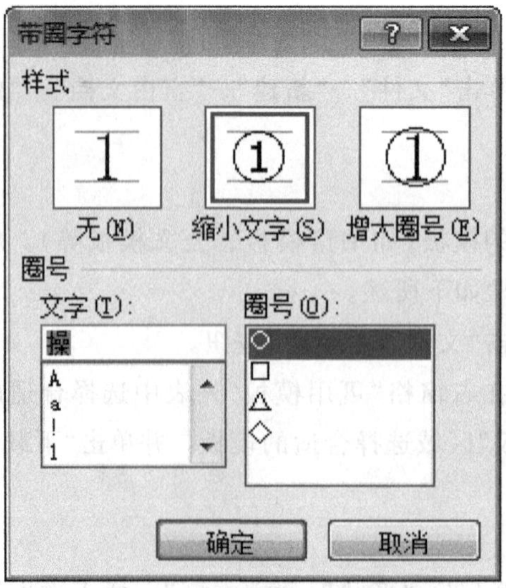

图 9-2 "带圈字符"对话框

(3)输入特殊符号

在 Word 2010 文档中，将鼠标放到需要插入圆点处单击，然后打开“插入”标签，在符号栏中单击“符号”按钮，列出一些常用符号，按需要单击选中即可。如果这里没有需要的圆点，可以单击菜单底部的“其他符号”链接。

弹出“符号”对话框后，在“子集”下拉菜单中选择一个合适的符号种类。这里，我们选择“广义标点”来举例。选中圆点图标后，单击“插入”按钮，如图 9-3 所示。

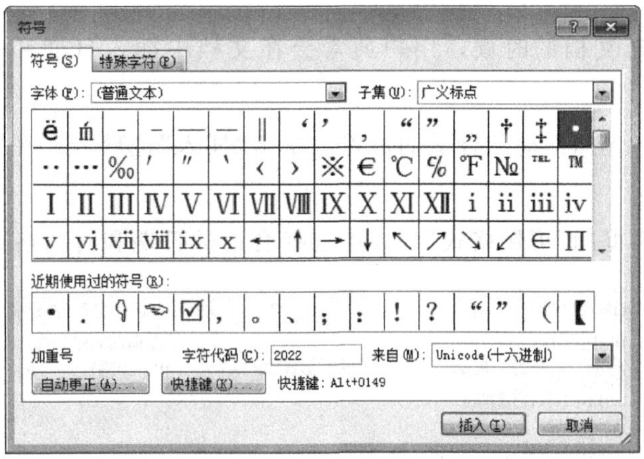

图 9-3　“符号”对话框

对话框通常有两种：模态对话框和非模态对话框。模态对话框是指那些必须关闭才能进行其他活动的窗口，而非模态对话框允许在对话框仍然打开的状态下继续进行其他的操作。

这里的“符号”窗口为模态对话框。也就是说，用户需要关闭对话框才能继续编辑文档。

(4)插入公式

数学、物理等学科中往往会利用各种公式符号，在 Word 2010 中如何打出这些符号呢？在 Word 2010 文档的公式功能中，用户可以很轻松地完成各种公式的插入。

例如，我们需要插入一个二次公式和创建一个自定义公式。操作步骤如下所述。

①依次单击“插入”—“公式”按钮。下拉列表中列出了各种常用公式，单击“二次公式”即可加入 Word 文档，如图 9-4 所示。

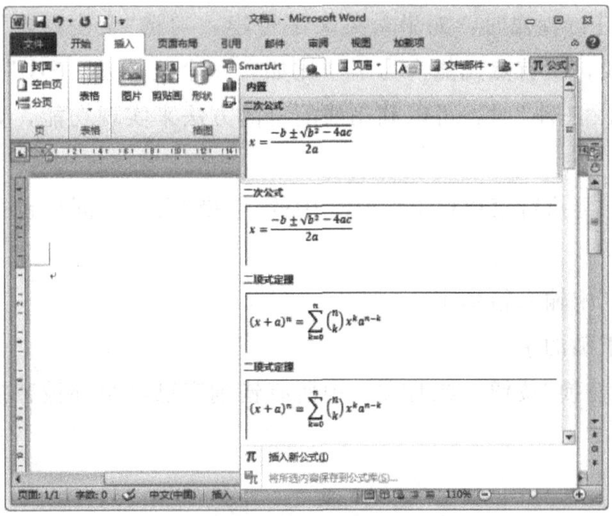

图 9-4　公式命令

②若要创建自定义公式，可依次单击“插入”—“公式”—“插入新公式”。

③利用公式工具的“设计”选项卡，可自定义设计各种复杂公式。

④完成公式创建。

⑤单击公式控件右侧的下拉箭头，选中“另存为新公式”，如图 9-5 所示。

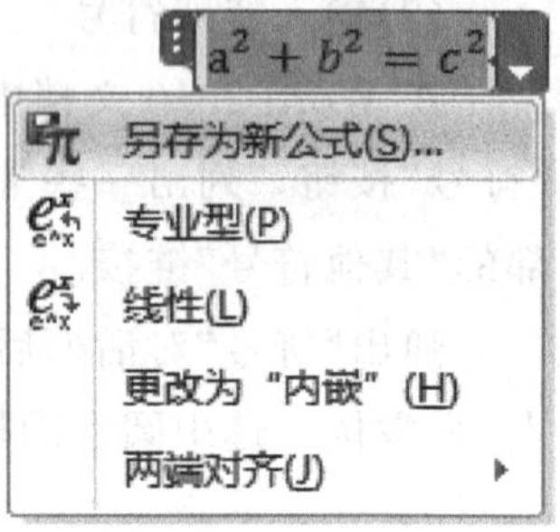

图 9-5 公式选项

⑥以后再插入公式时，可在下拉列表处出现之前保存的公式。

(5)插入日期和时间

在使用 Word 2010 编辑文档的时候，用户通常会在文档中插入日期和时间。操作步骤如下。

①打开 Word 2010，将光标移动到合适的位置。单击“插入”选项卡，在“文本”组中单击“日期和时间”按钮。

②在“日期和时间”对话框的“可用格式”列表中选择合适的日期和时间格式，如图 9-6 所示。

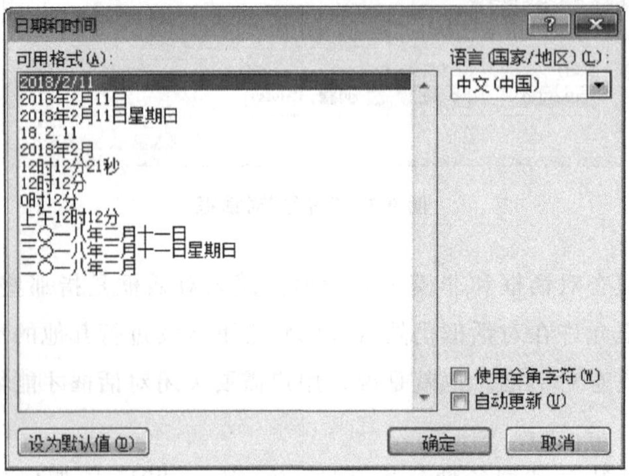

图 9-6 “日期和时间”对话框

③选中“自动更新”选项，实现每次打开 Word 文档时自动更新日期和时间，单击“确定”按钮即可。

3. 查找和替换指定内容

(1)查找

在 Word 2010 文档中进行查找时，如果是英文字符串，勾选“全字匹配”时可以精确地定位到一个字符串。但是对于中文来说，就有点无能为力了。比如，一个员工是“王小”，另一个员工是“王小二”。此时我们想直接查找到员工“王小”时，可以利用通配符的方法来实现功能，如图 9-7 所示。

(2)替换

①先打开 Word 2010，再执行菜单栏上“编辑”中的“替换”命令。同样也可以直接按快捷键 Ctrl+H 来打开“替换”功能窗口。

②在替换的“查找内容”中输入错别字。

③在“替换为”中输入正确的字。

④然后按下面的“全部替换”按钮。此时文档中所有错别字已经全部被替换成正确的字。

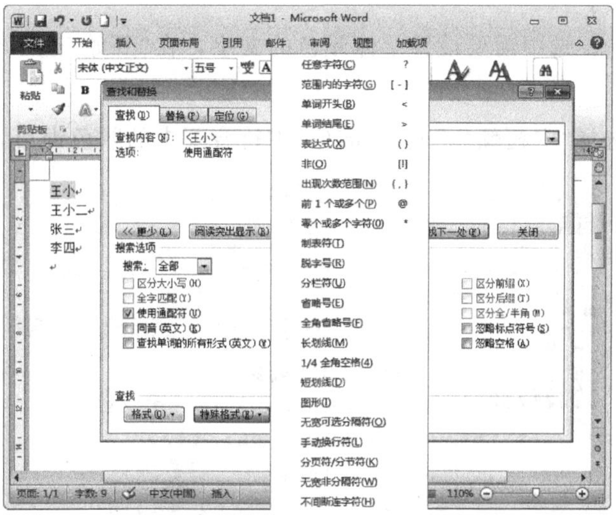

图 9-7　使用通配符中的特殊格式

4. 保护文档

在办公过程中，用户应对重要的文档设置保护密码，如修改文档的密码、打开文档的密码等，以防止他人随意修改或查看文档。

(1)设置修改密码

对于比较重要的文档，如果允许他人打开查看内容，但不允许修改，可对其设置修改密码。

①打开需要设置修改密码的文档，切换到“文件”选项卡，选择“另存为”命令，在弹出的菜单中单击“工具”按钮，然后在下拉菜单中选择“常规选项”命令，弹出“常规选项”对话框。

②在“修改文件时的密码”文本框中输入密码，然后单击“确定”按钮，弹出“确认密码”对话框；在文本框中再次输入密码，然后单击“确定”按钮，返回“另存为”对话框，单击“保存”按钮保存设置。

通过上述设置后，用户再次打开该文档时会弹出“密码”对话框。此时需要在“密码”文本框中输入正确的密码，然后单击“确定”按钮才能将文档打开并编辑。如果不知道密码，用户只能单击“只读”按钮以只读方式打开。

(2)设置打开密码

对于非常重要的文档，为了防止他人查看，可对其设置打开密码。

①打开需要设置打开密码的文档，切换到“文件”选项卡，然后选择左侧窗格的“信息”命令，在中间窗格中单击“保护文档”按钮，在下拉列表中单击“用密码进行加密”选项，打开“加密文档”对话框。

②在“密码”文本框中输入密码，然后单击“确定”按钮，弹出“确认密码”对话框；在“重新输入密码”文本框中再次输入密码，然后单击“确定”按钮。

通过上述操作后，用户再次打开该文档时会弹出“密码”对话框要求输入密码。此时，用户需要输入正确的密码才能打开。

需要注意的是，若要取消对文档的加密，则需要先用密码打开该文档，然后在上述设置界面中删除文档中的密码即可。

(二)用 Word 2010 排版

1. 设置文字格式

我们在使用 Word 2010 编辑文档的过程中经常需要为文字设置字体、字形、字号、颜色、下划线等，以使文档更富有表现力。

方法：打开 Word 2010，选中需要设置字体颜色的文字，在“开始”选项卡中的“字体”组里单击“字体颜色”下的三角按钮。

在“字体颜色”列表中选择“主题颜色”或“标准色”中符合要求的颜色即可，如图 9-8 所示。

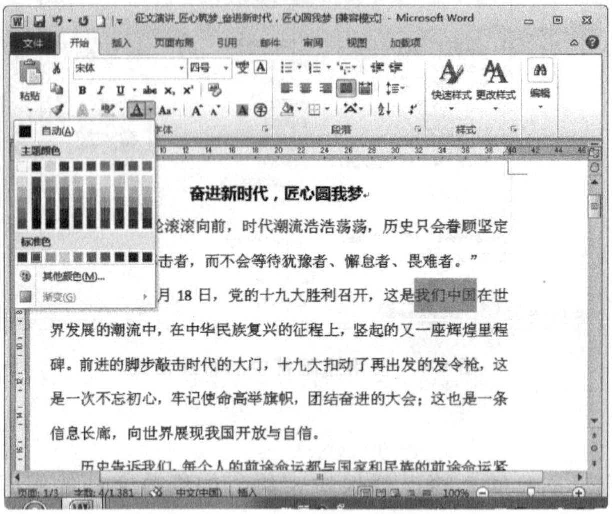

图 9-8　字体颜色设置

为了设置更加丰富的字体颜色，用户可以选择“其他颜色”命令。用户还可以在“颜色”对话框中选择一种颜色，并单击“确定”按钮为选中的文字设置颜色，如图 9-9 所示。

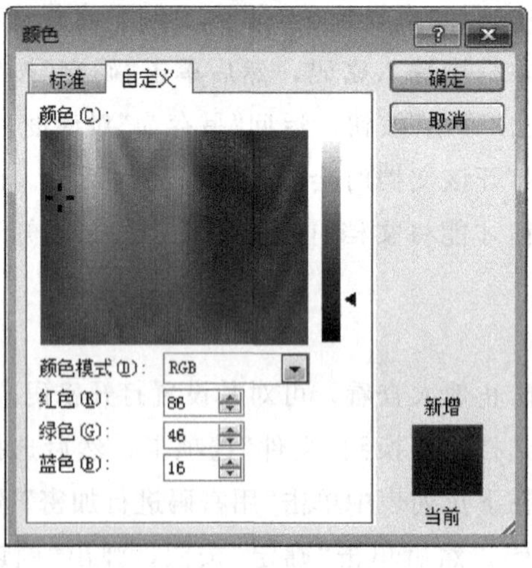

图 9-9　“颜色”对话框

2. 设置段落格式

(1)设置段落对齐方式

我们在使用 Word 2010 编辑文档的过程中经常需要为一个或多个段落设置该段落在页面中的对齐方式。

方法：打开 Word 2010，选中一个或多个段落。

在“段落”对话框中可以选择“左对齐”“居中对齐”“右对齐”“两端对齐”和“分散对齐”选项之一，以设置段落对齐方式。

在“段落”对话框中单击“对齐方式”下拉按钮，在列表中选择符合实际需求的段落对齐方式，并单击“确定”按钮使设置生效，如图 9-10 所示。

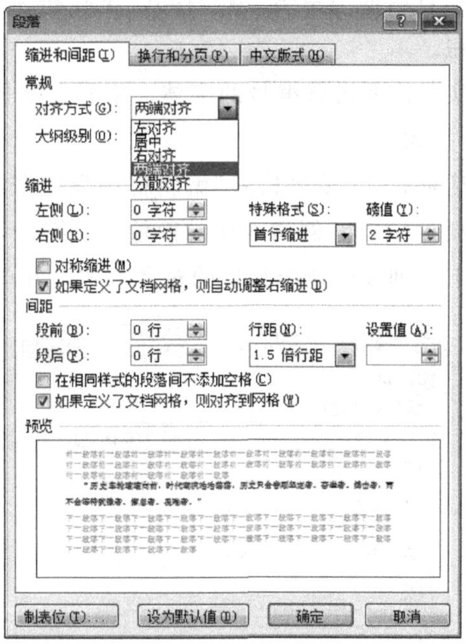

图 9-10　“段落”对话框

(2)设置段落缩进

在 Word 2010 文档中，可以设置整个段落向左或向右的缩进。这一技巧在排版时经常被使用。例如，我们可以在缩进位置插入文本框来放置其他的内容。选中要设置缩进的段落，右击，在弹出的菜单中选中“段落”命令，打开“段落”对话框。

在“缩进和间距”选项卡中，设置段落缩进的值。

(3)调整行间距

在使用 Word 2010 保存文字时，有时候某个段落太长，会影响美观。这时我们可以通过调整行间距来将此段落的距离调短一点。

方法：打开 Word 2010，选中要调整行间距的文字，右击，在弹出的菜单中选择“段落”命令，在弹出的界面上单击“缩进和间距”选项卡；在“间距”下单击“段前”和“段后”的三角按钮来调整行间距。用户可以通过行距中的 1.5 倍行距、2 倍行距、最小值、固定值、多倍行距数值来调整行间距。

(4)设置段落间距

我们在使用 Word 2010 编辑文档的过程中常常需要按版面要求设置段落之间的距离。

方法：打开 Word 2010，选中需要设置段落间距的段落，当然也可以选中全部文档。

在“段落”对话框中单击“行和段落间距”按钮，在列表中选择“增加段前间距”或“增加段后间距”命令，以改变段落间距。

(5)定义编号格式[①]

Word 2010 的编号格式库中内置了多种编号，可以让用户根据实际需要定义新的编号格式。Word 2010 中定义新编号格式的步骤如下。

---

① 参见李希勇：《计算机应用基础》，北京，清华大学出版社，2015。

①打开 Word 2010，在“开始”功能区的“段落”分组中单击“编号”下拉按钮，并在打开的下拉列表中选择“定义新编号格式”选项。

②在打开的“定义新编号格式”对话框中单击“编号样式”下拉按钮。在“编号样式”下拉列表中选择一种编号样式，并单击“字体”按钮。

③打开“字体”对话框，根据实际需要设置编号的字体、字号、字体颜色、下划线等项目(注意不要设置“效果”选项)，并单击“确定”按钮。

④返回“定义新编号格式”对话框，在“编号格式”编辑框中保持灰色阴影的编号代码不变，根据实际需要在代码前面或后面输入必要的字符。例如，在前面输入“第”，在后面输入“项”，并将默认添加的小点删除；然后在“对齐方式”下拉列表中选择合适的对齐方式，并单击“确定”按钮，如图 9-11 所示。

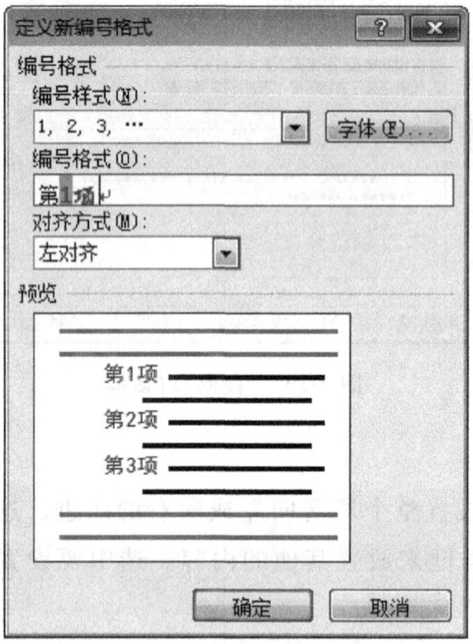

图 9-11　“定义新编号格式”对话框

⑤返回 Word 2010 文档窗口，在“开始”功能区的“段落”分组中单击“编号”下拉按钮，在打开的编号下拉列表中可以看到定义的新编号格式。

3. 设置超链接

我们在制作 word 文档的时候常常会用到超链接。设置超链接的步骤如下所述。

①打开 Word 2010，输入要设置超链接的文字，如“百度”。

②选中该文字，右击，选择“超链接”命令，打开“插入超链接”对话框，在地址栏中输入百度网址，如图 9-12 所示。

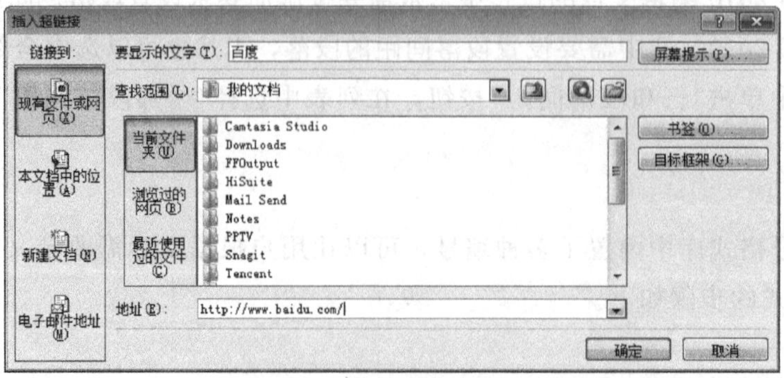

图 9-12　“插入超链接”对话框

③单击“确定”按钮使超链接生效。

返回 Word 2010 文档，可以看到“百度”二字下面多了一条下划线，这就是设置超链接后的效果。按住 Ctrl 键并单击“百度”即可访问链接。

如果想编辑或取消超链接，选中“百度”并在右键菜单中选择“编辑超链接”或“取消超链接”命令。

另外，文字内容不仅可以链接到网页，而且还可以链接到“本文档中的位置”“新建文档”“电子邮件地址”。用户只需要在“插入超链接”对话框中选择对应的命令。

4. 设置版面格式

Word 2010 版面的格式包括设置主题和页面设置两种。

(1)设置主题

通过使用主题，用户可以快速改变文档的整体外观。文档的整体外观主要包括字体、字体颜色和图形对象的效果。

打开 Word 2010，单击“页面布局”选项卡“主题”组中的“主题”下拉按钮，在打开的“主题”下拉列表中选择合适的主题。当用鼠标指向某一主题时，Word 2010 文档中会显示应用该主题后的预览效果。

(2)页面设置

在制作好 Word 2010 文档后，用户可根据实际需要对页面格式进行设置。页面格式的设置主要包括设置页面边距、纸张大小和纸张方向等。

①在功能区中点击“页面布局”选项卡，然后点击“页面设置”组右下角的三角按钮。

②在弹出的“页面设置”对话框中，在“页边距”组中可以设置“上”“下”“左”“右”边距和“纸张方向”，如图 9-13 所示。

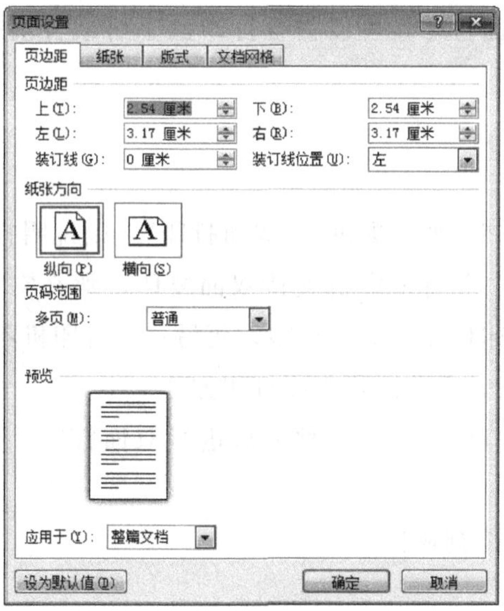

图 9-13　“页面设置”对话框

③切换到“纸张”选项卡，在“纸张大小”下拉列表中可选择纸张大小。如果希望自定义纸张大小，可通过“宽度”和“高度”微调框分别设置纸张的宽度和高度。

④切换到“版式”选项卡，可设置页眉、页脚的相关参数以及页面的垂直对齐方式等，如图 9-14 所示。

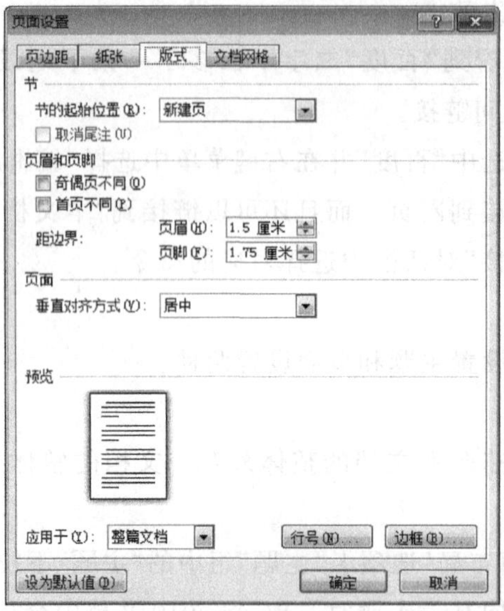

图 9-14 设置版式

⑤切换到“文档网格”选项卡，在“文字排列”栏中可设置文字的排列方向。

5. 打印文档

(1)用 Word 2010 设置双面打印的方法

办公中打印所用的纸张是比较昂贵的。所以为了尽量节省纸张，我们往往会将一张纸的正反面都用上(双面打印)。

若要检查打印机是否支持双面打印，可以查看打印机手册或咨询打印机制造商，也可以执行下列操作。

①单击“文件”选项卡。

②单击“打印”。

③在“设置”下单击“单面打印”。如果提供了“双面打印”，则说明打印机支持双面打印。

如果使用了复印打印一体机，并且复印机支持双面复印，那么它可能也支持自动双面打印。如果安装了多台打印机，可能一台打印机支持双面打印，而另一台打印机不支持双面打印。

(2)打印机不支持双面打印时，手动设置双面打印方法

如果打印机不支持自动双面打印，可有两种方法进行双面打印：使用手动双面打印，或分别打印奇数页和偶数页。

在 Word 2010 文档中，执行下列操作。

①单击“文件”选项卡。

②单击“打印”。

③在“设置”下单击“单面打印”，然后单击“手动双面打印”。

打印时，Word 2010 会提示将纸叠翻过来后再重新将纸装入打印机。

(3)打印奇数页和偶数页

我们可通过执行以下步骤在纸张两面上打印。

①单击“文件”选项卡。

②单击“打印”。

③在“设置”下单击“打印所有页”；在页面底部单击“仅打印奇数页”。

④单击库顶部的“打印”按钮。

⑤打印完奇数页后，将纸叠翻过来，然后在“设置”下单击“打印所有页”；在库的底部单击“仅打印偶数页”。

⑥单击库的顶部的“打印”按钮。

(三)用 Word 2010 制作表格[①]

1. 创建表格

在 Word 2010 文档中，用户可以使用“插入表格”对话框插入指定行列的表格，并可以对所插入的表格设置属性。

(1)用 Word 2010 插入表格

①打开 Word 2010，切换到“插入”功能区。在“表格”分组中单击“表格”按钮，并在打开的表格菜单中选择“插入表格”命令。

②打开“插入表格”对话框，在“表格尺寸”区域分别设置表格的行数和列数。在“自动调整”操作区域，如果选中“固定列宽”单选框，则可以设置表格的固定列宽尺寸；如果选中“根据内容调整表格”单选框，则单元格的宽度会根据输入的内容自动调整；如果选中“根据窗口调整表格”单选框，则所插入的表格将充满当前页面。选中“为新表格记忆此尺寸”复选框，则再次创建表格时将使用当前尺寸。设置完毕单击“确定”按钮即可。

(2)绘制表格

①打开 Word 2010，单击“插入”选项卡。

②单击“表格”按钮，在菜单中选择“绘制表格”命令。

③当鼠标指针变成铅笔形状，拖动鼠标左键绘制表格的边框、行和列。

④绘制完表格后，按 Esc 键或在“设计”选项卡中单击“绘制表格”按钮取消绘制表格状态。

(3)擦除表格

①在绘制表格时，如果需要擦除行或列，则可以单击“设计”选项卡中的“擦除”按钮，如图 9-15 所示。

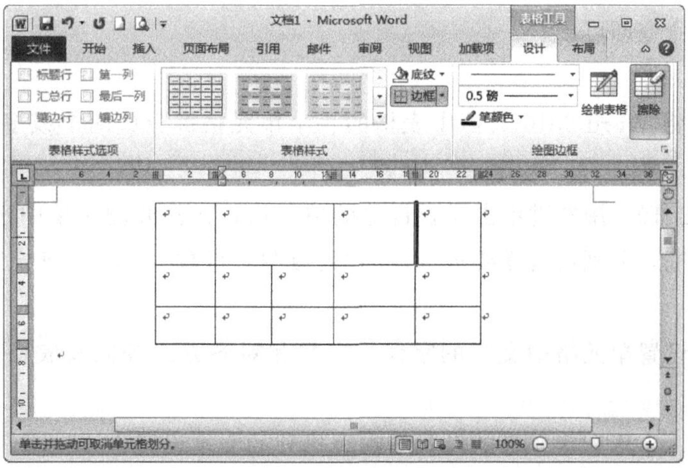

图 9-15　选择“擦除”按钮

① 陈中亮：《计算机应用基础——Windows 7+Office 2010》，176～187 页，上海，华东理工大学出版社，2015。

②当指针变成橡皮擦的形状时，拖动鼠标左键即可删除行或列；按 Esc 键可以取消擦除状态。

2. 编辑表格

编辑表格的基本操作主要包括调整表格的行高与列宽、插入与删除单元格、合并与拆分单元格等。

(1)选择操作区域

在对表格进行各种操作前，用户需要先选择操作对象。

选择单个单元格：将鼠标指针指向某个单元格的左侧，当指针呈黑色箭头状时单击可选中该单元格。

选择连续的单元格：将鼠标指针指向某个单元格的左侧，当指针呈黑色箭头状时按住鼠标左键并拖动，拖动的起始位置到终止位置之间的单元格将被选中。

选择连续的单元格、行或列时还可以配合 Shift 键使用。方法为：选择起始位置的单元格(行或列)，按下 Shift 键不放，然后单击终止位置的单元格(行或列)即可。

选择分散的单元格：选中第一个单元格后按住 Ctrl 键不放，然后依次选择其他分散的单元格即可。

选择一行：将鼠标指针指向某行的左侧，当指针呈白色箭头状时单击可选中该行。

选择一列：将鼠标指针指向某列的上边，当指针呈黑色箭头状时单击可选中该列。

选择整个表格：将鼠标指针指向表格时，表格的左上角会出现标志，右下角也会出现标志。单击任意一个标志，都可选中整个表格。

(2)设置行高和列宽

在 Word 2010 文档表格中，如果需要精确设置行高和列宽，用户可以在“表格工具”功能区设置精确数值。操作步骤如下。

①打开 Word 2010，在表格中选中需要设置高度的行或需要设置宽度的列。

②在“表格工具”功能区中切换到“布局”选项卡，在“单元格大小”分组中调整“表格行高”数值或“表格列宽”数值，以设置表格行的高度或列的宽度。

(3)合并单元格

我们可以将表格中两个或两个以上的单元格合并成一个单元格，以使制作出的表格更符合我们的要求。

方法：打开 Word 2010，选择表格中需要合并的两个或两个以上的单元格；右击被选中的单元格，选择“合并单元格”菜单命令即可。

(4)拆分单元格

我们可以根据需要将 Word 2010 文档中表格的一个单元格拆分成两个或多个单元格，从而制作较为复杂的表格。

方法：打开 Word 2010，用右键单击需要拆分的单元格；在打开的菜单中选择“拆分单元格”命令；打开“拆分单元格”对话框，分别设置需要拆分成的“列数”和“行数”，单击“确定”按钮完成拆分。

3. 修饰表格

修饰表格主要包括设置单元格中文字的字体、字号和对齐方式等以及表格的边框和底纹，从而美化表格，使之赏心悦目。

表格中文字的字体、字形和字号等的设置与在表格外的文本设置方式相同，此处不再赘述。

(1)设置文本对齐方式

表格单元格中的文字对齐方式有水平对齐和垂直对齐两种。水平对齐有左对齐、居中对齐和右对齐三种方式，垂直对齐有顶端对齐、居中和底端对齐三种方式。这样一来单元格的文本就有靠上两端对齐、靠上居中对齐等 9 种对齐方式。

选中需要设置对齐方式的单元格，依次单击“表格工具”—“布局”选项卡“对齐方式”组中的相关按钮可设置相应的对齐方式，如图 9-16 所示。

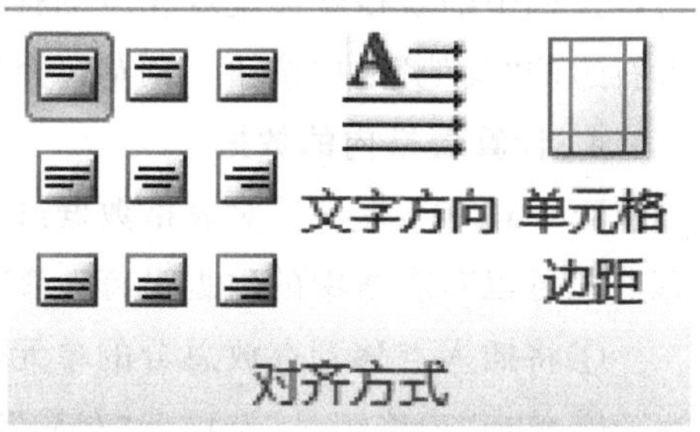

图 9-16 单元格的对齐方式

(2)重复标题行

当同一个表格需要在多个页面显示时，用户往往需要在每一页的表格中都显示标题行。

设置方法：选中表格标题行，依次单击“表格工具”—“布局”选项卡“数据”组中的“重复标题行”按钮，如图 9-17 所示。

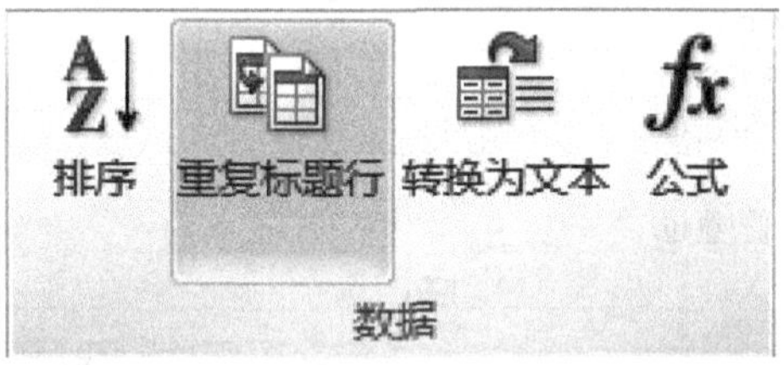

图 9-17 设置重复标题行

(3)设置边框与底纹

在 Word 2010 文档中制作表格后，为了使表格更加美观，用户还可对其设置边框和底纹效果。操作步骤如下。

①将插入点定位在表格内，依次单击“表格工具”—“设计”选项卡“表格样式”组中“边框”按钮右侧的下拉按钮，在弹出的下拉列表中单击“边框和底纹”选项，弹出“边框和底纹”对话框，设置边框的样式、颜色和宽度等参数。

在“预览”栏中，单击某个按钮可以调整相应框线，在“应用于”下拉列表框中可以选择边框或底纹应用的范围。

②切换到“底纹”选项卡，在“填充”下拉列表框中可设置表格的底纹颜色，在“图案”的“样式”下拉列表框中设置图案的样式，如图 9-18 所示。

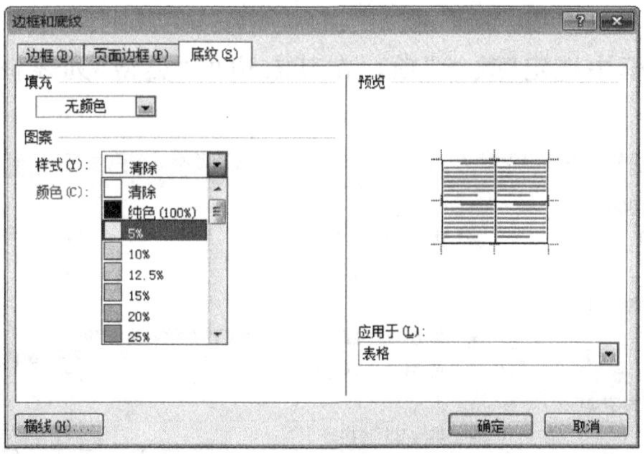

图 9-18 设置表格底纹

(4)自动套用格式

将插入点定位在表格内，切换到“表格工具”—“设计”选项卡，在“表格样式”组中指向某个样式按钮，文档中的表格就会呈现相应的样式。如果认为合适，就单击这个按钮；也可以通过单击表格样式表右边的“其他”下拉按钮，浏览选择其他的样式。

4. 计算表格内的数据

Word 2010 提供了对表格数据进行求和、求平均值等常用的统计计算功能。我们利用这些统计计算功能可以对表格中的数据进行计算。具体操作如下。

①将插入点移到存放总分的单元格中。

②单击“表格工具”选项卡“布局”功能区“数据”组中的“公式”按钮，打开如图 9-19 所示的“公式”对话框。

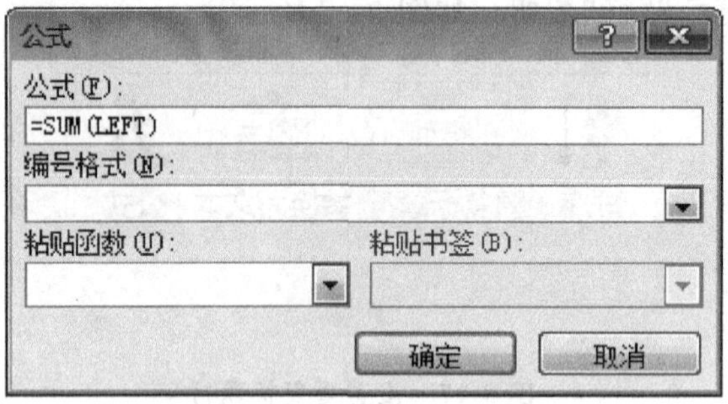

图 9-19 “公式”对话框

③在“公式”列表框中显示“＝SUM(LEFT)”，表明要计算左边各单元格数据的总和。

④在“编号格式”列表框中选定“0.00”格式，表示保留到小数点后两位。

⑤单击“确定”按钮，得出计算结果。

5. 表格内数据的排序

表格内数据的排序有多种方式。其中，我们可以对数据进行降序排序。例如，按学生的总分进行降序排序。当两位学生的数学成绩相同时，再按语文成绩降序排序。

操作步骤如下。

①将插入点置于学生考试成绩表格中。

②单击“表格工具”选项卡“布局”功能区“数据”组中的“排序”按钮，打开如图 9-20 所示的“排序”对话框。

③在“主要关键字”列表框中选定“数学”项，在其右边的“类型”列表框中选定“数字”，再单击“降序”按钮。

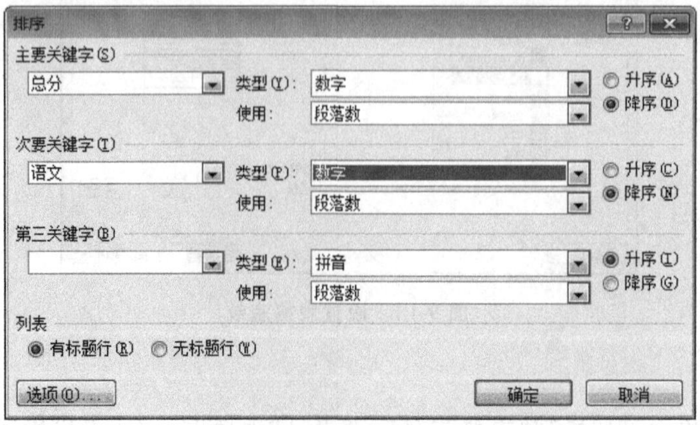

图 9-20 “排序”对话框

④在“次要关键字”列表框中选定“语文”项，在其右边的“类型”列表框中选定“数字”，再单击“降序”按钮。

⑤在“列表”选项组中，单击“有标题行”按钮。

⑥单击“确定”按钮，得到排序结果。

(四)用 Word 2010 进行图文混排①

图文混排是 Word 2010 的特色功能之一。用户可以在文档中插入利用其他软件制作的图片，也可以插入由 Word 2010 提供的绘图工具绘制的图形，使一篇文章达到图文并茂的效果。

1. 插入图片

Word 2010 在剪贴库中提供了各类剪贴画供用户选用。

(1)插入剪贴画

插入剪贴画的步骤如下。

①将插入点移到要插入剪贴画的位置。

②单击“插入”功能区“插图”组中的“剪贴画”按钮，打开如图 9-21 所示的“剪贴画”任务窗格。

③在“搜索文字”编辑框中输入准备插入的剪贴画的关键字(如“花”)，单击“结果类型”下拉按钮，在类型列表中可以选择自己需要的复选框。

④单击“搜索”按钮。如果被选中的收藏集中含有指定关键词的剪贴画，则会显示剪贴画的搜索结果。

⑤单击合适的剪贴画，或单击剪贴画右侧的下拉按钮，并在打开的菜单中单击“插入”按钮，可以将该剪贴画插入文档。

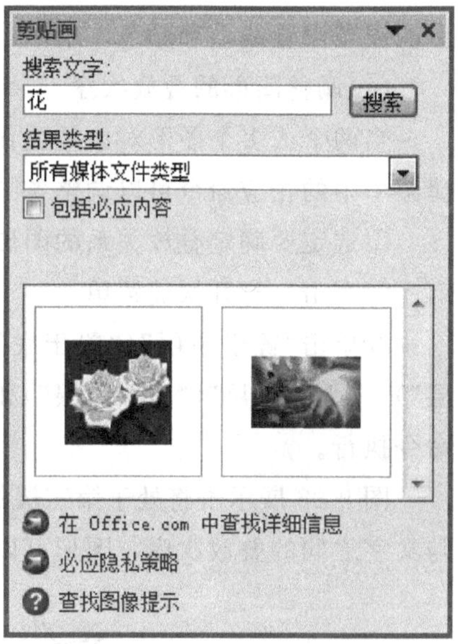

图 9-21　“剪贴画”任务窗格

(2)设置图片格式

当单击选定的图片后，图片会周围出现 8 个控制点。拖动这 8 个控制点可以改变图片的大小。

利用快捷菜单设置图片格式的操作如下。

一是改变图片的大小和移动图片的位置。

①单击选定的图片，图片周围会出现 8 个控制点。

②将鼠标指针移到图片上的任意位置。当指针变成四向箭头时，拖动它可以将图片移动到新的位置。

③将鼠标移到控制点处。当鼠标指针变成水平、垂直或斜对角的双向箭头时，按箭头方向拖动指针可以改变图片的水平、垂直或斜对角方向的大小。

二是图片的裁剪。改变图片的大小并不改变图片的内容，仅仅是按比例放大或缩小图片。如果要裁剪图片中某一部分的内容，可以单击“图片工具”功能区“大小”组中的“裁剪”按钮。

三是文字的环绕。当把图片插入文档后，图片像字符一样嵌入文本。当改变图片为非嵌入型环绕方式并调整图片的大小和位置后，可以利用“布局”对话框中的“文字环绕”选项卡提供的“文字环绕”功能使文字环绕在图片周围。

---

① 游鑫、唐倩：《计算机应用基础模块化教程》，130～139 页，长沙，湖南人民出版社，2013。

2. 绘制图形

Word 2010 提供了一套绘制图形的工具，可用于创建各种图形。用户只有在页面视图方式下才可以在 Word 2010 文档中插入图形。所以在创建图形前，用户应把视图切换为页面视图方式。操作步骤如下所述。

单击“插入”功能区“插图”组中的“形状”按钮，打开自选图形的下拉列表框，从中选择所需的图形单元并绘制图形。

当绘制好图形单元后，用户经常希望对其进行修饰、添加文字、组合、调整叠放次序等操作。

(1)设置图形的颜色、线条和三维效果

选中图形，单击右键，在列表中选择“设置形状格式”命令，打开“设置形状格式”对话框。在该对话框中，可以选择“填充”“线条颜色”“线型”“阴影”和“三维格式”等命令，为封闭图形填充颜色，给图形的线条设置线型和颜色，给图形对象添加阴影或设置立体效果等。

(2)调整图形的叠放次序

当两个或多个图形对象重叠在一起时，最近绘制的图形总是覆盖其他的图形。用户利用“绘图”快捷菜单中的相应命令可以调整各图形之间的叠放次序。操作步骤如下所述。

①选定要确定叠放关系的图形对象。

②右击，打开快捷菜单。

③单击“置于顶层”(“置于底层”)右侧的三角形按钮，在下一级菜单中，从“置于顶层”(“置于底层”)、“上移一层”(“下移一层”)和“浮于文字上方”(“衬于文字下方”)三个命令选项中选择所需的一个命令执行。

图 9-22 展示了将处于第三层的十字星上移一层后的情况。可以看到利用叠放次序命令能确定图形与文字之间的叠放次序。图形可以覆盖文字，也可以置于文字的下面。

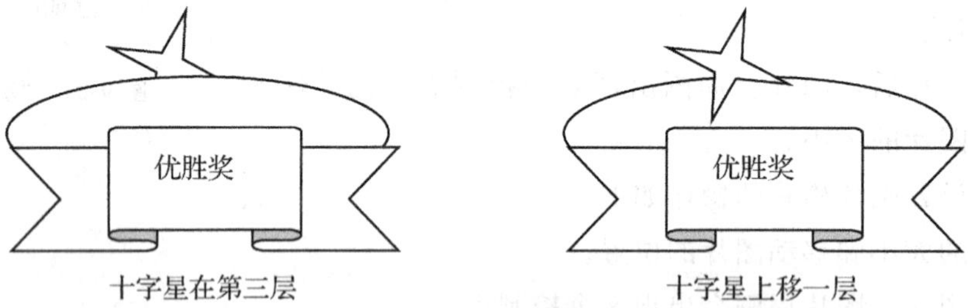

图 9-22 改变图形的叠放次序示例

(3)组合多个图形

当利用许多简单的图形组成一个复杂的图形后，实际上每一个简单图形还是一个独立的对象。这样要移动整个图形是非常困难的，而且还可能由于操作不当而破坏刚刚构成的图形。为此，Word 2010 提供了组合多个图形的功能。用户可以利用组合功能将许多简单图形组合成一个整体的图形对象，以便图形移动和旋转。组合多个图形的操作步骤如下。

①选定要组合的所有图形对象。

②右击，打开快捷菜单。

③选择“绘图”快捷菜单中的“组合”命令。

组合后的所有图形成为一个整体的图形对象，可以整体移动和旋转。这一组合图形也可以用“绘图”快捷菜单中的“取消组合”命令来取消组合。

3. 使用文本框

文本框是一个独立的对象，文本框中的文字和图片可随文本框移动。其实我们可以把文本框看作一个特殊的图形对象。用户可以利用文本框把文档编排得丰富多彩。

(1)绘制文本框

如果要绘制文本框，可以单击“插入”功能区中“文本”组的“文本框”按钮，打开文本框下拉列表框，单击所需的文本框，在当前插入点处插入一个文本框。将插入点移至文本框中，可以在文本框中输入文本或插入图片。

(2)改变文本框的位置、大小和环绕方式

①移动文本框：将鼠标指针指向文本框的边框线，当鼠标指针变成上下、左右箭头时用鼠标拖动文本框，实现文本框的移动。

②复制文本框：选中文本框，按 Ctrl 键的同时用鼠标拖动文本框，可实现文本框的复制。

③改变文本框的大小：单击文本框，当在该文本框四周出现 8 个控制点时向内或向外拖动文本框边框线上的控制点，可改变文本框的大小。

④改变文本框的环绕方式：文本框环绕方式的设定方法与图片环绕方式的设定方法基本相同。另外，利用设置图形叠放次序的方法也可以改变文本框的叠放次序。

(3)设置文本框的格式

如果想改变文本框边框线的颜色或给文本框填充颜色，则可采取如下操作步骤。

①选定要操作的文本框。

②右击，打开快捷菜单。

③选择“文本框”快捷菜单中“设置形状格式”命令，打开“设置形状格式”对话框。

④在“设置形状格式”对话框中，可以选择“填充”“线条颜色”“线型”“阴影”和“三维格式”命令，为文本框填充颜色，给文本框边框线设置线型和颜色，给文本框对象添加阴影等。

4. 使用艺术字

艺术字是具有彩色、阴影和发光等效果的文字，多用于广告宣传、文档标题等，以达到醒目的外观效果。

(1)插入艺术字

将光标定位到 Word 2010 文档中，或选中文字。

在功能区处单击“插入”选项卡，在“文本”组中单击“艺术字”按钮，出现艺术字列表，找到所需的样式单击。当 Word 2010 文档处出现“请在此处放置您的文字”时，将其改为相关的内容，插入艺术字。

(2)设置艺术字的格式

插入艺术字后，可以通过“绘图工具”—“格式”选项卡中的“插入形状”等组对艺术字文本框的格式进行设置。其设置方法与自选图形的设置方法相同。

若要对艺术字文本设置填充、文本效果等格式，可通过“绘图工具”—“格式”选项卡中的“艺术字样式”组实现；若要对艺术字文本设置文字方向等格式，可通过“文本”组实现。

活动与训练

主题：Word 2010 的基本操作。

活动目标：掌握 Word 2010 文档的基本操作方法及图文混排技能。

建议时间：40 分钟。

知识准备：Word 2010 文档的建立、保存与打开方法。

活动步骤：

步骤 1：启动、打开文档。

步骤 2：掌握文档格式与排版方法。

步骤 3：掌握表格的制作方法。

步骤 4：掌握 Word 2010 文档的图文混排技能。

步骤 5：设计艺术字的格式与编辑。

主题三　电子表格软件 Excel

主题目标

1. 掌握 Excel 的常用术语，认识工作界面。
2. 熟练掌握 Excel 表格的基本操作方法。
3. 培养运用 Excel 制作表格的能力。

本主题以 Excel 2010 为例进行介绍。

一、Excel 的常用术语

Excel 2010 可以输入、输出、显示数据，帮助用户制作各种复杂的表格，进行烦琐的数据计算；同时 Excel 2010 还能形象地将大量数据变为漂亮的彩色商业图表，极大地增强了数据的可视性。另外，Excel 2010 还能用于打印各种统计报告和统计图。

(一)工作表

工作表是一种二维表，就是一张表格。在默认情况下，工作表以 Sheet 1、Sheet 2、Sheet 3……命名；工作表也可以重命名。

(二)单元格

单元格就是 Excel 2010 工作表中的一个小方格，是存储数据的最小单位。单元格按所在的行列位置来命名。例如，B5 指 B 列与第 5 行交叉位置上的单元格。

(三)单元格区域

单元格区域是选择的单个或多个单元格的总称。例如，“A1：D3”表示 A1 到 D3 的矩形单元格区域。单元格区域的选择有如下几种方法。

①选中一个单元格。打开 Excel 2010 工作表，将鼠标的指针移到选中的单元格上，单击即可选中该单元格。被选中的单元格四周出现黑框，并且单元格的地址出现在名称框中，内容显示在编辑栏中。

②选中相邻的单元格区域。打开 Excel 2010 工作表，选中单元格区域中的第一个单元格，然后按住鼠标左键并拖动到单元格区域的最后一个单元格，释放鼠标左键，即可选中相邻的单元格区域。

③选中不相邻的单元格区域。打开 Excel 2010 工作表，选中一个单元格区域，然后按住 Ctrl 键再选择其他的单元格，即可选中不相邻的单元格区域。

④选中整行或整列。选中整行的方法：打开 Excel 2010 工作表，将鼠标的指针移到要选中行的行号处，单击即可选中整行。选中整列的方法：打开 Excel 2010 工作表，将鼠标的指针移到要选中列的列标处，单击即可选中整列。

⑤选中所有单元格。打开 Excel 工作表，单击工作表左上角的行号和列标交叉处的按钮，即可选中整个工作表。

(四)工作簿

工作簿是用来管理工作表的文件，工作簿的后缀为“. xlsx”。在默认情况下，一个工作簿有 3 张工作表，并且 3 张工作表分别以 Sheet 1、Sheet 2、Sheet 3 命名。工作簿中的工作表可以删除与添加。

(五)网格线

在编辑区显示的单元格边框参考线即网格线，是一种辅助线条。

(六)数字格式

应用不同的数字格式可将数字显示为文本、数值、百分比、日期、货币等。

二、Excel 的启动与退出

(一)Excel 的启动

启动 Excel 2010 软件常用的方法为：开始—所有程序—找到 Microsoft Office 套装中的 Excel 组件。这种方法启动的是系统创建的一个叫作“工作簿 1. xlsx”的空白工作簿。

(二)Excel 的退出

当工作完毕时，需要退出 Excel 2010 的工作界面。具体方法为：点击 Excel 2010 应用程序窗口的关闭按钮。

三、Excel 的工作界面

Excel 2010 的工作界面包括“开始”“插入”“页面布局”“公式”“数据”“审阅”“视图”7 个选项卡。

(一)“开始”选项卡

“开始”选项卡包含剪贴板、字体、对齐方式、数字、样式、单元格和编辑等分组功能区。该选项卡主要用于帮助用户对 Excel 工作表进行文字编辑和单元格的格式设置。

(二)“插入”选项卡

“插入”选项卡包含表、插图、图表、链接、文本和特殊符号等分组功能区。该选项卡主要用于在 Excel 工作表中插入各种对象。

(三)“页面布局”选项卡

“页面布局”选项卡包含主题、页面设置、调整大小、工作表选项和排列等分组功能区。该选项卡主要用于帮助用户设置 Excel 工作表的页面样式。

(四)“公式”选项卡

“公式”选项卡包含函数库、定义的名称、公式审核和计算等分组功能区。该选项卡主要用于在 Excel 工作表中进行各种数据计算。

(五)“数据”选项卡

“数据”选项卡包含获取外部数据、连接、排序和筛选、数据工具和分级显示等分组功能区。该选项卡主要用于在 Excel 工作表中进行数据处理相关方面的操作。

(六)“审阅”选项卡

“审阅”选项卡包含校对、中文简繁转换、批注和更改等分组功能区。该选项卡主要用于对 Excel 工作表进行校对和修订等操作。

(七)“视图”选项卡

“视图”选项卡包含工作簿视图、显示或隐藏、显示比例、窗口和宏等分组功能区。该选项卡主要用于帮助用户设置 Excel 工作表窗口的视图类型。

四、Excel 的上机操作

(一)工作簿的基本操作

1. 新建工作簿

在 Excel 2010 中，用户既可以新建空白工作簿，也可以由现有工作簿新建工作簿，还可以利用 Excel 2010 提供的模板来新建工作簿。

(1)新建空白工作簿

空白工作簿就是其工作表中没有任何数据资料的工作簿。新建空白工作簿的方法有以下两种。

①启动 Excel 2010 应用程序后，单击文件按钮，在弹出的菜单中选择“新建”命令，然后单击“创建”按钮即可创建空白工作簿。

②按 Ctrl+N 快捷键即可快速创建空白工作簿。

(2)由现有工作簿新建工作簿

如果想新建一个工作簿，并且想让其和已有的一个工作簿的结构相同，则可以根据现有工作簿来新建一个工作簿。实际上，也就是相当于将已有的工作簿再另存为一个工作簿。

(3)保存工作簿

制作完一份电子表格或完成工作簿的编辑工作之后，就可以将其保存起来，以备以后修改或编辑。当然，即使正在对工作表的数据进行编辑，同样可以将这些数据随时保存。

(4)打开工作簿

在 Excel 2010 中，用户可以通过以下两种方式来打开工作簿。

①单击“文件”按钮，在弹出的菜单中选择“打开”命令来打开工作簿。

②在快速访问工具栏中单击“打开”按钮；当弹出“打开”对话框后，从中选择要打开的文件，单击“打开”按钮即可打开工作簿。

2. 输入单元格的内容

选择单元格或单元格区域之后，就可以向里面输入数据了。数据包括文本、数字和图表等。在单元格中输入数据时，输入的内容会在单元格和编辑栏中同时显示出来。如果要确认单元格中输入的数据，只需要单击编辑栏中的“输入”按钮或按 Enter 键。如果要取消单元格中输入的数据，则单击编辑栏中的“取消”按钮或按 Esc 键即可。

(1)输入文本

文本类型的数据包含数字、字母、符号和文字等。在默认状态下，文本类型的数据在单元格中是以“左对齐”的方式来显示的。

一般而言，在输入文本时，只需要切换到相应的输入法进行中文或符号的输入即可。特殊情况是在输入文本型的数字时，为了区别数值型数据，应在数字前加一个西文单引号“’”。例如，要输入表示序号的“001”；如果直接在单元格中输入“001”，单元格中的内容会自动转换为1；如果以“001”形式显示，则应输入“’001”。输入完毕后，单引号不会出现在单元格中，如图9-23所示。

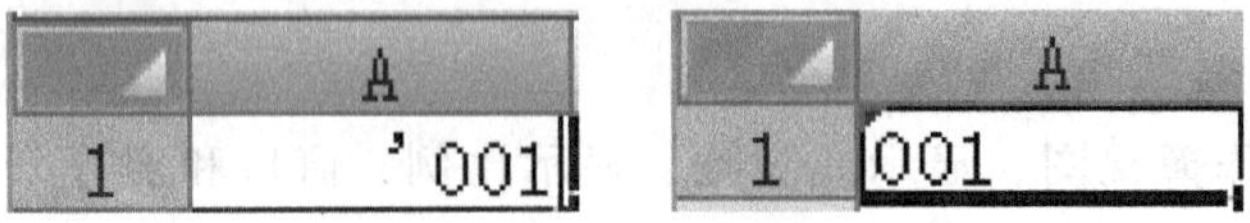

图9-23　文本型数据输入

(2)输入数字

要在单元格中输入0～9的数据和一些符号，必须将输入法切换到英文输入法的半角状态，然后在活动单元格内输入。其输入的规则如下。

①使用逗号来分隔百位、千位等。

②直接用小数点可以表示小数。如果要表示分数，分子和分母之间用斜线(/)隔开。

③当输入的数值太大或太小时，单元格中的数会自动以科学记数法表示，并根据单元格的宽度对所输入的数值进行四舍五入，如图9-24所示。

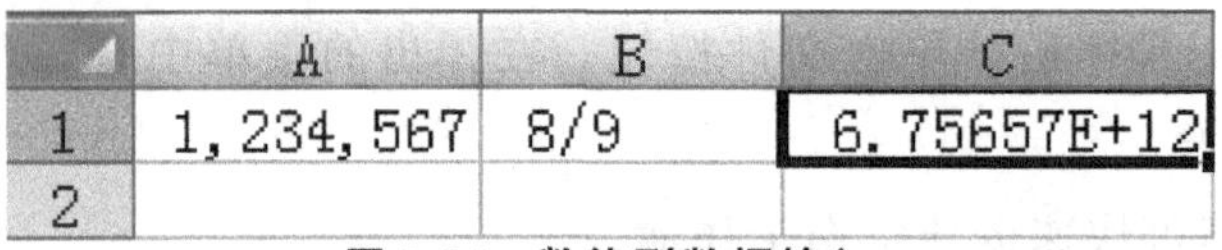

图9-24　数值型数据输入

(3)输入日期与时间

Excel 2010内置了一些日期和时间的格式。当单元格中输入的数据与这些格式相匹配时，Excel 2010将它们识别为日期或时间值，并按照预先设置的格式显示这些数据。如果只用数字表示日期，可以使用分隔符(—)或斜线(/)来分隔年、月、日。

输入时间时，可以用AM/PM或者24小时制表示。使用AM/PM方式时，时间和AM/PM之间必须键入空格。

在同一个单元格内可以同时输入日期和时间，但必须在它们之间键入空格，如图9-25所示。

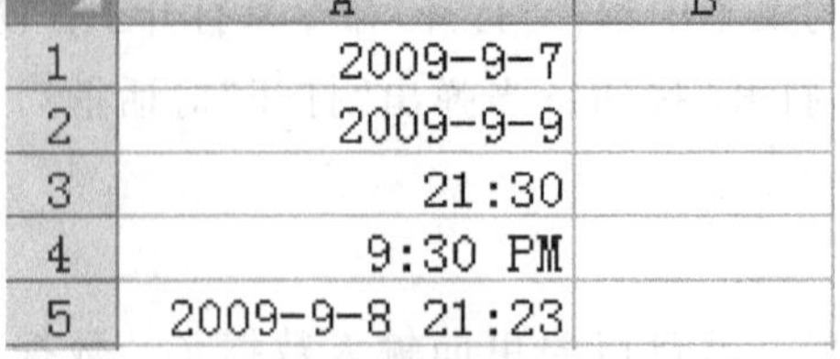

图9-25　日期型数据输入

设置单元格的日期和时间格式：选中要设置的单元格，右击，在弹出的快捷菜单中选择“设置单元格格式”命令；在“设置单元格格式”对话框的“数字”选项卡的“分类”列表框中，单击“日期”或“时间”选项，并在“类型”列表框中选择需要的日期或时间格式，如图9-26所示。

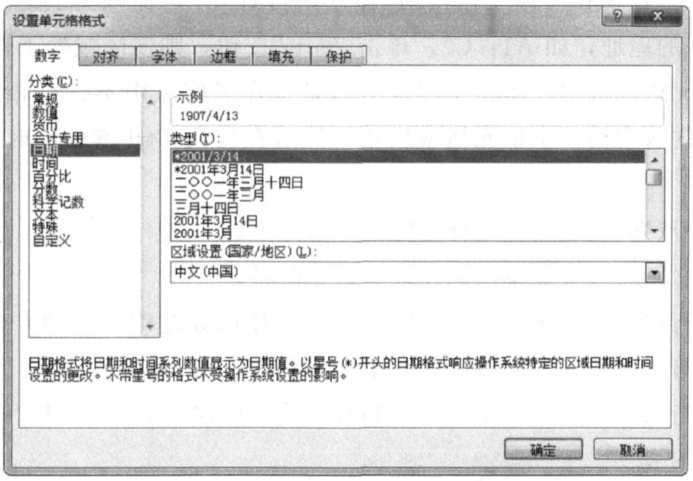

图 9-26　日期与时间的格式设置

3. 编辑单元格的数据①

单元格在 Excel 2010 中占有重要地位。因此，用户掌握好单元格的使用技巧，会给将来操作 Excel 2010 带来极大的便利。

(1)选择单元格区域

要对单元格中的数据进行编辑操作，首先必须选中单元格。在 Excel 2010 工作表中，可以选择一个单元格或者一片单元格区域，也可以选择一行或者一列，还可以使单元格处于编辑模式并选择该单元格的所有或部分内容。

(2)选定一个单元格

选定一个单元格是最简单的操作。在打开的工作表中单击任意一个单元格，则该单元格处于选定状态。被选定的单元格将以轮廓线高亮显示。

除直接单击选择外，还可使用快捷键进行单元格的选定。在键盘上按 F5 键后会打开一个“定位”对话框，如图 9-27 所示。在“引用位置”栏中输入单元格地址“c3”，单击“确定”按钮后，该单元格就处于选中状态。

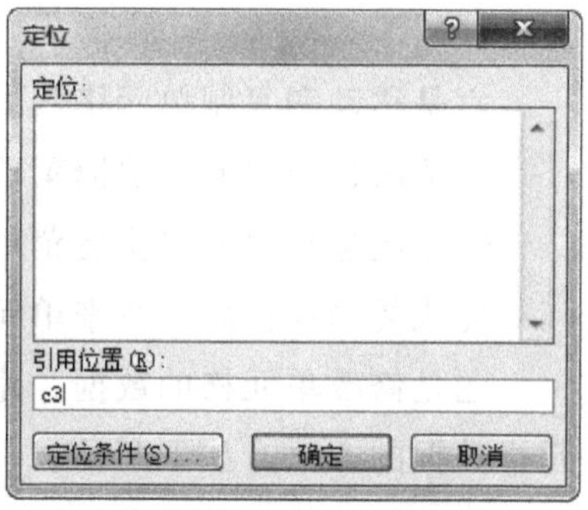

图 9-27　“定位”对话框

(3)选定单元格区域

在需要对多个单元格中的内容同时进行编辑时，可将需要编辑的单元格同时选定。根据单元格的位置，有不同的选定方法。

一是连续区域单元格的选定。要选定一片连续区域的单元格，有如下几种方法。

①单击选择区域中的第一个单元格，然后按住鼠标左键从该单元格拖至最后一个单元格。

②单击选择区域中的第一个单元格，按住 Shift 键的同时再单击选择区域中的最后一个单元格；或者按住 Shift 键的同时再按方向键以扩展选定区域。

③在工作表的“名称框”中输入要选择的单元格区域的地址，如 A1：C7，然后按下 Enter 键，则该区域处于选中状态。

---

① 缪亮：《Office 办公应用基础与上机指导》，173～178 页，北京，清华大学出版社，2010。

④依次选择"开始"—"查找和选择"—"转到"命令，再打开"定位"对话框。在该对话框的"引用位置"栏中输入单元格区域的地址，如 A1：C7，单击"确定"按钮，则该区域处于选中状态。

二是不连续区域单元格的选定。所谓不连续区域是指在工作表中不完全相邻的区域。要选定不连续区域单元格，方法是先选定第一个单元格或区域，然后在按住 Ctrl 键的同时再选择选择其他的单元格或区域。

三是一行(列)或多行(列)的选定。这种选定的方法如下。

①要选定一整行(列)，可以直接单击工作表的行(列)号。

②要选定连续的多行(列)，先选定首行(列)号，再按住鼠标左键拖动到末行(列)。或在按下 Shift 键的同时单击末行(列)号，则相邻的多行(列)处于选中状态。

③要选定不连续的行(列)，先单击第一行(列)号，然后按住 Ctrl 键的同时依次选定其他行(列)号，直到选择结束后放开 Ctrl 键。

四是选定整个工作表。要选定整个工作表，可用如下方法实现。

①直接单击工作表左上角的"工作表"按钮。

②按快捷键 Ctrl＋A 后即可选定整个工作表。

五是单元格数据的清除和恢复。建立工作表后，当出现一些错误的数据输入或操作时，需要对单元格中的数据进行清除和恢复操作。

要清除单元格的数据，先选中单元格，然后按下 Delete 键或右击，在弹出的单元格快捷菜单中选择"清除内容"命令即可。用这种方法仅能清除单元格中的内容，而单元格的数字、格式、批注等内容并没有被清除。

要恢复单元格的数据，可以按快捷键 Ctrl＋Z 或单击自定义快速访问工具栏中的"撤销"按钮即可实现。

六是移动和复制单元格数据。为了实现快速录入数据，有时需要移动和复制单元格中已有的数据。

①依次选择单元格快捷菜单中的"剪切"和"粘贴"命令，可以移动单元格中的数据。

②依次选择单元格快捷菜单中的"复制"和"粘贴"命令，可以复制单元格中的数据。

完成复制操作后，原来单元格的虚线框仍然存在。如果要取消虚框线，在其他单元格中双击即可。

七是修改单元格的数据。建立工作表后，有些数据因为错误或更新操作，需要进行修改。修改单元格数据的方法有如下两种。

①选中要修改数据所在的单元格或直接在名称框中输入单元格的地址名称，然后直接在选中的单元格中输入新的数据值，再按回车键。

②选中要修改数据所在的单元格或直接在名称框中输入单元格的地址名称，然后在工作表的"编辑栏"中先删除单元格中的数据，再输入新的数据值，最后按回车键。

4. 练习：制作货物清单表

本练习要利用 Excel 2010 制作一个图书价格表，最终效果如图 9-28 所示。主要练习步骤如下。

图书价格表			
编号	书名	出版日期	价格
A001	语文	2018/12/1	¥18.00
A002	数学	2016/2/5	¥21.00
A003	英语	2010/5/30	¥16.00
A004	化学	2012/4/6	¥17.00
A005	物理	2013/5/7	¥20.00

图 9-28　图书价格表

①单击"文件"按钮，在弹出的下拉菜单中选择"新建"命令。

②单击"文件"中的"空白工作簿"，单击"创建"按钮新建一个工作簿。

③在工作簿中的 Sheet 1 工作表内输入初始数据内容。

④选中第一行的各个单元格，然后单击功能区“对齐方式”中“合并后居中”按钮。

⑤选中整张表格，单击“开始”选项卡“对齐方式”中的“居中对齐”按钮。

⑥选中价格列数据，右击，在弹出的快捷菜单中选择“设置单元格格式”命令；在弹出的“设置单元格格式”对话框中选择“数字”选项卡，单击“货币”将工资格式设置为所需样式。

⑦分别选中第一行、第二行、第四行、第六行，右击，在弹出的快捷菜单中选择“设置单元格格式”命令；在弹出的“设置单元格格式”对话框中选择“填充”选项卡，给它们添加合适的填充颜色。

⑧选中除标题外的整张表格，单击“开始”选项卡“字体”中的“边框”按钮下的“所有框线”按钮。

活动与训练

主题：Excel 2010 的基本操作。

活动目标：掌握 Excel 2010 工作表的基本操作方法及图文混排技能。

建议时间：40 分钟。

知识准备：Excel 2010 工作表的新建、打开和保存。

活动步骤：

步骤 1：对工作表进行移动、复制、插入、删除、重命名等操作。

步骤 2：在工作表中练习数据的快速填充的方法。

步骤 3：在工作表中进行数据格式化操作，包括合并，对齐，设置字体、边框、底纹背景等。

步骤 4：在工作表中对数据进行排序、筛选、分类汇总的操作。

步骤 5：建立图表及操作。

主题四　演示文稿软件 PowerPoint

主题目标

1. 掌握 PowerPoint 的常用术语，认识工作界面。
2. 熟练掌握 PowerPoint 的基本操作方法。
3. 在设计和制作优秀的作品时要有准确的认识。

本主题以 PowerPoint 2010 为例进行介绍。

一、PowerPoint 的常用术语

PowerPoint 2010 是微软 Office 2010 办公软件中的一款多媒体演示文稿制作软件。PowerPoint 2010 具有上手容易、效果直观、结构清晰的特点，特别是在动画效果、幻灯片切换效果等方面有了更大的提升。PowerPoint 2010 可用于在短时间内创建专业、美观、实用的演示文稿，并以简明清晰的方式表达出文稿内容。

(一)PowerPoint 的特点

PowerPoint 2010 具有简单易学、功能强大、资源丰富等特点，用于制作出内容丰富、表现力强、用户交互的电子幻灯片。它在教育领域的应用越来越广泛，主要应用在职业培训、课堂教学、信息交流等方面。

(二)PowerPoint 窗口

PowerPoint 2010 简单易学并且功能强大。所以很多一线教师都把它作为制作多媒体课件的首选软件。

PowerPoint 2010 窗口和大部分 Windows 应用程序的窗口类似，这里不再赘述。下面介绍与 PowerPoint 相关的几个术语。

①演示文稿是用 PowerPoint 2010 制作的作品保存文件类型，通常为“. ppt”或“. pptx”格式，这里称为课件。

②幻灯片用于放置文字、图片、声音、动画、视频等。在放映演示文稿时，一张幻灯片就是一个独立的课件界面。

③占位符用于提示在幻灯片中插入内容，是一种带有虚线或阴影线边缘的框。这些框内可以放置标题及正文或者图表、表格和图片等对象。

④幻灯片版式用于将占位符按一定位置组合排列。通过幻灯片版式的应用，用户可以对文字、图

片等元素进行更加合理、简洁的布局。PowerPoint 2010 一般会提供一些默认的版式。一定版式的幻灯片只适合做特定的内容，如标题幻灯片用于做课件标题。但在实际课件制作中，用户使用默认版式的并不多，大部分用户会在空白幻灯片中设计自己的版式。

⑤幻灯片主题提供了演示文稿的外观构建模式，将背景设计、占位符版式、颜色和字形等融为一体。

⑥功能区和选项卡：功能区旨在帮助用户快速找到完成某一任务所需的命令。命令被组织在逻辑组中，逻辑组集中在选项卡下。为了减少混乱，某些选项卡只在需要时才显示。例如，仅在幻灯片中选择图片后才显示“图片工具”选项卡。

(三)自定义快速访问工具栏

快速访问工具栏是一个可自定义的工具栏，包含一组独立命令。在默认情况下，快速访问工具栏包含“保存”“撤销”“重复”命令。用户可以在快速访问工具栏中添加表示命令的按钮。具体操作步骤如下所述。

①单击快速访问工具栏右侧的“快速访问工具栏”按钮，弹出下拉菜单，在下拉菜单中单击选择所需要的命令。

②如果下拉菜单中没有所需要的命令，可以选择“其他命令”，弹出“PowerPoint 选项”对话框，如图 9-29 所示。在左侧的列表框中，选择要添加的命令，单击“添加”按钮，可将其添加到右侧的列表框中，最后单击“确定”按钮。

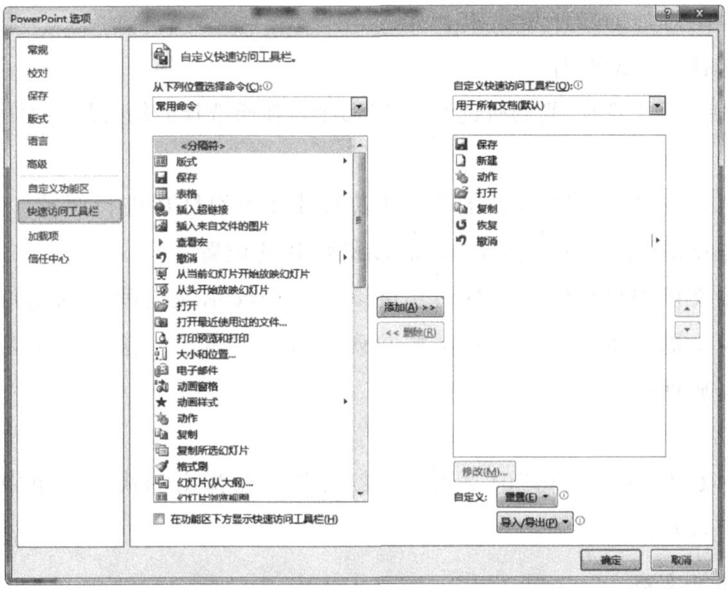

图 9-29　“PowerPoint 选项”对话框

(四)自定义功能操作区

用户在制作课件时，为了方便自己的工作，可以根据自己的操作习惯定义功能操作区。在功能区右击，在弹出的快捷菜单中选择“自定义功能区”命令，打开“PowerPoint 选项”对话框。在“PowerPoint 选项”对话框中可以修改主选项卡与工具选项卡，还可以新建选项卡，以重新整理功能命令。

在制作课件时，如果需要创建音频和视频内容，可以自定义一个“音频与视频”功能区，在这个功能区将有关音频和视频编辑的工具分成两个组。可以将自定义的功能区导成一个独立的文件

(*.exportedUI)，以后在重装软件或者其他电脑上使用时只需要导入这个文件即可。

(五)设置系统选项

可以对PowerPoint 2010进行一些系统选项的设置，以符合课件制作的需求。比如，可以设置PowerPoint默认的保存文件格式、自动保存文件的间隔时间、最多可撤销的操作数等。

在PowerPoint 2010中，单击“文件”选项卡，选择“选项”命令，打开“PowerPoint选项”对话框，在“PowerPoint选项”对话框中可以对“常规”“校对”“保存”“版式”“语言”“高级”等进行设置。

二、PowerPoint的上机操作①

(一)幻灯片的基本操作

演示文稿一般由一张或多张幻灯片组成。新建演示文稿后，通常只含有一张幻灯片。若要展示较多的内容，还需要在演示文稿中添加幻灯片。当演示文稿中包含多张幻灯片时，可能需要对幻灯片进行复制、移动、删除等操作。

1. 新建幻灯片

如果要在一个演示文稿中新建一个幻灯片，可以执行下面的操作步骤。

①在“开始”功能区，单击“新建幻灯片”按钮，弹出“Office主题”列表框。

②单击某个幻灯片版式的图标，可以在当前幻灯片的后面插入一个新幻灯片。

2. 复制幻灯片

在演示文稿中复制幻灯片的操作步骤如下所述。

①在演示文稿中选择一个幻灯片。

②在“Office主题”列表框中选择“复制所选幻灯片”命令，在所选择的幻灯片后面得到一个幻灯片副本。

3. 移动幻灯片

如果认为原来幻灯片的排列顺序不够合理，可以通过移动幻灯片进行调整。在“普通视图”的“幻灯片”模式和“幻灯片浏览视图”下，可以通过拖动移动幻灯片的位置。

除了在同一个演示文稿中移动幻灯片外，还可以在两个演示文稿间移动幻灯片。具体操作步骤如下：同时打开两个演示文稿，将这两个演示文稿并列显示在屏幕上，选中一个窗口中的幻灯片，将其拖动到另一个窗口中释放即可。

4. 删除幻灯片

在“普通视图”下，右击“大纲窗格”中要删除的幻灯片，在弹出的快捷菜单中选择“删除幻灯片”命令，即可删除选定的幻灯片。

(二)在幻灯片中添加文本

在幻灯片中添加文本是通过插入文本框来实现的：可以直接在文本框中输入文字，也可以直接将文字复制、粘贴到文本框中。对文本框中的文字还可以进行字体、字号等多种风格的设置。

在幻灯片中添加文本一般有如下三种方法。

①使用文本占位符输入文字。如果是利用自动版式创建的幻灯片，幻灯片中通常会出现带有一定格式的文本框，还会有一些文字，被称为文本占位符。只要按照这些文字提示，单击此文本框，即可在文本框输入文字。

① 张留常、彭宗勤、缪亮：《计算机信息技术应用教程》第二版，201～218页，北京，清华大学出版社，2009。

②插入文本框输入文字。文本框就是一个能放置文本的矩形框。为了便于控制幻灯片的版面，幻灯片中的文字都被放置在文本框中。根据需要，可以将文本框中的文字做整体移动，也可以对文本框中文字的风格进行设置。

在“插入”功能区，单击“文本框”按钮，弹出下拉列表，有“横排文本框”和“垂直文本框”两个命令。选择“横排文本框”命令，将鼠标的指针移至幻灯片上，单击或者拖放鼠标，即可插入一个水平文本框。如果想插入一个垂直文本框，可以选择“垂直文本框”命令。幻灯片中插入文本框以后，就可以直接输入文字了。

③直接将文字复制、粘贴到幻灯片中。如果有现成的外部文本，还可以通过复制、粘贴的方法将外部文本直接复制到幻灯片中。

(三)在幻灯片中添加艺术字

艺术字其实是图形对象。通过插入艺术字，幻灯片会具备更多的文字表现效果。

1. 插入艺术字

①在“插入”功能区中，单击“艺术字”按钮，弹出下拉列表，出现各种艺术字样式。

②选择合适的艺术字样式，单击相应的图标。这样幻灯片中就出现艺术字文本框。

③在艺术字文本框中输入自己的内容。

2. 编辑艺术字

在插入艺术字的同时，功能区自动增加了一项“格式”功能区。“格式”功能区包括“艺术字样式”组，设置方法请自行练习。

(四)在幻灯片中添加图片

1. 插入“剪贴画”中的图片

以在幻灯片中插入一幅“车”的图片为例。在“插入”功能区中，单击“剪贴画”按钮，在右边出现了“剪贴画”任务窗格；在“搜索文字”的文本框中输入关键词“车”，在“结果类型”中选择“剪贴画”类型；单击“搜索”按钮，下面的列表框中就会出现很多关于“车”的剪贴画。

选择一幅合适的图片，双击它或者按住鼠标不放，将它拖动到编辑工作区中。这时编辑工作区就出现了选择的图片。

2. 插入外部图像

在“插入”功能区中，单击“图片”按钮，在弹出的“插入图片”对话框中选择自己所需要的图片。单击“打开”按钮后，编辑工作区中就多了一张图片。

3. 插入形状

除了插入一些现成的图片素材以外，很多时候用户还需要自己绘制需要的图形。PowerPoint 2010 提供了一个插入现成形状并进行编辑的功能。在“插入”功能区中，单击“形状”按钮，弹出一个下拉列表，出现各种类别的现成形状。单击选择一个形状按钮后，鼠标的指针变成十字形，在编辑区拖动即可绘制需要的图形。

4. 编辑图片

利用上面的方法可以将图片添加到幻灯片中。在部分情况下，有些图片并不符合演示文稿的要求，可能还需要对尺寸、位置、颜色等进行设置。

(1)通过鼠标拖放调整图片

选中图片后，图片的四周会出现编辑边框，并且边框上显示若干操作手柄(圆形或方形)。拖动白色手柄可以调整图片的大小，拖动绿色手柄可以旋转图片。

(2)通过“设置图片格式”对话框编辑图片

在幻灯片中选中图片，右击，选择快捷菜单中的“设置图片格式”命令，弹出“设置图片格式”对话框，对所选择的图片的亮度、对比度等属性进行设置。

(3)通过“大小和位置”对话框编辑图片

在幻灯片中选中图片，右击，选择快捷菜单中的“大小和位置”命令，弹出“大小和位置”对话框，精确地设置图片的尺寸、位置、旋转等属性。

(4)利用“图片工具”功能区编辑图片

在幻灯片中选择图片后，会显示一个“图片工具”功能区。“图片工具”功能区的“格式”选项卡包含各种对图片进行编辑的命令图标。利用命令图标可以编辑图片的尺寸、颜色、对比度、亮度，还可以实现剪裁、压缩图片等操作。

(五)在幻灯片中添加图表

在制作演示文稿的时候，使用一些图表内容可以让展示的数据直观明了、更具说服力。本部分以插入一个图表为例，介绍如何在 PowerPoint 2010 演示文稿中添加图表。

1. 插入图表

①在“插入”功能区中，单击“图表”按钮，弹出“插入图表”对话框。这个对话框分左右两个窗格，左边窗格显示图表大类列表，右边窗格显示相应的图表外观。

②在左边窗格中选择“柱形图”，在右边窗格中选择“簇状柱形图”，单击“确定”按钮，即可插入一个图表，同时会打开一个对应的“数据表”窗口。

2. 编辑数据表

①单击“数据表”中标号为 5 的单元格，选中该行并右击，在弹出的快捷菜单中选择“删除”命令，将第 5 行删除。使用同样的方法可以删除不需要的行。本实例中只留下一行，在剩下的这行单元格中输入相应的文本和数字。

②输入完毕以后，可以先关闭“数据表”窗口。这时可以看到工作区中显示的图表。

③图表创建好以后，PowerPoint 2010 功能区自动显示“图表工具”项。“图表工具”项包括“设计”“布局”“格式”3 个选项卡。为了使图表更符合要求，可以利用这 3 个选项卡的功能命令对图表进行编辑。

活动与训练

主题：PowerPoint 2010 的基本操作。

活动目标：掌握 PowerPoint 2010 演示文稿的基本操作方法及制作演示文稿的能力。

建议时间：40 分钟。

知识准备：PowerPoint 演示文稿的新建、打开、保存。

活动步骤：

步骤 1：幻灯片页面内容的编辑。

步骤 2：幻灯片页面外观的修饰。

步骤 3：演示文稿的动画和动作设置。

第十单元
逻辑思维能力

逻辑思维是人们在认识事物的过程中借助概念、判断、推理等思维形式，能动地反映客观现实的理性认识过程，又称抽象思维。只有通过逻辑思维，人们才能达到对事物本质规律的把握，进而认识客观世界。逻辑思维是人的认识的高级阶段。在逻辑思维中，人们要用到概念、判断、推理等思维形式和比较、分析、综合、抽象、概括等思维方法。掌握和运用这些思维形式和思维方法的程度，就是逻辑思维能力。

形式逻辑是关于思维形式、思维形式的规律和简单逻辑方法的科学。本单元旨在让师范生通过概念的学习，掌握基本的科学原理和方法，从未知到已知，从而正确认识事物，培养理性精神和创新意识；通过命题及其推理的学习，学会准确、严密地表达和论证思想，运用科学的思维方式认识事物、解决问题，培养独立思考、独立判断的能力，揭露谬误，培养崇尚真知的精神；通过逻辑思维形式基本规律的学习，学会尊重事实，辩证分析问题，培养实证意识和严谨的求知态度。

微课视频

第十单元
逻辑思维能力

[illegible]

主题一　概念及其逻辑方法

主题目标

1. 掌握概念的相关内容。
2. 会运用概念的相关逻辑方法。
3. 深刻领会概念及其逻辑方法，培养逻辑思维能力。

一、概念

(一)概念、词语与词项

概念是反映对象的特有属性或本质属性的思维形式，是思维形式的基本组成单位，也是命题、推理的构成要素。

概念的表现形式就是词语。因此，概念与词语是内容与形式的关系，概念是词语所表达的思想内容，词语是概念的语言表达形式。

词项是现代逻辑的一个基本概念，是概念和词形的统一，即表达概念的词语。

(二)概念的基本逻辑特征

内涵和外延是概念的两个基本逻辑特征。

概念的内涵是概念所反映的客观事物的本质属性。本质属性就是决定一事物之所以成为该事物并区别于其他事物的属性。例如，“商品”这个概念的内涵就是“用于交换的劳动产品”。

概念的外延就是具有概念所反映的本质属性的那一类事物的范畴，是概念反映的思维对象的总和，即概念的适用范围。例如，“商品”这个概念的外延是指具有商品这一个概念内涵的用于交换的产品。

概念的内涵和外延的关系为：内涵决定外延，一个概念的内涵决定了，它的外延也随之确定。具有种属关系的概念的内涵与外延之间存在这样的关系：内涵较少的概念的外延较大；内涵较多的概念的外延较小。比如，“学生”和“中学生”相比，前者的内涵比后者少，其外延比后者大。“学生”和“人”相比，前者的内涵比后者多，其外延比后者小。

(三)概念的种类

1. 根据概念外延的数量进行分类

根据概念外延的数量，可以把概念分为单独概念、普遍概念

单独概念是反映独一无二对象的概念，如中国、上海、南京。

普遍概念是反映一个以上对象的概念，如人、自行车、汽车。

2. 根据概念所指称的对象是否为集合体进行分类

根据概念所指称的对象是否为集合体，可以把概念分为集合概念与非集合概念。

集合概念是反映集合体的概念。

非集合概念是反映非集合体的概念。

集合概念和非集合概念的区分：集合概念与其自身所反映的事物的个体是整体与部分的关系。集合概念所反映的对象的属性只是集合体具有的，其中的个体不必然具有。例如，“森林”的属性是“树木”所不具有的。非集合概念与其自身所反映的事物的个体是种属关系。例如，树是组成树林的一部分，树与植物是种属关系。非集合概念所反映的对象的属性不仅这类事物具有，而且其中的个体也必然具有。例如，“人”的属性，“中国人”就完全具有。

3. 根据概念所指称的对象是否具有某种属性进行分类

根据概念所指称的对象是否具有某种属性，可以把概念分为肯定概念和否定概念。肯定概念是反映事物具有某种属性的概念。否定概念是反映事物不具有某种属性的概念。否定概念的形成一定以一个肯定概念为前提。例如，“未成年”是相对“成年”的否定概念。

(四)概念外延间的关系①

根据两个概念的外延间有无重合部分和重合部分的多少，两个概念间可能具有的关系有五种：同一关系、包含关系、交叉关系、矛盾关系和反对关系。

1. 同一关系：A=B

同一关系又称全同关系，是两个概念的外延完全重合的关系，如“等边三角形”与“等角三角形”，“《狂人日记》的作者”与“鲁迅”等。

2. 包含关系：A>B

包含关系是指一个概念的部分外延与另一个概念的全部外延相重合的关系。比如，对于A，B两个概念，如果A概念的外延包含B概念的全部外延，并且B概念的全部外延仅仅是A概念外延的一部分，即所有的B都是A，但有的A不是B，那么A概念就包含B概念。A概念与B概念的这种关系就是包含关系，又称为属种关系，读作A真包含B或B真包含于A，如“学生”与“中学生”，“医生”与“儿科医生”。

3. 交叉关系：$A(A_1, A_2, B_1\cdots\cdots)$，$B(B_1, B_2, A_2\cdots\cdots)$

交叉关系是指两个概念的外延部分相重合的关系。对于A，B两个概念，如果A概念只有部分外延与B概念的外延相重合，而B概念也只有一部分外延与A概念的外延相重合，那么A，B两个概念间的关系就是交叉关系，如“党员”与“教师”，“医生”与“博士”等。

4. 矛盾关系

如果两个概念的外延不相重合，并且两者的外延之和等于其共同的属概念的外延，那么两个概念间的关系叫作矛盾关系。即两个概念A和B，同时包含于它们的属概念C当中。如果A与B的外延之和等于C的全部外延，那么A与B具有矛盾关系。

5. 反对关系

如果两个概念的外延不相重合，并且两者的外延之和小于其邻近的属概念的外延，那么两个概念之间的关系叫作反对关系。即两个概念A和B，同时包含于它们的属概念C当中，如果A与B的外延之和小于C的全部外延，那么A与B具有反对关系，如“老人”和“小孩”。

---

① 史军、陈晓东：《综合素质知识点精讲梳理(中学)》，174～182页，北京，人民邮电出版社，2017。

概念的真包含关系和真包含于关系，统称为属种关系、从属关系，不同于整体与部分的关系。其区别在于：种概念必然具有属概念的内涵，但部分却不必然具有整体的本质属性，因而反映部分的概念也不必然具有反映整体的概念的内涵。比如，“安顺”与“贵州”之间就不是种属关系。

弄清概念的属种关系，对明确概念是非常重要的。首先，具有属种关系的概念一般不应并列使用。比如，“这里出售蔬菜、水果、西红柿、鱼等”这句话就不妥当。其次，要注意以属代种和外延过宽的逻辑错误。

使用具有交叉关系的概念时必须注意：首先，具有交叉关系的概念一般不应并列使用。其次，具有交叉关系的概念不能表述为属种关系。

另外，还可以根据两个概念在外延上是否有重合之处，把概念的关系分为相容关系和不相容关系两大类。相容关系包括同一关系、包含关系和交叉关系；不相容关系包括矛盾关系和反对关系。

需要注意的是，对于具有同一关系的两个概念，虽然它们的外延是完全重合的，但是它们的内涵却不尽相同。这是因为我们对同一对象可以从不同的角度抽取不同的本质属性作为概念的内涵，从而形成外延相同而内涵有所不同的概念。

对于具有包含关系的两个概念，外延大的叫属概念，外延小的叫种概念。包含关系具体可以分为两种情况：属种关系指一个对象的部分外延与另一个对象的全部外延相重合的关系，也叫真包含关系。种属关系指一个概念的全部外延与另一个概念的部分外延相重合的关系，也叫真包含于关系。

概念间的矛盾关系和反对关系的区别在于两个具有不相容关系的概念的外延之和是否穷尽了其共同的属概念的外延。两个概念的外延之和穷尽了其共同的属概念，也就是等于其属概念的外延的，为矛盾关系，否则为反对关系。

二、限制和概括

(一)限制

限制是通过增加内涵、缩小外延从属概念得到其种概念的逻辑方法。所以限制必须在具有种属关系的概念之间进行。比如，“亚洲”不能限制为“东南亚”，因为两者不是种属关系。单独概念没有种概念，不能限制。又如，“螳螂”不能限制为“捕食的螳螂”。

(二)概括

概括是通过缩小内涵、扩大外延从种概念得到其属概念的逻辑方法。概括也必须在具有种属关系的概念之间进行。比如，“草”能概括为“植物”，不能概括为“草原”。因为“草”和“植物”是种属关系。而“草”和“草原”是部分与整体的关系。另外，最大类概念没有属概念，因而不能概括。又如，“事物”是最大类概念，不能概括。

三、定义和划分[①]

(一)定义

1. 定义的概念

定义是明确概念内涵的一种逻辑方法。也可以说，定义就是揭示概念所反映的思维对象的本质属性的逻辑方法。定义由三部分构成：被定义项、定义项和定义联项。

---

① 段启俊、郭哲：《法律逻辑学》，33～44页，长沙，湖南大学出版社，2003。

被定义项就是其内涵需要加以明确的概念。定义项就是用以揭示被定义项内涵的概念，通常是一个复合概念。定义联项就是把定义项和被定义项联系起来的概念。常用的有“是”“就是”“所谓……就是指……”等。

2. 分类的方法

属加种差定义法是揭示被定义项概念所反映的对象的本质属性的定义方法。

语词定义法就是说明或规定某个语词含义的定义方法。常见的语词定义有两种：说明性的语词定义和规定性的语词定义。所谓说明性的语词定义就是对某个语词已经确定的意义加以解释或说明。所谓规定性的语词定义就是对某个语词人为地规定某种特定的含义。

3. 需要注意的问题

①定义项的外延必须与被定义项的外延相等。违反这条规则就会出现定义过宽或定义过窄的逻辑错误。

定义过宽是指定义项的外延大于被定义项的外延，把本来不属于被定义项所指的对象也包括在定义项之中，使定义项真包含被定义项。例如，刑法学就是以法律为研究对象的科学。

定义过窄是指定义项的外延小于被定义项的外延，把被定义项所指的部分对象排斥在定义项之外，使定义项真包含于被定义项。比如，企业就是直接从事工业生产活动并独立核算的经济单位。

②定义项不能直接或间接地包含被定义项。违反这条规则就会出现同语反复或循环定义的逻辑错误。

同语反复是指定义项中直接引用被定义项。通常表现为定义项与被定义项并不是具有同一关系的两个概念，而是用于表达同一个概念的两个不同语词。比如，法学家就是被人称为法学家的人。

循环定义是指定义项间接引用被定义项，即定义项要依靠被定义项来解释。比如，近亲属就是比远亲属要更近的亲属。

定义项必须用清楚确切的概念，不能用比喻，否则就会出现以比喻代定义的错误。

定义项一般不能用否定概念，否则就会出现否定式定义的错误。比如，合法行为就是不违反法律的行为。不过如果被定义项本身就是否定概念，那么其定义项也可以是否定概念。又如，无罪证据就是能证明刑事被告人犯罪事实不存在的证据。

（二）划分

1. 划分的概念

划分是揭示概念外延的逻辑方法。划分就是根据需要，按照一定标准把外延较大的属概念分成若干个种概念。也就是把一个概念所反映的一大类对象，分成若干小类，以揭示其外延的逻辑方法。划分由划分的母项、划分的子项、划分标准三部分组成。划分的母项是被划分的概念，即外延需要加以明确的概念。划分的子项是划分后所得到的种概念。划分标准是划分所依据的属性。例如，人可分为老年人、中年人、青年人、少年儿童和婴儿。其中，划分的母项是“人”；划分的子项是“老年人、中年人、青年人、少年儿童和婴儿”；划分的标准是年龄。

2. 划分的方法

根据划分后的子项数量不同，划分可以分为二分划分和多分划分。二分划分是将划分的母项根据有无某属性分为两个具有矛盾关系的子项的划分方法。子项都是互为矛盾的概念。多分划分是将划分的母项根据某一属性分为三个或三个以上子项的划分方法。

根据划分所包括的母项和子项层次数量的不同，划分可以分为一次划分和连续划分。一次划分是指包括母项和子项两个层次的划分，是指对母项划分一次，不对所得的子项再进行划分的划分方法。连续划分是在一次划分的基础上，把一次划分后得到的子项当作母项再进行划分，连续进行划分直到满足实践需要为止的划分方法。例如，将概念间的关系分为相容关系和不相容关系。相容关系再进一步分为同一关系、包含关系、交叉关系；不相容关系又进一步分成矛盾关系和反对关系。

3. 需要注意的问题

①划分以后各子项外延的总和必须与母项的外延相等，否则就不能完成明确概念外延的任务，会出现划分过宽或者划分过窄的错误。

②划分必须依照同一标准进行。在同一种划分中，划分的标准应当始终不变。违反这条规则出现的逻辑错误被称为多标准划分或者标准不一的逻辑错误。

③子项的外延必须相互排斥。每次划分出的各子项间应当是相互排斥的。违反这条规则出现的逻辑错误叫子项相容。

④划分的层次必须清楚。划分应逐级进行，每次划分所得的子项应当是同一层次的。如果划分后所得的子项不是同层次的，就是层次不清。越过中间层次，直接划分出下一层子项就是越级划分。

活动与训练

主题：讨论逻辑思维的基本形式。

活动目标：正确认识逻辑思维的基本形式。

建议时间：40 分钟。

知识准备：通过图书馆、网络及其他方式查找相关资料，准备比赛。

活动步骤：

步骤 1：各组按一问一答的顺序进行比赛。

步骤 2：各组的陈述清晰明确。

步骤 3：一对一问答阶段。

步骤 4：教师根据学生的表现总结并点评。

主题二　命题及其推理

主题目标

1. 掌握逻辑思维的几种命题。
2. 运用命题进行推理。
3. 深刻领会命题的含义。

一、性质命题及其推理

(一)性质命题

1. 性质命题及其逻辑特征

(1)性质命题的内涵

性质命题是断定思维对象具有或不具有某种性质的命题，又称直言命题。

(2)性质命题的逻辑特征

命题总是对思维对象的情况有所断定，即或者是肯定的，或者是否定的。

任何命题都有真假之分，不是真的，就是假的。

(3)性质命题的构成

性质命题由主项、谓项、联项和量项这四个部分构成。

主项用 S 表示。

谓项用 P 表示。

联项分为肯定联项和否定联项两种，分别用“是”和“不是”表示。

量项是用于断定主项外延数量的概念。量项分为如下三种。

①全称量项。它对性质命题的主项的全部外延作出断定，一般用“所有的”“凡”“一切”“任何”“每一个”表示，有时可以省略。

②特称量项。它表示在命题中至少陈述了主项指称对象中的一个，或者说至少陈述了主项外延之中的一个对象，通常用“有些”“有”“存在”“至少有一个”“大多数”“少数”等表示。

③单称量项。它表明主项是一个单独概念。

2. 性质命题的分类和性质命题主谓项的周延性

(1)按质的分类

按质的分类，性质命题可分为肯定命题和否定命题。

（2）按量的分类

按量的分类，性质命题可分为全称命题、特称命题和单称命题。

（3）按质和量的结合分类

按质和量的结合分类，性质命题可分为以下六种。

全称肯定命题是陈述主项所指称的全部对象都具有某种性质的命题。其形式为：所有 S 是 P，符号 SAP，简记为 A。

全称否定命题是陈述主项所指称的全部对象都不具有某种性质的命题。其形式为：所有 S 不是 P，符号 SEP，简记为 E。

特称肯定命题是陈述主项所指称的对象中至少有一个具有某种性质的命题。其形式为：有 S 是 P，符号 SIP，简记为 I。

特称否定命题是陈述主项所指称的对象中至少有一个不具有某种性质的命题。其形式为：有 S 不是 P，符号 SOP，简记为 O。

单称肯定命题是陈述主项所指称的单个对象具有某种性质的命题。其形式为：这个 S 是 P。

单称否定命题是陈述主项所指称的单个对象不具有某种性质的命题。其形式为：这个 S 不是 P。

在三段论中，单称命题是作为全称命题处理的。所以，性质命题就可简化为 SAP、SEP、SIP、SOP 四个命题。

（4）性质命题主谓项的周延性

所谓性质命题主谓项的周延性是指在性质命题中对主谓项的全部外延是否都有所断定的情况。如果一个性质命题中主谓项的全部外延都被断定了，那么该主谓项就是周延的；如果一个性质命题中主谓项的外延没有被全部断定，那么该主谓项就是不周延的。

A，E，I，O 四种性质命题的主谓项的周延情况如表 10-1 所示。

表 10-1　性质命题主谓项的周延性

命题种类	S	P
SAP	周延	不周延
SEP	周延	周延
SIP	不周延	不周延
SOP	不周延	周延

3. 性质命题间的关系

性质命题间的真假关系是指主项和谓项都相同的性质命题间的真假关系，称为相同素材的性质命题间的关系。

A，E，I，O 四种命题的真假情况如表 10-2 所示。图 10-1 为性质命题间的对当关系。

表 10-2　性质命题间的真假关系

命题					
A	真	真	假	假	假
B	假	假	假	假	真
I	真	真	真	真	假
Q	假	假	真	真	真

按照表 10-2 和图 10-1，我们可以进一步总结出相同素材的 A，E，I，O 四种命题之间的真假关系。相同素材的性质命题 A，E，I，O 之间存在一种真假相互制约的关系，这种关系又称为相同素材的性质命题的对当关系。根据图 10-1 可知，所谓对当关系具体是指上反对、下反对、矛盾、差等。

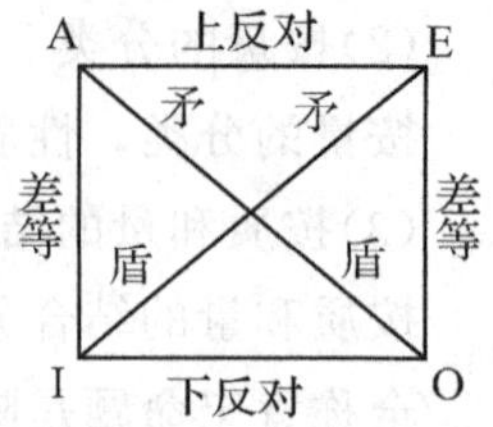

图 10-1　性质命题间的对当关系

(二)性质命题推理[①]

1. 对当关系推理

(1)上反对关系推理

上反对关系是 A 和 E 之间具有的关系，这是一种“不能同真，可以同假”的关系。因此，可以由一个命题为真推知另一个命题为假，但不能由一个命题为假而推知另一个命题的真假情况。

(2)下反对关系推理

I 与 O 之间的关系是“不能同假，可以同真”。因此，可以由一个命题为假推出另一个命题为真，但不能由一个命题为真而推出另一个命题的真假情况。

(3)矛盾关系推理

矛盾关系是 A 和 O、E 与 I 之间所具有的关系。这是一种“既不能同真，也不能同假”的关系。具有矛盾关系的命题，其真假正好相反。因而，一个性质命题和它的矛盾命题的负命题真假完全一致。这样一个性质命题和它的矛盾命题的负命题之间便存在等值关系。据此，在具有矛盾关系的命题之间，既可以由一个真推知另一个假，也可以由一个假推知一个真。

(4)差等关系推理

A 和 I、E 和 O 之间具有的关系是“可以同真，也可以同假”的关系。据此，在具有差等关系的命题之间，可以由全称命题为真推知特称命题为真，也可以由特称命题为假推知全称命题为假；但不能由全称命题为假推知特称命题的真假情况，也不能由特称命题为真推知全称命题的真假情况。

2. 变形推理

(1)换质法

①换质法的形式。换质法是指不改变主项和谓项的位置，将肯定变为否定，同时否定谓项。

A 命题的换质：$SAP \leftrightarrow SE\overline{P}$。例如，凡犯罪行为都是违法行为，所以凡犯罪行为都不是不违法行为。

E 命题的换质：$SEP \leftrightarrow SA\overline{P}$。例如，管制不是附加刑，所以管制是非附加刑。

I 命题的换质：$SIP \leftrightarrow SO\overline{P}$。例如，有些合同是非有效合同，所以有些合同不是有效合同。

O 命题的换质：$SOP \leftrightarrow SI\overline{P}$。例如，有的被告不是有罪的，所以有的被告是无罪的。

②换质法的基本功能。

一是通过改变命题的质，可以从正反两方面认识同一对象和同一命题内容。

二是用于语法修辞、调换句式和加强表达效果。

(2)换位法

换位法是指不改变命题的质，变换主谓项的位置。需要注意的是，前提中不周延的项，在结论中不得周延。

A 命题的换位：$SAP \rightarrow PIS$，不能由 $SAP \leftrightarrow PAS$。因为 A 命题的谓项是不周延的，如果换位的话，前提中 A 命题的谓项作为结论中否定命题的主项就变为周延了，违反换位法规则。例如，所有犯罪行

---

① 《逻辑学教程》编写组：《逻辑学教程》，62～70 页，西安，西安电子科技大学出版社，2014。

为都是违法行为，所以有的违法行为是犯罪行为。

一、三段论中 E 命题的换位：SEP→PES。例如，防卫过当不是正当防卫，所以正当防卫不是防卫过当。

I 命题的换位：SIP→PIS。例如，有的犯罪主体是单位，所以有的单位是犯罪主体。

O 命题不能换位，不能由 SOP↔POS。因为 O 命题的主项是不周延的，如果换位，前提中 O 命题的主项作为结论中否定命题的谓项就变为周延了，违反换位法规则。

(3)换质法、换位法交替使用

换质法与换位法可以交替使用：SAP↔SE$\overline{P}$↔$\overline{P}$ES↔$\overline{P}$A$\overline{S}$。

二、三段论及其推理

(一)三段论的含义

三段论是以包含一个共同项的两个性质命题为前提，推出另外一个性质命题作为结论的推理。

任何一个三段论都是由三个性质命题构成的，其中两个是前提，一个是结论。

任何一个三段论都有并且只有三个不同的词项。这三个词项分别叫作中项、小项和大项。中项是指在两个前提中都出现而在结论中不出现的词项。小项是作为结论主项的词项。大项是指作为结论谓项的那个词项，用 P 表示。小项和大项都在前提和结论中各出现一次。

三段论的两个前提中一个称为大前提，另一个称为小前提。大前提是指含有大项的前提，小前提是指含有小项的前提。

(二)三段论的规则

三段论的规则是检验三段论的推理形式的有效性的标准，它对三段论的推理起着规范作用。一个三段论如果遵守三段论的规则，它就是形式有效的。而当其违反其中的任何一条规则，就是形式无效的。这些规则如下。

①中项至少要周延一次。

②前提中不周延的项，在结论中不得周延(结论中周延的项，在前提中必然周延)。

③前提和结论的否定命题的个数相等。这可以解释为：两个否定前提不能推出必然结论；如果前提中有一个是否定的，则结论必是否定的；如果结论是否定的，那么必有一个前提是否定的。

三、联言命题及其推理

(一)联言命题

联言命题是指断定对象若干种情况同时存在的命题。联言命题的支命题称作联言支，常用字母 p，q 表示。联言命题的逻辑联结词“……并且……”可用合取词“∧”表示。

一个联言命题一般包含两个联言支，也可以包含两个以上的联言支。由于具有多于两个支命题的联言命题是以两个支命题的联言命题为基础的，因此联言命题的逻辑形式一般表示为：p 并且 q，即 $p \wedge q$(∧读作“合取”)。

在自然语言中，联言命题常用的联结词有“不但……而且……”“不仅……还……”“一方面……另一方面……”“虽然……但是……”“既……又……”“尽管……还……”等。并列句、复合句中的递进句、转折句、连贯句等属于联言命题。

(二)联言命题推理

根据联言命题的逻辑性质，联言命题推理有两种有效式。

1. 组合式推理

组合式推理就是以两个或两个以上的命题为前提，将以这几个命题作为支命题所构成的联言命题为结论的联言推理形式。

组合式推理的要求是，作为前提的支命题必须都为真，否则不能得出正确的结论。

在实际思维中，借助联言命题的组合式推理所为的结论，不必然表现为一个联言命题的形式，而表现为以该联言命题为基础的经过浓缩而形成的概念形式。比如，黄某是妇女，黄某是医生，所以黄某是女医生。

2. 分解式推理

分解式推理指以一个联言命题为前提，以这个联言命题的一个支命题为结论的联言推理形式。

四、选言命题及其推理

(一)选言命题的分类

选言命题是断定对象可能存在的情况中至少有一种情况存在的命题。选言命题的支命题称作选言支，常用字母 p，q 表示。选言命题根据选言支之间的关系，可分为相容选言命题和不相容选言命题。

1. 相容选言命题

相容选言命题就是断定几种可能存在的情况中至少有一种情况存在，并且这几种情况可以都存在的选言命题。也可以说，相容选言命题就是断定几个支命题中至少有一个为真，并且这几个支命题可以同时为真的选言命题。

相容选言命题的支命题至少是两个，也可以是多个。具有两个以上支命题的选言命题与具有两个支命题的选言命题，在逻辑性质上是相同的。相容选言命题的逻辑联结词“……或者……”可用析取符号“∨”表示。

相容选言命题的逻辑形式为：p 或者q，即 $p \vee q$。

相容选言命题又称为析取命题。选言命题常用的联结词除了“……或者……”外，还有“……可能……也可能”“也许……也许……”“是……或是……”等。

2. 不相容选言命题

不相容选言命题就是断定几种可能存在的情况中有一种并且只有一种情况存在的选言命题。不相容选言命题的支命题都是不相容的、相互排斥的、不可以同时并存的。例如，这个指纹要么是甲的，要么是乙的。

不相容选言命题的逻辑形式为：要么 p，要么 q。不相容选言命题常用的联结词有“不是……就是……”“是……否则……”“或者……或者……，二者不可兼得”“是……还是……，二者必居其一”等。

运用选言命题时需要注意如下问题。

①选言命题的支命题都是假的，该选言命题一定为假。

②选言命题的真假与选言支是否穷尽没有必然关系。所谓穷尽是指把每一种可能性都列举出来。穷尽了选言支的选言命题一定是真的。

③要注意选言支之间构成的选择关系不是相容的属种关系。

(二)选言命题推理

1. 相容选言命题推理

根据相容选言命题的逻辑性质，如果一个相容选言命题是真的，那么它的支命题至少有一个为真，也可以同时为真。因此，相容选言命题推理有两种有效式。

(1)否定肯定式推理

从选言命题的真值表可以看出，当 $p \vee q$ 为真，并且 p 为假时，q 一定为真；当 $p \vee q$ 为真，并且 q 为假时，p 一定为真。所以，否定肯定式推理是有效的。

(2)肯定肯定式推理

肯定肯定式推理是肯定一个支命题，则必须肯定其他支命题。肯定肯定式推理在实际生活中没有实际意义，但是在现代数理逻辑的演算中有很大作用。

相容选言命题推理的规则为：①否定一部分支命题，必须肯定另一部分支命题；②肯定一部分支命题，不能否定另一部分支命题。

2. 不相容选言命题推理

不相容选言命题推理就是包含一个不相容选言命题并以不相容选言命题的逻辑性质为依据进行推演的推理。

不相容选言命题推理的逻辑特性是，如果一个不相容选言命题为真，那么它的支命题中有且只能有一个为真。据此，不相容选言推理有两种有效式。

(1)否定肯定式推理

对于一个真的不相容选言命题，否定一部分支命题，则必须肯定剩下的那部分支命题。

(2)肯定否定式推理

对于一个真的不相容选言命题，肯定一部分支命题，则必须否定剩下的那部分支命题。

不相容选言命题推理的规则为：①否定一部分支命题，必须肯定另一部分支命题；②肯定一部分支命题，必须否定另一部分支命题。

五、假言命题及其推理

(一)假言命题的组成部分

假言命题是断定某对象情况存在(或不存在)是另一对象情况存在(或不存在)的条件的命题。假言命题由前件、后件、联结词三个部分组成。假言命题一般由两个支命题构成。其中，作为条件的支命题称为前件，一般用字母 p 表示。依照条件而成立的支命题称为后件，一般用字母 q 表示。联结词是把前件和后件连接起来的标志，决定着假言命题的逻辑性质，在假言命题的分类中起着重要作用。

(二)假言命题的分类

依据断定的条件关系的不同，假言命题可以分为充分条件假言命题、必要条件假言命题和充分必要条件假言命题。

(三)假言命题及其推理

1. 充分条件假言命题及其推理

假设 p，q 分别为两种情况。如果情况 p 存在，那么情况 q 就存在；如果情况 p 不存在，那么情况 q 不一定不存在(可能存在，也可能不存在)。在这种情况下，情况 p 就是情况 q 的充分条件。

充分条件假言命题推理的有效式有两种。①肯定前件式推理。比如，如果整体物价上涨，那么说明是通货膨胀；现在物价普遍上涨，所以现在是通货膨胀。

②否定后件式推理。比如，如果肺部发炎，则发烧。他没有发烧，则说明他不是肺部发炎。

2. 必要条件假言命题及其推理

假设 p，q 分别为两种情况。如果情况 p 不存在，那么情况 q 就一定不存在；如果情况 p 存在，那么情况 q 不一定存在(可能存在，也可能不存在)。在这种情况下，情况 p 就是情况 q 的必要条件。

必要条件假言命题常用的联结词有"除非……不……""除非……才……""不……不……""没有……没有……""必须……才……"等。

3. 充分必要条件假言命题及其推理

充分必要条件假言命题就是断定某一情况是另一情况的充分必要条件的假言命题。

充分必要条件假言命题由联结词"当且仅当"和支命题构成。充分必要条件假言命题常用的联结词"当且仅当"可用等值符号"↔"表示。"当且仅当"前的支命题称作充分必要条件假言命题的前件；"当且仅当"后的支命题称作充分必要条件假言命题的后件。比如，三角形的三边相等当且仅当三个内角相等。该三角形的三边不相等，所以该三角形的三个内角不相等。

活动与训练

主题：逻辑推理能力训练。

活动目标：培养逻辑推理能力。

建议时间：40 分钟。

活动准备：

知识准备：收集不同的逻辑推理题。

教具准备：案例材料、多媒体设备。

活动步骤：

步骤 1：收集和活动准备。课前每位学生收集逻辑推理题。

步骤 2：个人展示。学生展示自己选出的逻辑推理题，详细解说。

步骤 3：小组讨论。学生自由讨论、探讨，分析逻辑推理题。

步骤 4：教师总结。教师针对讨论结果进行分析、反馈、给予评价。

主题三　逻辑思维形式的基本规律

主题目标

1. 掌握逻辑思维形式的基本规律。
2. 会运用逻辑思维形式的基本规律。
3. 深刻领会逻辑思维形式的基本规律。

同一思维过程是指同一时间、同一关系、同一思维对象三个方面的“三同一”思维过程。其中，同一时间是指思维对象正处在量变阶段、尚未发生质变之前的一段时间；同一关系是指思维对象的同一方面、角度、意义、场合等。

一、同一律

(一)同一律的要求

①概念必须保持自身同一。使用概念时必须保持概念的内涵和外延的同一，不能任意转移、变换。

②命题(判断)必须保持自身同一。它是指在运用命题(判断)进行推理、论证的过程中，命题(判断)必须保持同一，不能随意转移、更替。它既指构成命题(判断)的概念和内容，又指不能混淆特称命题和全称命题、肯定命题和否定命题、联言命题和选言命题等。

③同一律要求的同一是指在时间、关系、思维对象相同的条件下的同一。同一律并不否认思想的发展变化。

(二)违反同一律要求的逻辑错误

①偷换概念。它是指在同一思维过程中有意用另一个概念取代原来在某种意义上使用的概念。

②混淆概念。它是指在同一思维过程中不自觉地把两个不同的概念当作同一概念使用。

③转移论题。它是指在思维过程中改变有意或无意已经提出的论题，把它引向另一个论题。

④偷换论题。它是指在思维过程中有意或无意用某个论题来替代原来的论题。

二、矛盾律

(一)矛盾律的要求

①在使用概念时，在同一思维过程中，不能用两个相互否定的概念(具有矛盾关系或反对关系的概念)指称同一对象。

②在使用命题(判断)时，在同一思维过程中，不能用两个相互矛盾的命题或两个相互反对的命题

陈述同一对象。

③不在同一思维过程中，使用两个相互矛盾的概念或命题，并不违反矛盾律。

④矛盾律反对思想中的矛盾，但并不否认事物自身存在的矛盾。

(二)违反矛盾律要求的逻辑错误

违反矛盾律要求的逻辑错误是，在同一思维过程中，对两个相互矛盾或相互反对的思想都肯定为真。具体来说，违反矛盾律就是对同一思维对象的两个具有矛盾关系或反对关系的概念、判断同时予以肯定，造成概念自毁或判断逻辑矛盾。

(三)矛盾律的作用

①帮助人们正确地认识客观世界。自相矛盾实质上是一个二支联言命题：A∧－A。该二支联言命题是一个永假判断。自相矛盾由于永假，就不可能正确地反映客观世界。矛盾律的公式是－(A∧－A)，即自相矛盾(A∧－A)的负命题。由于负命题与原命题是矛盾关系，因此负命题－(A∧－A)永真。既然矛盾律是一个永真命题，它就能帮助人们正确地认识客观世界。

②从反面保持思维的确定性，使交流思想成为可能。矛盾律是同一律的发展，同一律要求人们的思维保持确定性是从正面说的。同一律是说同一对象，在同一时间、同一方面与某一属性有联系；矛盾律说明了若 S 与 P 有联系，那么它就与非 P 无联系，这就从反面补充了同一律。在思维过程中，违背矛盾律，必然破坏同一律。矛盾律要求 A 命题和非 A 命题不能同真，它不仅要求 A 是 A，而且进一步要求 A 不是非 A。因此，遵守矛盾律，可以进一步保持思维的确定性。保持思维的确定性和无矛盾性是正确交流思想的前提。如果前后思想不一致，自相矛盾，那么就不可能和别人交流思想。

③帮助人们进行有力的反驳。根据矛盾律，如果与 A 具有矛盾或反对关系的命题是真的，那么 A 就是假的。因此，要反驳命题 A，只要举出或者证明与 A 具有矛盾或反对关系的命题是真的就可以了。

三、排中律

(一)排中律的逻辑要求

排中律的逻辑要求为：在同一时间、同一关系下，对反映同一对象的两个相互否定的思想(概念或命题)必须承认其中一个是真的，不应含糊其词、骑墙居中。

(二)违反排中律要求的逻辑错误

违反排中律要求，即对两个相互否定的思想都加以否定就会犯“模棱两不可”的逻辑错误。在特殊情况下，不明确表态并不违反排中律。

①在对思维对象缺乏足够的认识和了解，对相互矛盾的思想不能肯定哪一个为真时，不明确回答不违反排中律，如“弃权”。

②面对“复杂问语”(隐含着某种错误假定的问语)，不做肯定或否定回答不违反排中律。

③同时否定具有反对关系的两个命题，即思维对象本身存在中间状态，不违反排中律。

④对根本不存在的对象(空概念)的两个相互否定的断定都否定，不违反排中律。

(三)矛盾律与排中律的区别

①适用范围不同。矛盾律适用于相互矛盾、相互否定的命题；排中律只适用于相互矛盾的命题。

②逻辑要求不同。矛盾律要求“不能两可”；排中律要求“不能两不可”。

③逻辑错误不同。矛盾律自相矛盾；排中律模棱两不可。

四、充足理由律

充足理由律的逻辑要求为：①论断只有在提出充足理由时才是可信的。②作为充足理由的命题自身必须是真实的。③理由与论断之间有必然的逻辑关系，即从理由能够必然地推出所要论证的论断。

活动与训练

主题：逻辑思维能力训练。

活动目标：培养逻辑思维能力。

建议时间：40 分钟。

活动准备：

知识准备：收集不同的逻辑思维真题。

教具准备：案例材料、多媒体设备。

活动步骤：

步骤 1：收集材料。课前每位学生收集逻辑思维真题。

步骤 2：个人展示。学生展示自己选出的逻辑思维真题，详细解说。

步骤 3：小组讨论。学生自由讨论、探讨，分析逻辑思维真题。

步骤 4：教师总结。教师针对讨论结果分析、反馈、给予评价。

第十单元真题示例

第十一单元
写作素养

写作是以语言文字为载体，反映客观事物、表达思想感情、传递知识信息的创造性精神劳动过程。简言之，将思维和语言文字联结在一起的精神劳动成果就是文章。写作的基本特征是用文字展现思维；思维是灵魂，文字是躯壳。

写作活动的主要作用和意义在于表达感情、交流思想、传递信息。本单元旨在通过列举不同文体的文章，让师范生体悟中华文化的博大精深、源远流长，增强文化自信，体会中华文化的核心思想理念和人文精神，传播弘扬中华优秀传统文化和社会主义先进文化；通过列举不同事例、分析材料等，让师范生在历史与现实的对照中加深对党的热爱之情，培养热爱党、拥护党的意识，理解、接受并自觉践行社会主义核心价值观，坚定为实现中华民族伟大复兴的中国梦而不懈奋斗的信念和行动；通过作文材料分析、写作题目的拟定等让师范生培养家国情怀和人文情怀，健全人格，增强社会责任、敬业奉献精神，为综合职业能力的形成和继续学习奠定基础。

微课视频

主题一　文体常识概论

主题目标

1. 了解文体的基本概念。
2. 掌握常用文体的特点。
3. 掌握常用文体的写作方法。

一、认识文体

文体是指记叙文、议论文、说明文、应用文等文章体裁。教育教学实践活动中涉及的文体主要有记叙文、议论文、说明文。

二、记叙文[①]

记叙文是指以叙述为主，以描写、抒情、说明、议论为辅，以写人物的经历和事物的发展变化为主要内容的一种文体。

(一)记叙文的六要素

记叙文的六要素包括人物、时间、地点、事件起因、经过和结果。

(二)记叙文的写作方法

①叙述：对人物的经历、事物的发展过程做介绍、说明、交代。叙述是写作中较为常见的表达方式。

②描写：对人、事、物、景做具体形象的刻画。

③抒情：感受和感情的抒发、表达。

④议论：对某个议论对象发表见解，以表明自己的观点和态度。

⑤说明：用简明扼要的文字把事物的形状、性质、特征、成因、关系、功用等表述清楚。

(三)记叙文的分类

①侧重写人的记叙文：以人物的外貌、语言、动作、心理描写为主，如《背影》。

②侧重叙事的记叙文：以叙述事情的发生、发展、经过和结果为重点，如《小桔灯》。

③侧重绘景的记叙文：以描绘景物、寄托情怀为主，如《荷塘月色》。

---

① 史军、陈晓东：《综合素质知识点精讲梳理(中学)》，195～197页，北京，人民邮电出版社，2017。

④侧重状物的记叙文：以状物为主，借象征抒怀，如《白杨礼赞》。

(四)记叙文的写作顺序

1. 顺叙

顺叙也称正叙，是叙述的手法之一。顺叙就是按照事件发生、发展的时间先后顺序来进行叙述的方法。用这种方法进行叙述的优点是事件由头到尾，文气自然贯通，文章显得条理清楚。

2. 倒叙

倒叙是根据表达的需要把事件的结局或某个最重要、最突出的片段提到文章的前面，然后再从事件的开头，按事情原有的发展顺序进行叙述的方法。

倒叙的目的主要有三个方面：一是强化文章的思想内容，将最能表现中心思想的片段提到最前面加以突出强调；二是增强文章的吸引力，将事情最精彩、最动人的高潮或结局部分先写出来；三是提高表达效果，避免平铺直叙，使文章结构发生变化，起到引人入胜的作用。

使用倒叙时应注意三个方面：一是倒叙并不是将整个事件都倒过来叙述，而是将事件的某个部分提前，仍需对其他内容进行顺叙。二是文章开头叙写的内容必须是事情的高潮或结局。而且这个高潮或结局部分应该是整件事情中最能吸引人的地方。三是必须交代清楚起止点。开头部分与正文部分之间要运用恰当的过渡句或过渡段，界限分明且衔接自然，否则会造成读者思维的混乱，影响文章思想内容的表达。

三、议论文

议论文是以议论为主要表达方式，对某个问题或某件事进行分析、评论，通过摆事实、讲道理直接表达观点、立场、态度、看法和主张的常用文体。议论文可用于剖析事物、论述事理、发表意见、提出主张。

(一)议论文的三要素

议论文的三要素是论点、论据、论证。论点是在文章中提出的对某一个问题或某一类事件的看法、观点和主张。论点要求正确、鲜明、有针对性，一般表现在文章题目、第一句话或结尾中。

要想证明论点的正确性，首先，论据必须真实、可信，能充分证明论点。其次，论据要具有典型性。最后，论据要新颖，能给人以新的感受和启示。

论证就是用论据来证明论点的过程。论证的目的在于揭示论点和论据之间的内在逻辑关系。

(二)议论文的论证方法

1. 举例论证

举例论证一般列举确凿、充分、有代表性的和古今中外的事例证明论点。它能够具体有力地论证观点，增强文章的说服力。

2. 道理论证

道理论证用富有哲理性、内涵深刻的话语以及定理公式等来证明论点。

3. 引用论证

引用论证比较复杂，与具体的引用材料有关。引用论证一般引用名人名言、格言警句、权威数据等来证明论点。

4. 比喻论证

比喻论证一般用人们熟知的事物做比喻来证明论点。比喻论证生动形象地论证观点，使文章浅显易懂，易于理解和接受。

(三)议论文的基本结构

议论文的基本结构包括引论(提出问题)、本论(分析问题)、结论(解决问题)，即三段论证结构方式。议论文可以分为并列式、递进式、总分式、对比式四种。

1. 并列式

并列式的特点是，几个层次、段落之间是并列的关系。文章在几个并列的层次或者段落之前常常标有"第一""第二"，或"首先""其次"，或"从……上看""从……上分析"等。或者文章几个并列的层次的首句之间是并列的关系，共同证明中心论点。不同的分论点常常是并列的关系。

2. 递进式

递进式的特点是，文章的各部分或层次之间是层层深入、步步推进的关系，各层次之间的前后顺序有严格的要求，不能随便变动。段与段之间常常有一些递进式的标志，如"不仅如此""而且""甚至"等。

3. 总分式

总分式是指论证的层次之间是总说和分说的关系。总分式包括总分、分总、总分总三种。文章分述的各项一般都是并列的。如果开头段或者结尾段就是中心论点，那么采用的就是总分或分总的结构，因为正文多半是论证过程；如果开头段和结尾段相互呼应，那么采用的就是总分总的结构。

4. 对比式

对比式是在论证过程中把两种事物或意思加以对比，或者用一种事物或意思来比照另一种事物或意思。这样的文章一般都是有分论点的。分论点中有比较鲜明的对立点，或者从正反两个方面来论证。

(四)议论文的论证方式

议论文的论证方式有立论和驳论两种。立论是指对客观事物或问题直接提出自己的见解和主张，阐明自己的理由，表明自己的态度。

驳论一般是先指出对方错误的实质，或直接批驳(驳论点)，或间接批驳(驳论据、驳论证)，继而针锋相对地提出自己的观点并加以论证。驳论是跟立论紧密联系的，因为要反驳对方的错误论点往往要针锋相对地提出自己的正确论点，以便彻底驳倒错误论点。

四、说明文

说明文是以说明为主要表达方式的一种文体，或介绍事物的状态、性质、功能，或阐明事理，目的是给人以知识。

(一)说明文的分类

①从说明对象来分，说明文分为事物说明文和事理说明文。

②从说明文的语言特征来分，说明文分为平实说明文和生动说明文。

(二)说明文的说明顺序

①时间顺序是指按照事理发展过程的先后来介绍某一事物。

②空间顺序是指按照事物空间存在的方式，或从外到内，或从上到下来加以介绍，有利于全面说明事物各方面的特征。

③逻辑顺序是指按照事物、事理的内在逻辑关系，或由个别到一般，或由具体到抽象，或由主要到次要，或由现象到本质，或由原因到结果，或由概括到具体，或由特点到用途，或由整体到局部一

一介绍说明。

(三)说明文的说明方法

说明文的说明方法有举例子、做引用、做比较、列数字、分类别、打比方、摹状貌、下定义、做诠释、画图表。

1. 举例子

举例子是举出实际事例来说明事物的方法。

2. 做引用

做引用有以下几种形式。

①引用具体的事例(作用同举例子)。

②引用具体的数据(作用同列数字)。

③引用名言、格言、谚语，作用是使说明更有说服力。

④引用神话传说、新闻报道、谜语、逸事趣闻等，作用是增强说明的趣味性。

⑤引用古诗，使说明文更具诗情画意。

3. 做比较

做比较是将两种类别相同或不同的事物、现象加以比较来说明事物特征的方法。要说明某些抽象的或者人们比较陌生的事物，可以用具体的或者大家已经熟悉的事物做比较，通过比较得到具体而鲜明的印象。事物的特征一般会在比较中显现出来。在做比较的时候，可以是同类相比，也可以是异类相比；可以对事物进行横向比较，也可以对事物进行纵向比较。

4. 列数字

列数字可以使所要说明的事物具体化。需要注意的是，引用的数字一定要准确无误；即使是估计的数字也要有可靠的根据，并力求近似。

5. 分类别

分类别是根据事物的形状、性质、成因、功用等属性的异同，把事物分成若干类，并依照类别逐一加以说明的方法。分类别是将复杂的事物说清楚的重要方法。

6. 打比方

打比方是利用两种不同事物之间的相似之处做比较，以突出事物的特点，增强说明的形象性和生动性的方法。

7. 摹状貌

摹状貌是通过描写事物的形状或面貌来说明事物特征的方法。

8. 下定义

下定义是用简明的语言、科学的术语对某一概念的本质特征做规定性的说明的方法。下定义能准确揭示事物的本质。

9. 做诠释

做诠释是从一个侧面出发，对事物的某一个特点做一般性的解释的方法。

10. 画图表

为了把十分复杂的事物说清楚，就可以采用画图表的方法。这样对某些事物的解说更直接了当、更具体。

(四)说明文的语言风格

说明文的语言风格一般有两种：一是简明平实，二是生动活泼。无论采用哪种语言风格，所用语言都必须准确严密，这是说明文语言的基本特点。

活动与训练

主题：文体常识讨论。

活动目标：正确认识文体常识。

建议时间：40 分钟。

知识准备：通过图书馆、网络及其他方式查找相关资料，准备比赛。

活动步骤：

步骤 1：各组按一问一答的顺序进行比赛。

步骤 2：各组的陈述清晰明确。

步骤 3：一对一问答阶段。

步骤 4：教师根据学生的表现进行总结并点评。

主题二　材料的组织和剪裁

主题目标

1. 了解立意的要求。
2. 掌握材料的取舍、详略处理的方法。
3. 明确文章的中心思想，并对作文材料进行组织和剪裁。

如果说文章的中心思想好比骨架，那么材料则是血肉。骨架明晰，血肉丰满，文章才言之有物、情真意切、生气充盈。

一、立意的要求

立意的要求有如下几方面。

(一)立意要贴切

立意要符合题目要求和命题意图。比如，标题为“难题”时，写教学工作中遇到的困难最适宜。

(二)立意要健康

文章要赞扬或歌颂什么，批评或揭露什么，或说明什么道理，都应该使读者读了以后受到教育或启发。

(三)立意要集中

文章必须围绕一个中心思想来写，不能分散，不能有两个或两个以上的中心思想。

(四)立意要新颖

要善于从多层次、多角度、多方面来考察材料，做到以小见大、由表及里，从中挖掘出他人从未发现的思想内容。

二、组织和剪裁材料的方法

丰富储备材料后，还要学会对材料进行剪裁加工。作文材料的剪裁加工主要包含材料的取舍、材料的详略处理两种方法。

(一)材料的取舍

材料的取舍是指根据文章的中心思想表达的具体需要精心选择适合的材料。精心选择应以求真、求新、求精为原则。

①选材求真就是选那些有自己的真实体验、真情感悟的素材。

②选材求新就是推陈出新，以新的视角对旧材料进行个性化的挖掘，赋予其新的内涵。

③选材求精就是根据文章的立意，以严格的态度遴选材料，使所选材料具有代表性、说服力和表现力。

(二)材料的详略处理

材料的详略处理是文章结构的重要问题，对表现中心思想起重要作用。

①详写就是把与中心思想关系大的材料写得具体、详尽。

②略写就是把与中心思想关系不太大的材料写得概括、简略。

详略得当，能使文章的中心思想明确，重点突出，结构紧凑。详略不当，势必造成文章的主次不明，使读者无法把握中心思想。

活动与训练

主题：优秀作文赏析。

活动目标：通过对优秀作文的分析探讨材料的取舍、详略处理。

建议时间：40分钟。

活动准备：

知识准备：收集不同的优秀作文。

教具准备：案例材料、多媒体设备。

活动步骤：

步骤1：收集材料和准备活动。课前每位学生收集自己喜爱的作文。

步骤2：个人展示。学生展示自己选出的作文片段，可以结合绘画、音乐等形式展现。

步骤3：小组讨论。学生自由讨论、探讨，分析作文材料的取舍、详略处理之处。

步骤4：教师总结。教师针对讨论结果分析、反馈、给予评价。

主题三　文章结构的谋篇与布局

主题目标

1. 认识文章结构。
2. 学习谋篇布局。
3. 掌握谋篇布局的方法并用于写作。

谋篇布局就是按照一定的逻辑顺序，在文章主题的统领下，把表现主题的有关材料进行安排，先写什么，后写什么，怎么展开，怎么过渡，怎么结尾，有条不紊地写出文章。谋篇布局涉及文章的各个部分，主要包括开头和结尾、过渡和照应、段落和层次、线索与脉络等。只有把握文章各个部分的写作要求，写出来的文章才能保证结构完整、层次清晰、条理分明、繁简得当。

一、拟写标题

好的标题往往是传达文章主旨、内容和意蕴的“眼睛”，可以为文章画龙点睛、增添色彩。拟写标题的基本方法有如下几方面。

(一)点事实

“事实”指事情的实际情况。点事实就是把材料中反映的某一事件或问题概括出来作为标题，也可以直接引用材料中的原话作为标题。需要注意的是，题目所涉及的事件或问题一般是材料中的一个点或一个面。这个点或面往往最能反映材料的中心思想，最具有代表性。

(二)点论题

论题往往是在材料中提炼概括出的材料的共同主题。点论题就是标题需要告诉读者文章的议论范围。

(三)点论点

中心论点是文章对于所论述的问题的基本看法，是文章所提出的主要的思想观点。中心论点是议论文的灵魂。用中心论点做标题，可以鲜明地告诉读者文章的见解和观点，即赞成什么，反对什么。

在准确拟定标题的基础上，可以利用引用名言、巧用修辞等方法对标题进行优化，尽量使标题新颖灵活，用个性化特点吸引读者的关注。

优化标题的方法有引用法。引用法是指在拟定标题时，由于论述的主题或范围与某些名言警句、成语典故、古诗文句、影视片名、歌曲名等意思相吻合，直接把它们引用过来做标题的一种拟题方法。

二、开头与结尾

(一)开头

开头在文章中的位置有如门户，给人第一印象，对于文章相当重要。好的开头能起到“先声夺人”的效果。

如何有个好开头呢？首先，开头要与文题相符，必须与全文的主要内容、中心思想紧密相连，为突出中心思想服务。其次，入题要快，语言要精练，最好是开门见山。

当然，好开头最重要的一点就是要有创新意识。这就是说既要善于模仿，善于学习，又要善于观察，从最细微的事情里去发现有价值的方面，能根据不同的表达内容，因题而异，写出与众不同的开头来。

写开头常用的方法有如下几种。

①开门见山，揭示中心。

②点化名言，引语入题。

③提出问题，引人入胜。

(二)结尾

文章的结尾写得好，能给读者深刻的艺术感染，启发读者深入地思考问题。好的结尾要做到有利于揭示文章的主题，有利于文章结构的完善，要做到辞虽尽而意无穷。写结尾时要坚持一个原则，即不拖泥带水、无话找话，要干净利索。

写结尾的方法有如下几种。

①首尾呼应，凸显主旨。

②环境烘托，情景合一。

③巧妙发问，引人深思。

④引用佳句，多姿多彩。

⑤抒情议论，气势不凡。

⑥言为心声，呼唤号召。

三、过渡与照应①

(一)过渡的方法

过渡的方法一般有段落过渡、句子过渡、词语过渡三种。另外，还可以通过小标题或序数词来过渡。

(二)照应的方法

照应就是指开头与结尾的照应、前后文内部的照应、各部分之间的照应。文章缺少照应，就会给读者一种不完整或者偏离题意的感觉。写作时必须注意到照应的问题。照应的方法一般有以下几种。

1. 首尾照应

首尾照应也叫前后照应，即文章的前文与后文遥相照应。这就是说，把前文描写的事物或提出的问题，在后文用各种方式加以深化或回答，给人首尾圆合的印象。

---

① 参见教师资格考试命题研究中心：《综合素质(小学)》，218～222页，北京，北京师范大学出版社，2015。

2. 文题照应

文题照应，也就是我们常说的点题。

3. 对话照应

对话照应就是以典型人物的语言多次重复照应。

4. 细节照应

细节照应就是生动而典型的细节反复出现，可以突出细节的典型意义。

5. 关键词照应

关键词照应是表达主旨的关键词在文章中相互照应、相互补充。

6. 悬念照应

悬念照应是在文章中设置悬念，又不马上释念，而是反复暗示，使读者关心人物命运或事件结局的兴趣越来越浓。

7. 伏笔照应

伏笔照应即前伏后应，在描写、叙述过程中，对有联系的人物或事件预先提示或暗示，埋下伏笔，待其出现后自然形成一种照应关系。

四、段落与层次

写作时为了把文章的中心思想有层次地表现出来，一定要分段。划分段落时要根据文章中心思想的需要而定，既要注意一个段落只说明一层意思，又要注意不要分得太细。写作时常出现两种情况：有时段落包含的内容太多，使多层意思硬挤在一起，弄得层次不清；有时段落又分得太细，将一层意思硬分成几段，弄得支离破碎。

五、线索与脉络

线索与脉络的安排非常重要。安排好线索与脉络，不仅能使文章叙事集中，而且可以使文章波澜起伏。

写作时还可以尝试打破常见的文章结构方式，从而能收到意想不到的效果。下面几种结构方式可供借鉴。

(一)题跋式

题跋式用题记的方式凸显文章的中心思想，引导读者阅读；用后记或跋的形式补充交代一些文章涉及的有关内容，帮助读者进一步理解文章的内容。

(二)序数式

序数式即把文章的内容细分为几大部分，用数字表示序列的先后，使文章的内容、层次一目了然。

(三)小标题式

小标题式即把文章的内容细分为几大部分，给每部分都拟一个小标题，使文章线索清楚、层次明晰，且呈现匀称醒目的外在结构之美。

(四)日记式

日记式即有意识地选用几篇有代表性的日记来组成文章的主体部分。这样由点带面，选取有典型意义的几个片段来表现中心思想。

（五）书信式

书信式更有利于真切地倾诉个人的情感，鲜明地表达个人的观点，拉近了与读者的心理距离，易于感染读者。

（六）剧本式

剧本式即运用剧本这一体裁构思成文。这样能体现出强烈的创新意识。

六、文章结构布局的常用方式

（一）时序顺进式

时序顺进式是选取生活中的某一片段按时序进程进行描写的一种方式。文章内容的层次依次相连，构成一个完整的故事或情节。其基本模式如下：开头（引出故事）—故事主体（对人物或事物主体进行细致的刻画）—结尾（抒情、议论点题）。

（二）平列展开式

平列展开式是选取不同角度的几个生活片段或将同一内容的几个侧面在同一层面上平列展开，将其构成一个统一的整体的模式。其基本模式如图 11-1 所示。

开头（引出材料）→主体{材料 1；材料 2；材料 3；……}→结尾（抒情、议论）

图 11-1　平列展开式的基本模式

（三）对比映照式

对比映照式是选取有显著差异的两组内容进行反衬式组合来表现情感的转折的一种方式。其基本模式如图 11-2 所示。

开头（引出材料）→主体{反面材料；正面材料}→结尾（抒情、议论）

图 11-2　对比映照式的基本模式

至于先写正面材料还是先写反面材料则视写作的构思和材料特点而定。

（四）穿插回放式

穿插回放式是利用思维可以超越时空的特点，以某一物象为线索，将描写的内容通过插入、回忆、倒放等方式串联组合起来，形成一个整体的一种方式。这种方式操作的关键是选好串联的物象，并围绕一个中心思想截取生活中的材料。其基本模式为：开头（交代物象，引出材料 1）—发展（引出材料 2）—高潮（引出材料 3）……—结尾（抒情、议论）。

活动与训练

主题：分析作文的结构特点。

活动目标：通过深入认识、分析比较，加深对文章结构的理解与欣赏。

建议时间：40 分钟。

活动准备：

知识准备：收集不同的优秀作文，比较阅读，并总结作文的结构特点。

教具准备：案例材料、多媒体设备。

活动步骤：

步骤1：收集材料和准备活动。课前每组的学生至少收集两篇不同的优秀作文。

步骤2：个人展示。学生逐一展示，结合自己的分析、研究情况比较作文结构的不同。

步骤3：小组讨论。学生自由讨论不同作文结构的差异性，并探讨原因、总结特点。

步骤4：教师总结。教师针对讨论结果进行分析、反馈、给予评价。

主题四　文章语言的表达与修饰

主题目标

1. 了解文章的语言表达特点。
2. 掌握基本的修辞手法。
3. 欣赏名篇佳作，深入领会语言的魅力。

一、文章的语言表达要准确、鲜明、生动①

(一)准确

准确即用词恰当，表意明确。准确是对语言运用质量上最基本、最重要的要求。它要求用词能完全表达概念的内涵，切合语境与对象。具体要求如下。

1. 符合情境

运用词语时要注意语境的制约。写作时运用的词语都处在全篇或上下文的具体语境中，只有根据特定语境选择恰当的词语才能准确地表达意思。同样的词语用于不同的语境，效果迥然不同。

2. 造句通顺

造句应依照一定语言的语法、逻辑规则进行，否则会出现语病。造句时应保证：句子结构完整，词语搭配稳妥，正确使用关联词语。

3. 符合对象

仔细辨析同义词的基本意义和附加意义(包括风格、色彩和用法等)，有助于恰如其分地叙事写景、表情达意、释物明理。

(二)鲜明

鲜明即意图清晰，态度明确。鲜明是语言运用的原则之一，具体指的是语意明确、条理清楚，能够把事物的性质、状态以及事物之间的复杂关系清晰地告诉读者，给人清晰的印象。它要求色彩(感情色彩、事物的形象色彩)分明，观点明确。

1. 恰当选用词语

在通常情况下，尽量不要使用表意模糊的词语来表情达意。尽可能少用“可能”“大概”“也许”“左右”等不确定的词来表明态度与观点。多使用“坚决反对”“完全错误”“绝不能这样”等词语来表明自己所持的鲜明态度。选用富有感情色彩的词语时要关注整个语境，根据表达时的不同态度和感情选择词义

---

① 韩庆国、申娅莉、黄雪丽等：《综合素质(幼儿园)》，334～336页，北京，教育科学出版社，2013。

的褒贬。

2. 恰当选用句式

可以用肯定的语气来表明观点，也可以选用双重否定或反问句式来加强语气，使文章的观点更加鲜明而强烈；还要注意整句与散句的使用。整句的形式整齐，意义鲜明，适合于表达丰富的感情，能给人深刻而鲜明的印象。

（三）生动

生动即语言讲究，表现力强。生动是从表达效果来说的，它要求用语具体形象，注意炼字、炼词和修辞手法以及灵活句式的运用等。生动的语言不但具体形象、活泼多变、有声有色，而且感情充沛，散发着生命的活力。具体来说，要想做到语言生动，需要做到以下几点。

①使用描绘性的词语和具体形象的写法。描绘性词语绘声绘色、富有动感，用在合适的地方便显得生动活泼。具体形象的表达能给人一种身临其境的感觉，使抽象的东西鲜活起来。

②多用贴切的比喻和拟人等修辞方法，特别重视比喻的使用。比喻的主要功用就是把抽象的对象具体化、形象化；拟人的功用是使无生命的对象仿佛充满了生机和感情，也使它生动起来。

二、巧用修辞，体现文采

（一）巧用比喻

比如，《围城》这样比喻“婚姻”：“婚姻就像围城，城外的人想冲进去，城里的人想逃出来。”

（二）巧用排比

排比的范例有：“一日之计在于晨，一年之计在于春，一生之计在于勤。”

（三）巧用比拟

比拟分为拟人和拟物两种。拟人是把物当作人写，赋予物以人的动作、行为、思想、感情、活动，用描写人的词来描写物。

拟物是把人比作物，或把此物当作彼物来写。

（四）运用夸张

夸张的范例有：“五岭逶迤腾细浪，乌蒙磅礴走泥丸”“桃花潭水深千尺，不及汪伦送我情”“飞流直下三千尺，疑是银河落九天”。

（五）巧用设问

比如，魏巍的《谁是最可爱的人》提到：“谁是最可爱的人呢？我们的战士，我觉得他们是最可爱的人。”为了引起别人的注意，故意先提出问题，自问自答。设问除了能引起读者的注意外，还能启发读者思考。

（六）巧用反问

比如，闻一多的《最后一次讲演》提到：“历史上没有一个反人民的势力不被人民毁灭的！希特勒，墨索里尼，不都在人民之前倒下去了吗？”用疑问的形式表达确定的意思，以加重语气。

（七）运用对比

比如，《出师表》有言：“亲贤臣，远小人，此先汉所以兴隆也；亲小人，远贤臣，此后汉所以倾颓也。”

(八)运用双关

双关的范例有："道是无晴却有晴"。这个"晴"字表面上是晴天的晴，实则是内含感情的"情"。

活动与训练

主题：经典作文片段展示。

活动目标：通过经典作文片段展示，深入体会语言的魅力。

建议时间：40分钟。

活动准备：

知识准备：寻找经典作文片段，选定合适的展示篇目。

教具准备：录播教室、多媒体设备。

活动步骤：

步骤1：收集材料和准备活动。活动小组确定展示篇目，并组织有序练习。

步骤2：练习跟进。教师根据活动时间安排及时跟进学生的练习进度。

步骤3：表演展示。各小组展示自己选定的片段。

步骤4：表演复盘。展示结束后，学生结合课上所学、课下准备阶段谈谈对语言美的体会。

步骤5：教师总结。教师针对学生的展示活动进行分析、反馈、给予评价。

主题五　材料作文

主题目标

1. 了解材料作文的特点。
2. 掌握通过分析材料提炼文章主旨的方法。
3. 学会分析材料作文中的材料并准确立意。

材料作文既有命题作文的限制性，又有自拟题作文的自由性；既能考查师范生按要求作文的能力，又能给师范生提供充分展示其写作能力的自由空间。由于材料所具有的灵活性、丰富性、与时俱进性等的优势，因此材料作文一直受到青睐。材料作文在考查师范生的文字表达能力的同时，还考查师范生的阅读理解、分析概括、归纳推理等多方面的综合思维能力。

现今的材料作文吸取了话题作文的优点，打破了审题的唯一性、立意的限制性、表达的单一性，给师范生适度的写作自由，让他们从材料中找出相应的写作话题展开行文。

读懂材料，把握材料的主旨，是写好材料作文的关键。为此可以从以下三个方面入手。

一、把握材料的寓意

审题立意是材料作文写作的首要问题。同时所给材料对主题的确立有着客观的制约性。有些师范生往往把握不了材料揭示的中心思想，脱离材料另起炉灶，造成“跑题”。

一份材料对于不同的师范生来说，他们思考的角度都是不同的。所以一份材料往往不会只反映一个观点，但众多观点之中一定会有一个或两个等是主流观点。那么对于师范生来讲，难点可能不在于筛选，而是在于如何能从材料中读出观点。

(一)关键词分析法

关键词分析法的操作步骤为：找关键词—找逻辑关系—解析关键词的含义—立意。

在一篇材料作文中，要多关注高频率出现的词语、名言警句、标志性的词语。比如，表示总结性的“也就是说”“总之”“因此”“那就是”等后面的词句和关联词“虽然”“但是”“不仅”“而且”等转折后的词句，大体上都是分析材料观点的关键。

妈妈问孩子：“棉被放在床上一直是凉凉的，可是人一躺进去就变得暖和了。你说是棉被把人暖热了，还是人把棉被暖热了。”孩子一听笑了，说：“妈妈，你真糊涂啊，棉被怎么可能把人暖热了，是人把棉被暖热了。”妈妈又问：“既然棉被给不了我们温暖，反而要靠我们去暖它，那么我们还盖棉被做什么？”孩子想了想说：“虽然棉被给不了我们温暖，却可以保存我们的温暖，让我们在被窝里睡得舒服啊！”

综合上述材料所引发的思考，写一篇不少于800字的议论文。

要求：用规范的现代汉语写作，角度自选，立意自定，标题自拟。

在上述例子中，妈妈和孩子的对话里反复出现了“暖热”“温暖”等词。经过阅读，不难发现“暖热”一词说的是棉被与人之间的相互关系：人先暖热棉被，棉被再温暖人。这是材料中通过“暖热”能够分析出来的“A先对B好，B再对A好”。如果联系生活实际，在生活中提到“相互”，造个句子可能会说“爱是相互的”“信任是相互的”等，那么在彼此信任的时候，一定是“你先对对方信任，对方才会对你信任；你先付出了，才会收获回报”。所以，可以从这个角度去立意。

田野里、山坡上、道路旁、花园中，我们经常能够看到一朵朵鲜花。不管脚下的土地是否肥沃，也不管是否有人停下来观赏，它们总是那么自信、那么骄傲地悄然绽放。从这些绽放的花儿身上，我们能得到很多启迪。

请以“绽放”为题，写一篇不少于1000字的文章。

立意的具体思路如下。

①找关键词：鲜花、肥沃、观赏、绽放。

②找逻辑关系：没有优越的条件，鲜花也要绽放。

③解析关键词的含义：鲜花——梦想、事业；肥沃、观赏——困难、挫折；绽放——坚持、自信。

④立意：逆境中能成长，也有收获；不畏艰难让梦想绽放。

(二)主体分析法

主体分析法的操作步骤为：抓主体(主人公)—找做法(具体行为)—找结果(目的)—引申义(立意)。

教育家张伯苓十分注重对学生进行文明礼貌教育，并且身体力行，为人师表。有一次，他发现有位学生的手指被香烟熏黄了，便严肃地劝告那个学生：“吸烟对身体有害，要戒掉它。”没想到那个学生有些不服气，俏皮地说：“那您吸烟就对身体没有害处吗?”张伯苓面对学生的责难，充满歉意地笑了笑，立即叫同事取来自己的烟，当众销毁，还折断自己用了多年的烟袋杆，诚恳地说：“从此以后，我与诸同学共同戒烟。”果然，从那以后，他再也不吸烟了。

根据上述材料，自拟题目，写一篇不少于800字的文章。

立意的具体思路如下。

①抓主体：张伯苓。

②找做法：与学生共同戒烟。

③找结果：教育学生。

④引申义：要想教育好学生，自己要首先做好；教书育人，为人师表。

根据关键词分析法和主体分析法，可以确定文章的主旨，进而可以开始构思文章的结构。师范生要对这两种方法加深理解、熟练掌握。

二、选择恰当的角度

对于同一种材料，不同的师范生会有不同的思考角度，但要选取那些最能表现主旨的角度。

有人说，爱你的人常常用你不喜欢的方式关心你。比如，你躺在床上看书时，会问你："你还要不要眼睛?"；你期末考试成绩大幅度下降时，会问你："写出深刻反思!"；你邀好友上网时，会问你："网吧不是好地方，别去。"你可能真的不喜欢这些方式，可是你能说这些不是爱吗?

根据上述材料，自拟题目，写一篇不少于600字的文章。

上述材料的主题表达的是"爱"，但这种"爱"不是一般意义上的爱，而是在师范生眼里显得难以理解和接受的爱，是一种存在心理反差的爱。如果把亲人的爱完全写成暴力式的，把自己的反感推向极致，这样的立意必将会出现严重偏差。

因此要站在正向的角度解读材料，如理解材料中"爱你的人"关心的方式可能不让人喜欢，但可以从"换一种方式表达爱"的角度去立意。

三、发散思维，打开思路

分析材料时必须先发散思维。打开思路了，可写的内容就多了，就易于下笔了。

一位裁缝在吸烟时不小心将一条裙子烧了一个窟窿，致使其成了废品。这位裁缝为了挽回损失，凭借高超的技艺，在裙子的四周剪了许多窟窿，精心饰以金边，将其取名为"金边凤尾裙"，最后才挽回了损失。

根据上述材料，自拟题目，写一篇不少于1000字的文章。

立意的具体思路如下。

①勇于变通。

②在危机中寻找转机。

③不拘一格发现人才。

④勇敢面对困难，变危机为转机。

⑤不断寻求变通。

活动与训练

主题：分析材料作文中的材料。

活动目标：加深对于材料作文的认识、分析。

建议时间：40分钟。

活动准备：

知识准备：收集不同的材料作文。

教具准备：案例材料、多媒体设备。

活动步骤：

步骤 1：收集材料和准备活动。课前每个小组的学生至少收集两篇不同的材料作文。

步骤 2：个人展示。学生逐一结合自己的分析、研究情况，展示提炼的主旨，说明角度和立意。

步骤 3：小组讨论。学生自由讨论，并探讨原因、总结。

步骤 4：教师总结。教师针对讨论结果进行分析、反馈、给予评价。

第十二单元
职业气质养成

职业气质养成教育通过有计划、有组织的学校教育活动，使师范生对自我素质及教师职业气质有充分的感知，并明确他们的差异，有意识地规范自己的行为，树立正确的教师观念。职业气质养成教育的核心是使师范生树立教师规范意识，促进自身不良习惯的改进，形成良好的行为方式，以便将来更好地从事教育事业。

职业气质养成教育旨在让师范生形成爱国守法、爱岗敬业、关爱学生、教书育人、为人师表、终身学习的教师职业道德，并践行社会主义核心价值观；通过气质研究形成科学严谨的态度，正确认识自己和他人；通过生活实例树立乐观心态，形成正确的人际交往态度，正确处理人际关系；通过案例及分析直观感受教师应具备的责任感和道德感，提高人格魅力，进而成为具有社会责任感、职业道德感和人文关怀的教师。

微课视频

主题一　气质

主题目标

1. 掌握气质的概念；对气质有初步的了解，进而把握不同的气质类型及其特征。
2. 区分气质与性格、能力。
3. 深刻领会气质的含义，准确把握自身的气质。

一、气质

关于气质，《现代汉语词典》(第7版)给出这样的解释：一是指人的相当稳定的个性特点，如活泼、直爽、沉静、浮躁等，是高级神经活动在人的行动上的表现；二是指风格、气度。

在心理学上，气质是人的个性心理特征之一，是指在人的认识、情感、语言、行动中心理活动发生时力量的强弱、变化的快慢和均衡程度等稳定的动力特征。它主要体现在情绪体验的快慢、强弱，表现的隐显以及动作的灵敏或迟钝方面。

人的气质差异是先天形成的、与生俱来的，受神经系统活动过程的特性所制约。孩子刚一出生时，最先表现出来的差异就是气质差异：有的孩子爱哭好动，有的孩子平稳安静。所以气质无好坏之分。它只给人们的言行涂上某种色彩，不能决定人的社会价值，也不直接具有社会道德评价的含义。任何气质类型的人只要经过自己的努力都能在不同实践领域中取得成就。

气质是可变的。气质在社会上所表现的是一个人从内到外的人格魅力。人格魅力表现在很多方面，如修养、品德、举止行为等。随着人们所处环境的变化和熏陶以及人们意念的转变，气质也是会发生改变的。但气质一旦形成，它会稳定地体现在人的外在表现中。

二、气质与性格、能力①

性格是指人对现实的态度和相应的行为方式中独特的、比较稳定的、具有核心意义的个性心理特征。它是一种与社会相关的人格特征，包含许多社会道德的含义。性格表现了人们对现实和周围世界的态度，并表现在人们的行为举止中。性格主要体现在对自己、对他人、对事物的态度和所采取的言行上。

性格一经形成便具有稳定性，但其实性格是可变的。人们具有主观能动性，会随着所处环境的转变而调整自己。为了更好地适应环境，人们的性格会或多或少地随之发生改变。

由此看出，首先，人的性格和气质一样，都具有稳定性和可变性。但是气质是先天的产物，是人生来具有的，具有很强的生物制约性；性格是后天形成的，是人在与环境的相互作用中逐渐养成的。

---

① 参见阮建芳：《气质与性格》，北京，同心出版社，2013。

其次，气质与生俱来，无优劣之分；性格有优劣之分，主动或被动、谦虚或自负、当机立断或优柔寡断都是人的性格。性格的形成会受到人的气质的影响，同时性格也可以在一定程度上改变气质。因此具有同一气质的人会表现出不同的性格特征。

能力是直接影响活动效率并使活动顺利完成的个性心理特征。它是人顺利完成某项活动的必要的心理条件和直接有效的可能性心理特征。能力是掌握知识和技能的前提，是在掌握知识和技能的过程中形成和发展起来的。掌握的知识和技能有利于能力的发展。但知识和技能的掌握和能力的发展不是同步的，并不是掌握的知识和技能越多，能力也越强。在一个人的身上，知识和技能的发展是无止境的，随着学习进程的不断增多而不断丰富；而能力的发展则有一定的限度。

如果说气质是先天的，性格是后天的，那么能力则是先天和后天形成的总和。气质、性格和能力之间是相互影响的。若想培养良好的气质，就要依靠良好性格的弥补和能力的塑造。

三、气质类型①

气质类型是指一类人身上共同具有或存在相似的心理活动特征的有规律的结合。

（一）气质的 EAs 模型

巴斯和普洛明提出了气质的 EAs 模型，确定了三种气质倾向：一是情绪性，指个体情绪反应的强度；二是活动性，指个体能量释放的一般水平；三是交际性，指个体的人际交往特点。

（二）气质的体液说

希波克拉底提出，人体内含有四种性质不同的体液：血液、黏液、黄胆汁和黑胆汁，这四种体液构成了人体的气质。盖伦从希波克拉底的体液说出发，加入人的道德品行，组成了 13 种气质类型，后来简化为 4 种气质类型，即多血质、胆汁质、黏液质和抑郁质。每种气质类型都是根据这四种体液中哪一种在人体内占优势来进行划分的，并且每种气质类型都有其特定的心理表现。人们平常所说的气质就是指这 4 种气质类型。

1. 多血质

该气质类型是血液在体内占优势。其特点是反应迅速，有朝气，活泼好动，喜欢交际和表现自己，感情强烈而富有变化，动作敏捷，主动性与可塑性强，注意力容易转移，兴趣多变。

2. 胆汁质

该气质类型为黄胆汁占优势。其特点是直率热情，精力充沛，表里如一，主动性强，易激动，心境变化强烈，难以克制自己，易感情用事，可塑性差。

3. 黏液质

该气质类型是黏液占优势。其特点是安静稳重，反应缓慢，沉默寡言，不善交际，情绪稳定，沉着冷静，注意力和兴趣持久且难于转移，灵活性不足，善于忍耐。

4. 抑郁质

该气质类型是黑胆汁占优势。其特点是行动迟缓，敏感细致，不愿与他人交往，具有鲜明的内倾性，外表温柔，情绪体验深刻，善于觉察他人不易觉察到的细节。

人的气质类型可以通过一些方法加以测定。但属于某一种类型的人很少，多数人是介于各类型之间的混合型，如胆汁多血质、多血黏液质等。

---

① 参见王娟华：《教育知识与能力(中学)》，北京，首都师范大学出版社，2013。

(三)气质的神经活动类型说

巴甫洛夫在研究高等动物的条件反射时发现动物高级神经系统活动的兴奋和抑制有强度、平衡性、灵活性三种特性。后来巴甫洛夫提出了气质这一术语，并且把人的气质分为4种类型：强、不平衡(不可遏制型)；强、平衡、灵活(活泼型)；强、平衡、不灵活(安静型)；弱(弱型)。表12-1为高级神经活动类型与气质类型对照表。

表12-1　高级神经活动类型与气质类型对照

高级神经活动类型	高级神经活动过程	气质类型
不可遏制型	强、不平衡	胆汁质
活泼型	强、平衡、灵活	多血质
安静型	强、平衡、不灵活	黏液质
弱型	弱	抑郁质

4种不同的气质类型的活动特点为：不可遏制型易激动，不易约束；活泼型易兴奋，较灵活；安静型难以兴奋，迟钝而不灵活；弱型容易疲劳。

一般来说，对自身气质的理解和对气质类型的掌握有助于人们恰如其分地发挥自己的长处，弥补自己的不足。对于教师而言，他们不仅可以准确调整自己的言行以适应工作需要，而且能够通过了解学生的气质类型，针对学生的气质差异进行因材施教，真正做到“一把钥匙开一把锁”。

①对于多血质的学生，教师可采取多种教育方式，但要定期提醒，对其缺点严厉批评。教师要鼓励他们勇于克服困难，培养扎实专一的精神，防止他们见异思迁，为他们创造条件，多给他们活动的机会，培养他们朝气蓬勃、足智多谋的优点。

②对于胆汁质的学生，教师应采取直截了当的方式，但不宜激怒，严厉批评要有说服力，着重培养其自制力、坚持到底的精神和豪放、勇于进取的人格品质。

③对于黏液质的学生，教师应采取耐心教育的方式，让他们有考虑和做出足够反应的时间，培养其生气勃勃的精神、热情开朗的个性和以诚待人的优点。

④对于抑郁质的学生，教师要采用委婉暗示的方式，多关心、爱护他们，不宜在公共场合下对他们批评指责，培养其亲切友好、善于交往、自信的精神，发扬其敏感、细致、机智、高自尊的优点。

活动与训练

主题：自测气质类型。

活动目标：了解气质类型的测量标准；找出自身的气质类型及其特点。

建议时间：40分钟。

活动准备：

知识准备：掌握气质、气质类型的定义及表现。

教具准备：电脑、气质类型测试题。

活动步骤：

步骤1：学生自行测试气质类型。

步骤2：小组活动。学生汇总自测的结果，并找出自身气质类型的特点；讨论如何更好地发挥自身气质类型的优点。

步骤3：小组总结。小组代表总结讨论的结果。

步骤4：教师总结。教师要引导学生积极主动地采取措施，更好地适应和有效地利用气质类型的特点。

主题二　气质与职业形象

主题目标

1. 了解职业形象的内涵；认识到塑造良好的职业形象对于职场工作的重要性。

2. 能够有针对性地塑造自己的职业形象，扬长避短。

3. 深刻领会气质与职业形象的关系，树立职业意识。

一、职业形象

（一）职业形象的概念

职业形象是指在职场公众面前树立的形象。职业形象是通过衣着打扮、言谈举止、专业态度、技术和技能等体现出来的。

（二）职业形象与职业成功

职业形象和个人的职业发展有着密切的关系。

首先，个人的人格特征会通过职业形象表现出来，从而形成令人难忘的第一印象。第一印象在个人求职、社交活动中会起到重要的作用。特别是一些人力资源部门在招聘员工时对应聘者职业形象的关注程度更高。

案例 12-1　关注自身的着装

其次，职业形象影响个人业绩。如果自己的职业形象不能体现自身的专业度，不能给他人带来信赖感，所有的技巧都是徒劳。即使是人力资源部门的人，如果在和其他单位合作的过程中职业形象欠佳，极有可能破坏双方的合作。

最后，职业形象影响个人晋升。获得领导的认可是晋升的核心要素之一。只有在领导和同事面前避免出现职业形象问题，才能获得更好的晋升机会。

二、气质类型与职业形象

职业形象是个人职业气质的符号。每个人的职业形象都在向他人展示着自己的气质：沉稳抑或灵活，严谨抑或求新……因此，塑造符合自身气质的职业形象显得尤为重要。职业形象的塑造要彰显气质之长，弥补个性之短。

（一）多血质气质与职业形象

①情感职业形象：健谈，富有幽默感，自我表现欲望强，喜欢聚会，感情外露。

②工作职业形象：对所有职业都会适应，对新环境的适应能力较强。这种气质的人无论做哪一行

业的哪一种工作，都可以胜任，而且很快就会成为一个团队中独当一面的人物。但他们有时做事容易表面化，且不太会安于现状。他们有时会被误解。

③服饰职业形象：追求质朴、明快、大胆的个性风格，给他人一种朝气蓬勃的感觉。

(二)胆汁质气质与职业形象

①情感职业形象：感情专注，意志果断，诚恳热情。

②工作职业形象：有与生俱来的领导能力。他们凭着后天练就的本领、身体素质及天生具备的本能等因素活跃在社会的前列。他们不拘眼前的成败，专注于行动，满怀激情地向自己挑战，在任何职业活动中都能表现出比较强的适应性，并能取得很好的成果。

③服饰职业形象：讲究优雅、华贵的个性风格，给他人张扬而又不失严谨的感觉。

(三)黏液质气质与职业形象

①情感职业形象：完美主义者，有艺术天赋，冷静而富有诗意，有自我牺牲精神。

②工作职业形象：做事有计划、有条理、有组织，有创造性，注重细节，追求高标准。

③服饰职业形象：讲究随意自然、成熟稳重的个性风格，给他人亲切质朴的感觉。

(四)抑郁质气质与职业形象

①情感职业形象：做事慎重，通常会仔细考虑之后再采取行动。而且他们善于将面对的问题在头脑中组合、计算、确定对策，然后再按预定的目标一个一个地去实行，将问题处理好。

②工作职业形象：有行政能力，能面对压力解决问题，能顺利地调和矛盾，工作仔细耐心，但有时会过于悲观。

③服饰职业形象：讲究典雅、浪漫的个性风格，给他人一种清新明朗的感觉。

总之，无论是属于哪种气质类型，还是从事何种职业，职业形象的塑造都要达到以下几个标准：与个人职业气质相契合、与个人年龄相契合、与办公室风格相契合、与工作特点相契合、与行业要求相契合。个人更要在上述标准的基础上，在不同的场合采用不同的行为表现方式，在装扮上也要做到展现自我的同时尊重他人。

活动与训练

主题：匹配气质类型与职业类型。

活动目标：了解气质类型与职业形象的对应关系；找出不同气质类型相匹配的职业。

建议时间：40分钟。

活动准备：

知识准备：掌握不同气质类型与职业形象的对应关系。

教具准备：白纸、夹子、笔。

活动步骤：

步骤1：学生自由组合成每组5人的活动小组。

步骤2：小组活动。学生根据不同气质类型与职业形象的对应关系，找出适合不同气质类型的至少三种职业。

步骤3：小组总结。小组代表总结小组讨论的结果。

步骤4：教师总结。教师应引导学生积极主动地采取措施，为将来的职业生涯做准备。

主题三　职业气质的养成

主题目标

1. 了解职业气质在我们工作中的地位和作用；知道教师应该具备的职业气质。

2. 能够结合自身情况有针对性地培养自身的职业气质。

3. 注意养成自身在仪表、责任、品性、修养、变通、感恩方面的六大气质，努力成为一名合格的教师。

气质既不决定一个人性格发展的方向，也不决定一个人的能力，也不决定一个人存在的社会价值和成就。任何一种气质类型的人都可以在自己的事业上取得成功。但实践证明，人的个性的形成又不能不受到气质因素的制约。气质与职业活动有一定的联系，气质会影响人的活动风格，从而使人的行为不可避免地带有一定的个性特征；同时，气质也会在一定程度上影响人的活动效率。

职业气质是指从事某种职业的群体普遍的外在显现的独特的风格气度。教师职业有着鲜明的职业特性，其实质是教师的教学风格、教学智慧和学识才华的魅力体现。教师职业气质既包括教师的理想信念、行为规范、道德情操，也包括教师的学识修养、教学机智、工作激情和富有个性的教学风格。在教师职业气质的诸多元素中，真诚、宽容、热情、耐心、乐观是不可或缺的基本要素。

职业气质是在职业思想、职业道德、职业忠诚、职业操守的基础上形成的发自职业人内心的职业风骨和职业信仰。拥有职业信仰的人不仅拥有一份事业，还把它视为自己生命的一部分，视为实现自身理想和自我价值的舞台，并且甘愿为其奉献、为其付出。这样的职业人是幸福的人。教师职业气质包括如下几方面。

一、仪表

在前面，我们已经探讨过职业形象以及职业形象的重要性。其中仪表正是职业形象的重要构成部分。

仪表包括“仪”和“表”两个方面。“仪”是指一个人的礼仪姿态，“表”是指一个人的外表。这两者皆为一个人内在涵养的外在表现。仪表是一门艺术，也是人际交往中的第一印象。教师既要做到为人师表，又要与领导、同事交流互动，还要与家长沟通交流。在这个过程中，教师的仪表便发挥着举足轻重的隐性作用，也是做好工作的前提。

(一)仪表的基本要求

1. 服饰

马克·吐温曾经说过："人靠衣装，不修边幅的人在社会上是没有影响的。"这是在强调一个人衣着的重要性。适当的服饰不但能够帮助我们树立良好的仪表，还可以提升我们的气质和魅力。

着装是一种无声的语言，显示着一个人的个性、身份、角色、涵养、阅历及其心理状态等多种信息。在人际交往中，着装直接影响他人对自己的第一印象，关系到个人形象的评价。

案例 12-2　服饰

2. 礼仪

礼仪是人们约定俗成的对人、对己表示尊重、敬畏等的思想意识的各种惯用形式和行为规范。礼仪是人类为维系社会正常生活而要求人们共同遵守的最起码的道德规范，在人们长期共同生活和相互交往中逐渐形成，并且以风俗、习惯和传统等方式固定下来。《左传》有言："礼，天之经也，民之行也。"对于一个人来说，礼仪是一个人的思想道德水平、文化修养、交际能力的外在表现；对于一个社会来说，礼仪是一个国家社会文明程度、道德风尚和生活习惯的反映。

教师在举手投足间要彰显自身的修养和内涵，必须谨记"学高为师，身正为范"的训语，身教胜于言传。要培养合格的学生，教师必须时刻注意自己的言行。为此，教师必须做到以下几点。

(1)站有站相，坐有坐相

"站如松，坐如钟"，意思就是告诉大家要站有站相，坐有坐相。比如，要求幼儿"小脚并并好，双手放膝盖，身体坐坐直"，教师就要自己做到，这样才能让幼儿"有样学样"。

(2)礼貌用语时刻挂嘴边

"谢谢你""对不起"……这些基本的礼貌用语应该经常被教师挂在嘴边。比如，有些教师认为自己面对的是幼儿，不必这么客气，其实不然。礼貌用语的使用不仅彰显个人的修养，也会影响他人的态度。教师之间也要经常使用。又如，教师在观察幼儿自由活动时，听到星星对小木说"请你帮我把拼图拿过来好吗？谢谢你，小木"；原来经常听到教师说"请""谢谢"的用语，星星也学会用了。

(3)尊重他人

要想被别人尊重，首先要学会尊重他人。比如，教师要学会尊重同事，尊重领导，更要学会尊重幼儿。对幼儿的尊重其实要渗入一日生活的细节：聆听幼儿的讲话，尊重幼儿对游戏或材料的合理玩法，采纳幼儿的合理建议，不打骂幼儿等。可见教师对幼儿的尊重之心任何时候都不能失去。也正是常怀尊重之心才能控制教师的一些不合理行为，防止不良事件的发生。

我们必须时刻相信教师是什么样的，教出的学生就是什么样的，千万不要小觑了身教的力量，时刻不能松懈。

3. 身体语言

德鲁克曾经说过："人无法只靠一句话来沟通，总是得靠整个人来沟通。"在很多场合下，使用得体的身体语言可以加强我们口头语言的表达效果，使他人更好地理解我们要表达的意思。

身体语言包含面部表情和肢体动作两个方面。有效地利用这两种身体语言可以让我们的工作事半功倍，取得意想不到的效果。面带微笑，姿态保持自然，言行举止保持一致，才能在交往中赢得他人的信任。如果不能很好地管理身体语言，则我们可能会在职场中受挫。

一个人的表情在人际交往特别是初次交往中很重要。其具体体现在两个方面：一是要想有良好的人际关系，就要注意表情或神态礼仪；二是面部表情中最传神表意的笑容，是面部表情礼仪的关键。

比如，教师要注意自身肢体语言的运用。幼儿是敏锐的，他们可以从他人的肢体语言中清楚地感受到他人对自己的感觉。教师必须学会运用自己的肢体语言来表达自己对每个幼儿的喜爱，维护幼儿的安全感。蹲下来和幼儿说话其实就是学会用肢体语言表达对幼儿的尊重。

(二)仪表素质训练

1. 表情肢体训练

表情肢体训练主要介绍练习微笑。微笑要发自内心、自然大方，显示出内心的诚意，由眼神、眉毛、嘴巴等协调来完成；要防止生硬、笑不由衷，先要放松面部肌肉，然后使嘴角微微向上翘起，使嘴角呈现弧形，表现出笑容可掬的神态，热情、亲切、和蔼，自然流露内心的喜悦；要精神饱满、神采奕奕、亲切甜美，与仪表举止和谐一致，与外表达到完美统一的效果。要笑得好并非易事，需要进行适当的训练。

(1)第一阶段：放松肌肉

放松嘴唇周围的肌肉是微笑练习的第一阶段。名为“哆来咪练习”的嘴唇肌肉放松运动是从低音“哆”开始到高音“咪”，大声、清楚地发出每个音。练习时要一个音节一个音节地发音，应注意嘴型。

(2)第二阶段：给嘴唇肌肉增加弹性

形成笑容时最重要的部位是嘴角。锻炼嘴唇周围的肌肉，能使嘴唇的移动变得更干练、更好看。伸直背部，坐在镜子前面，反复练习最大限度地收缩或伸张。

张大嘴巴：使嘴周围的肌肉最大限度地伸张，并保持这种状态 10 秒。

嘴角紧张：闭上张开的嘴，拉紧两侧的嘴角，使嘴唇在水平方向紧张起来，并保持 10 秒。

聚拢嘴唇：在嘴角紧张的状态下，慢慢地聚拢嘴唇，出现圆圆的卷起来的嘴唇聚拢在一起的感觉时保持 10 秒。

保持微笑 30 秒：用门牙轻轻地咬住木筷子，将嘴角对准木筷子，嘴角两边都要翘起，并观察连接嘴唇两边的线是否与木筷子在同一条水平线上，保持 10 秒。然后轻轻地拔出木筷子，练习维持这种状态。反复练习这一动作 3 次左右。

2. 形体素质训练

形体素质训练主要介绍练习瑜伽。练习瑜伽的目的有两个：一是培养身体的自然美，并获得高水平的健康状况；二是唤醒休眠在人体内的巨大动力，并用其来开发人体自身独特的潜力，获得自我实现。瑜伽运用古老且易于掌握的技巧，提高人们生理、心理、情感和精神方面的能力，是一种达到身体、心灵与精神和谐统一的运动形式。

瑜伽六式能强化脊椎及颈部，收紧胸部两侧、腹部及腿部肌肉，减少腰和大腿多余的脂肪，增强身体的平衡能力，增加胯部、肩膀和大腿的弹性，调理双腿的肌肉，舒缓神经系统，稳定情绪。练习流程包括如下几方面。

①两脚并拢站好，大脚趾微微分开，其余四趾平放于地面，头部放松，正向前方。

②紧绷两膝，收紧大腿后侧及两髋的肌肉。

③挺胸收腹，伸直脊柱。

④不要将全身的重量放于脚趾或脚跟，要平均地分配于整个脚底。

⑤双手于胸前合掌，保持呼吸均匀。

站立时应该将身体的重量放在整个脚底，才能使脊柱获得更好的支撑。保持正确的姿势，能使身体更加轻盈，思维更加敏捷。如果长期以脚后跟站立，会使髋部变得难看，腰部突出，身体后仰，脊椎紧张，长时间就会感觉疲劳，思维会变得迟钝。因此要掌握好正确的站姿。

二、责任

有一种力量会指引我们去做我们认为重要的事，并且一定会竭尽全力，这就是责任心。有了责任心，相信每个人都可以做得更好；也只有那些有责任心的人，才有可能被赋予更多的使命。有责任心的职场人才有资格谈气质，遇事就推卸责任的职场人根本就没有资格谈气质。

（一）责任心

每一个职场人都肩负责任，但并不是每一个人都有责任心。对于任何一个职业，领导必定欣赏那些有高度责任心的员工。

有高度的责任心必然意味着勇于担当，勇于承担自己应承担的责任，而不是一味地将责任推给其他人。

有高度的责任心，同时意味着勇于接受任务，即使这个任务很难或从未接触过。我们必须时时铭记：凡事找方法。在工作中，每个人都不可避免地被分配一些从未接触过的事情或任务，甚至可以说这是工作常态。但这绝不是领导在为难我们，我们必须相信领导来找我们做这件事正是领导相信我们可以把这件事做好。对于我们而言，这也是一次获得成长和积淀的机会。

案例 12-3
责任心

（二）忠诚而认真

对于学校来说，要培养教师需要花费大量的人力、物力、财力。而最遗憾的便是刚将员工培养起来可以独当一面时他们就离开了。这不仅是学校物力、财力的损失，还增添了对手的竞争力。

忠诚是一种人格特征，能给我们带来一种特殊的力量，支撑着我们做好职责内的每一件事，尽好我们自己的责任。

对事业忠诚，必然意味着我们每个人都要尽力做好自己分内的事。只有尽职尽责，才能尽善尽美，这也是负责任的表现。

“天下大事必作于细。”每一个人只有把自己的每一件工作琐事处理好，才能有大的作为，才能得到他人的认可。其实，做好自己分内的事，关键就在于明确自己的工作定位和职责，并踏实向上，认真对待。只有这样，才能把小事做大，才能做出成就，收获快乐。“三百六十行，行行出状元。”比如，许多幼儿园教师认真负责，抓住机会不断提升自己，为以后成长为一名学前教育领军人物做准备。

三、品性

所谓品性其实是指人的品质性格。品质指人的行为、作风所表现的思想。像我们通常所讲的坚持、智慧、勇敢、果决等都是优秀的品质。性格是指人对现实的态度和相应的行为方式中比较稳定的、具有核心意义的个性心理特征。也就是说，品性彰显了一个人对待他人、对待他物、对待人生的态度。教师有其职业的特殊性，必须具备如下几方面的品性。

（一）“心”诚则灵：爱心、耐心、恒心

人存活于世，为人处世不过一个“心”罢了。心诚则灵，唯德感天。教师必须常怀爱心、耐心和恒心才能做好自己的工作，才能得到他人的尊重和理解，才能收获快乐。

1. 爱心

“爱岗敬业”“关爱学生”是教师职业道德规范中对教师职业道德的基本要求。其中，《新时代幼儿园教师职业行为十项准则》明文规定了幼儿园教师应当遵循的职业行为准则：“坚定政治方向”“潜心培幼育人”“关心爱护幼儿”等。可见，爱心是幼儿园教师应具备的品性。

幼儿园招收的是3～6岁儿童。根据埃里克森的人格发展阶段理论，2～3岁儿童正处于自主与害羞或怀疑的冲突阶段。在这个阶段，如果儿童形成的自主性超过羞怯与疑虑，就会形成意志的美德。如果父母和教师溺爱和不公正地使用体罚，儿童就会感到疑虑而体验到羞怯。持久的良好愿望与自豪感发自没有丧失自尊的自我控制感，持久的动辄爱疑虑和爱羞怯的倾向来自丧失自我控制感和过度的外部控制。4～7儿童正处于主动对内疚的冲突阶段。如果这个阶段的危机成功得到解决，就会形成方向和目的的美德；如果危机不能成功地解决，就会形成自卑感。如果父母和教师鼓励儿童的独创性行为和想象力，那么儿童会以形成健康的独创性意识离开这个阶段。如果父母和教师漠视儿童的独创性行为和想象力，那儿童就会以缺乏自信心离开这一阶段。由于缺乏自主性，因此当儿童在考虑种种行为时总是易于产生内疚感。①

所以，为了幼儿能够得到良好的人格发展，幼儿园教师必须具备爱心这一品性。

2. 耐心

培根曾经说过：“耐心是高尚的秉性，坚韧是伟大的气质。无论何人，若是失去耐心，便失去了灵魂。”人生之路从来都不是一帆风顺的，所以我们必须具备足够的耐心去面对人生路上的困境，耐心地去等待成功。

比如，在幼儿园工作，耐心更是必不可少的。幼儿无论是在生理上还是在心理上都不成熟，他们尚处于初期的发展且需要成人有足够的耐心去陪伴他们成长。成人搭一个积木可能只需要5分钟，但幼儿搭一个积木就可能要用1小时；对于数字“7的组成，成人可以张口就来，幼儿需要长时间的探索才能找到答案。可是，正是这些在成人看来浪费时间的活动恰恰是幼儿获得成长的途径。由于幼儿园的事务繁杂，教师需要具备足够的耐心才能抽丝剥茧，将每件事做得尽善尽美。

3. 恒心

在遇到困难时，除了有耐心外，我们也需要有恒心去解决问题。成功的人比其他的人正是多了一份恒心，不达目的不罢休。同时恒心又可以培养人的气质。只要肯坚持、有恒心，朝着目标不断前进，每天进步一点点，时间会见证我们的努力和成功。

(二)勤奋

韩愈有言：“业精于勤，荒于嬉；行成于思，毁于随。”严复也曾经说过：“须勤于所业，知光阴时日机会之不复更来。”这些说的便是勤奋的重要性。成功需要天分、机遇，但这些都是我们不可把控的，唯有勤奋是我们可以控制的。绝大部分成功人士都不是天才，成功的秘诀就在于勤奋。即使天才不勤于工作和学习，最终也将会是一事无成。

比如，在幼儿园，教师的勤奋表现在如下方面。一是勤动。将整个教室打扫得干干净净，把物品摆放得整齐有序，定期进行教室的环境创设，让幼儿始终处于整洁、有序的环境中，促进幼儿大脑的发展和良好习惯的形成。二是勤看。眼里时时刻刻有幼儿，将幼儿的一举一动看在心里，及时发现幼儿的进步和出现的问题，以便及时解决问题。三是勤问。要经常向幼儿抛出开放性问题，锻炼幼儿的思考能力和解决问题的能力。同时要善于利用家长接送时间勤于与家长沟通，保持家园共育，引导幼

---

① 孙瑞雪：《生命成长：不同角度的洞见》，载《河南教育》，2010(5)。

儿全面发展。四是勤思。要善于总结在工作中出现的问题，找出规律或寻求帮助。五是勤学。学习永无止境。在这个飞速发展的时代，知识的新旧更替很快，稍有不慎便会跟不上时代的发展要求。

（三）自我控制

棉花糖实验是一项经典的心理学实验，是斯坦福大学沃尔特·米歇尔博士1966—1970年在幼儿园进行的有关自制力的一系列心理学经典实验。该实验最终发现，当时没有吃掉棉花糖、做到延迟满足的儿童在经济收入、婚姻家庭、社会地位等方面都优于当时吃掉棉花糖的儿童。至此，自我控制这一概念开始被人们重视。

自我控制是指个体自主调节行为，并使其与个人价值和社会期望相匹配的能力。它可以引发或制止特定的行为，如抑制冲动行为、抵制诱惑、延迟满足、制订和完成行为计划、采取适应社会情境的行为方式。每个人只有控制好自己的情绪和行为，依照计划做事，朝着目标迈进，才能把控好自己的人生；不但能够管理好自己，还能管理好别人，从而实现自己的梦想，走上自己希冀的人生道路。

另外，只有我们善于自我控制，用理智和意志驾驭自己的情绪，才能做自己生活和工作的主人。

四、修养

修养是指人在理论、知识、艺术、思想等方面的水平体现，也是人的综合能力和素质的体现，是可以通过为人处世表现出来的。一个人的修养不是一朝一夕养成的，而是长期累积的结果。在人群里，我们很容易被一些人吸引，这是因为他们身上的气质吸引着我们，让他们与众不同。若想修炼这样的气质，必先提升自己的修养，用知识武装自己的头脑，用能力增添自信，用高素质来完善自己的行为。正如俄国作家车尔尼雪夫斯基所说，要使人成为真正有教养的人，必须具备三个品质：渊博的知识、思维的习惯和高尚的情操。

（一）知识与能力

德国作家格里美尔斯豪森说过，没有教养、没有学识、没有实践的人的心灵好比一块田地。这块田地即使天生肥沃，但倘若不经耕耘和播种，也是结不出果实来的。

知识和能力是构成一个人修养的先决条件。若没有足够的文化涵养，想要拥有高素质的灵魂是很难的。比如，教师应纠正自己存在的错误认识，应该认识到幼儿的好奇心和求知欲是很旺盛的，必须不断充实自己，才能够满足幼儿的需要。

教师必须具备掌握全局、组织课堂和活动、协调各种关系等的能力。要想具备这些能力，一是要有理论的头脑，二是要有足够的实践。唯有将理论与实践相结合，教师才能真正形成自己的能力。

（二）道德素质

道德素质是指人在道德方面的内在基础，是人的道德认识和道德行为水平的综合反映，包含人的道德修养和道德情操，体现着人的道德水平和道德风貌。美国作家爱默生认为，修养的本质如同人的性格，最终还是归结到道德情操这个问题上。

教师承担着为人师表的责任，其一言一行都会成为学生学习的对象，也代表着一所学校的形象。因此，教师必须拥有良好的道德素质，除了遵守不随手乱扔垃圾、不破坏公共财物、不辱骂他人等基本公共道德规范外，还需要具备其他更高层面的道德涵养。

1. 人格魅力

何谓人格魅力？首先要弄清楚什么是人格。人格是指人的性格、气质、能力等特征的总和，也是指人的道德品质和人的作为权利、义务的主体的资格。人格魅力是指人在性格、气质、能力、道德品质等方面具有的吸引力。在当今社会，一个人能受到他人的欢迎、容纳，那么他实际上就具备了一定的人格魅力。

比如，教师只有具备人格魅力，才能让班内的幼儿信任自己，才能让家长信服自己，才能让领导相信自己。

2. 乐于助人

"赠人玫瑰，手有余香"，帮助别人其实也是在帮助自己。比如，教师之间是有竞争的，这是正常现象。有竞争才能有进步，良性的竞争有利于激励人的成长。除了竞争外，教师之间也少不了合作、互帮互助。在很多时候，我们就是在帮助他人的过程中对事情有了更深刻的认识，在与他人的交流中开拓了新的领域。

3. 知足常乐

夸美纽斯曾经说过："教师是太阳底下最光辉的职业"。诺贝尔物理学奖得主卡皮察曾经说过他最想感谢的人是他的幼儿园老师，他如数家珍地说着他在幼儿园学到的东西……正是这些让他在人生道路上一直坚持，最终获得了成功。

十年树木，百年树人。对于幼儿园教师来说，一批批儿童从幼儿园毕业进入小学是成就……要学会知足常乐，正如《老子·俭欲第四十六》所言："罪莫大于可欲，祸莫大于不知足，咎莫大于欲得。故知足之足，常足。"

4. 自我反省

曾子曰："吾日三省吾身"。可见，自我反省不仅能让教师"知明而行无过"，也是修身养性的一个好方法。做过的事情不管是成功还是失败，如果不及时总结经验就无法深入自己的灵魂。自我反省可让自己的目标更为明确，做法更加准确，使正确的更加完美，错误的不再出现。

五、变通

《周易·系辞下》提到："穷则变，变则通，通则久。"意思就是说事物发展到了极点，就要发生变化；发生变化，才会使事物的发展不受阻塞，事物才能不断地发展。这说明在面临不能发展的局面时，必须改变现状，进行变革。当然，这种变通是有原则的变通。在现实中，人们常常会因为已经形成的思维定式和功能固着而缺乏创造力。

思维定式在一定程度上会加快我们解决问题的步伐，但更多时候还是会让我们固步自封。教师需要富有创造力，具体表现在环境创设和班级管理等诸多方面。

功能固着是指个体在解决问题时往往只看到某种事物的通常功能，而看不到它其他方面可能有的功能。这是人们长期以来形成的对某些事物的功能或用途的固定看法。这其实是一种心理上的阻塞，它可以通过抑制对物体的新功能的知觉，对问题的解决产生不利的影响。

因此，换个角度看问题就会有不同的结果，做人、做事要懂得随机应变。一般来说，善于变通的人更容易取得成功。当然，有时有些情况不是我们所能改变的，那么此时我们就要学会主动适应。

六、感恩

感恩就是带着一颗真诚的心去报答、感谢他人，是在他人对我们进行帮助后给予的回报，是对没有关系或者关系不够亲密的人给予我们帮助后所产生的一种亏欠心理。它是生活中的大智慧。我们应该学会感恩，为自己已有的而感恩，感谢生活给予的一切。这样才会有一个积极的人生观，才会有一种健康的心态。

活动与训练

主题：仪表仪态自行训练。

活动目标：了解正确的教师仪表仪态标准；找出自身存在的问题；制订计划，进行练习训练。

建议时间：40 分钟。

活动准备：

知识准备：掌握正确的教师仪表仪态标准。

教具准备：筷子、镜子。

活动步骤：

步骤 1：放松肌肉。

步骤 2：给嘴唇肌肉增加弹性。

步骤 3：练习瑜伽。

主题四　人际交往

主题目标

1. 了解人际交往的含义；懂得人际交往的意义；掌握人际交往的原则与技巧。

2. 探索师范生在人际交往中经常出现的心理问题；积极发现、总结师范生建立良好人际关系的方法。

3. 学会尊重、学会感恩。

一、人际关系与人际交往

(一)人际关系

人际关系是指在现实社会的实际活动中，人们通过交往而形成的人与人之间的相互作用和相互影响。即人们通过交往沟通形成的人与人之间的一种心理联系及相应的行为表现。

人际关系的变化和发展反映了交往双方在彼此交往中物质和精神的需要能否得到满足的情况。因此，人际关系反映的是人与人之间的心理距离。

任何社会群体内部的人际关系直接影响群体内成员的感情、行为，最终影响群体目标的实现。

人际关系的作用主要表现为以下几个方面。

1. 提高工作效率

工作和生活中的人际关系对工作的开展和效果都有很大的影响。人际关系协调可以促进工作达成共识，促进彼此感情融洽、行动协调，促进工作的顺利开展，有助于提高工作效率，反之则降低工作效率。

2. 创造良好氛围

团结、互助、平等、友爱的人际关系可以创造良好的氛围，增强群体的凝聚力，有助于群体目标的实现。创造良好氛围也是创建群体精神的重要组成部分。

3. 促进身心健康

人际关系不仅影响人们的工作绩效，而且也影响人们的心理健康。一个人只有具有良好的人际关系，与大家和睦相处，才会心情愉快，有安全感。反之，人际关系紧张则会对人的身心健康带来不良的影响。研究表明，工作或家庭中的人际关系紧张是导致心理应激和身心疾病产生的重要因素；改善人际关系有助于对身心疾病的预防。

(二)人际交往

人际交往是人们和谐相处的一部分，是人际关系的具体表现形式，是指人与人之间通过一定的方式进行接触，在心理或行为上产生相互影响的过程。

1. 人际交往的含义

人际交往也称人际沟通，是个体通过一定的语言、文字、肢体动作、表情等表达手段将某种信息传递给其他个体的过程。

2. 人际交往的意义

人际交往不仅是为了获得必要的生活资料，还是获得精神上的愉悦和满足的方式。

(1)人际交往是促进身心健康的需要

现代心理学研究表明，人类的心理病态多由人际关系失调所致。人与人之间产生矛盾后，心理会蒙上一层阴影，精神紧张、抑郁，刺激下丘脑，使内分泌功能紊乱，从而引起一系列复杂的生理变化。当有快乐时与他人分享，有忧愁时及时向他人倾诉，既可以保持良好的心理状态，也可以维持良好的人际关系。心理健康的人有着一系列积极交往和建立良好人际关系的个性特点，如友善、诚信、积极、自尊自爱、换位思考等。

(2)人际交往是获得安全感的需要

社会心理学研究表明，与他人交往是获得安全感的有效途径。比如，当学生初来到学校时，脱离了原来的人际关系支持，新的人际关系尚未建立，他们会一直处于高度的自我防卫状态。我们要获得充分的社会安全感，仅有他人的陪伴或表面交往是不够的，还需要人与人之间的情感联系。

(3)人际交往是确立自我价值感的需要

当自我价值得到确立时，人们在主观上就会产生一种自信、自尊和自我稳定的感受。这就是自我价值感。人的自我价值感一旦得到确立，生活就富有意义。如果人的自我价值感不能得到确立，就不能获得自信、自尊和自我稳定感，会变得自卑。人的自我意识的保持和自我价值感的确立是通过社会比较过程来实现的。我们只有将自己置身于社会背景之中，通过将自己与他人进行比较才能确立自己的价值。我们需要了解他人，也需要通过他人了解自己。因此，我们需要同他人交往，需要同他人建立并保持一定的关系。

(4)人际交往是人类发展的需要

人际交往是个人社会化的起点和必经之路。社会化是个人学习社会知识、生存技能和文化，从而获得社会生活的资格，开始发展自己的过程。如果没有与他人的合作，个体是无法完成这个过程的。我们一生的成长、发展无不与同他人的交往相联系。现代科学技术的发展使我们越来越依靠群体的力量。人与人之间的情感沟通和智力交往会使工作出现质的飞跃，这种群体效应已逐渐成为各项工作的推动力。这种效应主要是在人际互动和交往中实现的。

3. 人际交往的原则

(1)尊重原则

尊重包括自尊和尊重他人两个方面。自尊是在各种场合都要尊重自己，维护自己的尊严，不要自暴自弃。尊重他人就是要尊重他人的生活习惯、兴趣爱好、人格和价值。只有尊重他人才能得到他人的尊重。

人际交往的效应

(2)真诚原则

真诚原则要求人们诚以待人，胸无城府，从而才能产生感情的共鸣，才能收获真正的友谊。

(3)宽容原则

人际交往中难免会产生一些不愉快的事情，甚至会产生一些矛盾冲突。这提醒我们要学会宽容，不斤斤计较。我们不要因为一些小事而陷入人际纠纷，否则会浪费很多时间。

(4)互利合作原则

互利合作是指双方在满足对方需要的同时又能得到对方的报答。人际交往是双向选择、双向互动的。在交往的过程中，双方应相互关心、相互爱护，既要考虑双方的共同利益，又要深化感情。

(5)理解原则

理解是人际交往的必要前提。理解就是我们能真正地了解对方的处境、心情、喜好、需要等，并能设身处地地关心对方。

(6)平等原则

平等原则要求人们交往时应做到一视同仁，不能因为家庭背景、地位、职权等方面的原因而对他人另眼相待。平等待人就是要学会将心比心，学会换位思考。只有平等待人，我们才能得到他人的平等对待。

(7)信用原则

言必行，行必果。要取信于人，需要做到如下几方面。第一，要守信，言行一致，说到做到。第二，要信任，不仅要信任他人，而且要争取赢得他人的信任。第三，不轻易许诺。第四，要诚实，答应他人的事要尽量做到，做不到的要讲清楚，以赢得对方的理解。第五，要自信，给他人信赖感和安全感。

4. 人际交往的技巧①

(1)交谈的技巧

一次成功的交谈不但取决于交谈的内容，而且更多取决于交谈者的神态、语气和动作等。同样的一句话用不同的语气说出来会有不同的效果。所以我们要在交谈的时候表达自己的友善之心，不要盛气凌人。同时，我们应给他人说话的机会，不能随便打断他人的谈话，忽视他人的感受。

(2)聆听的技巧

聆听需要我们耐心地倾听，同时做出适当的反应。我们应当注意集中精神、表情自然，经常与对方交流目光，适当地嘉许、点头，或用微笑来表示很乐意倾听。这样他人才更有信心地继续讲下去。如有疑问，我们可以提出一些富有启发性的问题，让对方感到我们对他的话很重视。

(3)“三 A”法则

美国学者布吉林教授等人曾提出人际交往中受欢迎的“三 A”法则。

第一个 A(Accept)：接受对方。

第二个 A(Appreciate)：重视对方。

第三个 A(Admire)：赞美对方。

二、师范生人际关系的心理问题与良好人际关系的建立

人际交往的典型模式

(一)人际交往的心理问题

师范生人际交往的心理问题表现多种多样，大致有以下几个方面。

1. 自私心理

部分师范生自我中心意识较强，注重自己的情感，高兴时高谈阔论，委屈时诉说烦恼，不注意他

① 张玉芝、周兰芳：《大学生心理健康》，83～91 页，北京，北京理工大学出版社，2017。

人的感受，也不会倾听他人的意见。

2. 嫉妒心理

部分师范生表现为不能容忍他人的进步和成功，害怕他人强于自己，但自己又不愿付出艰苦的努力。他们有时会讽刺挖苦、诽谤攻击他人，以求达到自己的目的。

3. 猜疑心理

部分师范生过于敏感，在与他人交往中过分留意他人的脸色和言行。他们还会对他人产生猜疑，往往节外生枝，自寻烦恼。

4. 自卑心理

部分师范生习惯于拿自己的短处和他人的长处比，过低地评价自己。他们对自己的信心不足，盲目地依赖他人、取悦他人，在交往中总是表现出羞怯、忧伤、退缩。

5. 自满心理

部分师范生骄傲自大、自以为是，喜欢对他人吹毛求疵、品头论足。他们看不到自己的不足之处，听不进别人善意的劝告。

6. 冷漠心理

部分师范生不尊重他人的人格，对他人缺乏热情、关心和帮助。在与他人的交往中，他们会给人拒绝和不可接近的感觉。

7. 胆怯心理

部分师范生因为缺乏社交能力而苦恼，总感觉他人在注视自己，时常过度紧张。与他人交谈时，他们会出现面红心悸、手抖出汗、言语支吾、手脚拘束的情况；与他人交往中，他们往往采取回避、退缩等消极行为。

（二）建立良好人际关系的方法

建立良好人际关系的方法包括如下几方面。

1. 交往热情

人际关系是互动的，我们要主动地与他人交往沟通。开放自我是有感染性的。当对方走出故步自封、自我封闭的状态的时候，我们不仅会对对方有更深一层的认识，还会对自己有新的认识。

2. 理解尊重

每个人都有自己的气质和性格特点，也有不同的成长背景和生活习惯。所以在与他人交往的过程中，如果我们能相互理解、尊重，大家的关系就容易融洽。

3. 以诚相待

人际交往最重要的就是真诚和善意，这也是做人的根本原则。口是心非、虚伪傲慢的人是难以有朋友的。

4. 宽容谅解

在许多问题上，不同的人会有不同的见解。这就要求我们能从对方的角度考虑问题，相互宽容。

5. 消除依赖感

人际交往中还有一种不健康的心态，就是过度依赖他人。过强的依赖感还会发展成控制欲，如强求他人和自己一起学习，甚至限制他人的交往。这是一种人格缺陷，我们应及时加以纠正。

三、学会尊重、学会感恩

(一)与教师的师生情[①]

每个人的成长道路上都离不开教师的教导。如何与教师相处才能形成和谐的师生关系呢?

1. 多一些尊重和理解

教师把知识无私地、毫无保留地教给师范生，就是希望看到他们成才上进，学会为人处世。师范生首要的就是尊重教师，见到教师要主动打招呼；上课认真听讲，不违反纪律，把教师留的作业保质保量地完成等。尊敬教师、尊重教师的劳动，是师生和谐相处的基础和前提。

教师也是普普通通的人，面对师范生的许多问题需要处理，难免会有心情烦躁的时候。师范生应该对他们多一些理解和支持，用心感受、体会教师对自己的那份呵护和关爱。

2. 主动与教师沟通交流

在通常情况下，教师面对全班几十名师范生，其精力有限，要想面面俱到地照顾每一名师范生是不可能的。所以，有了困难，师范生一定要主动找教师寻求帮助，坦然地表露心迹，才会促使自己健康成长。如果与教师有了矛盾，切不可自暴自弃，要主动找教师交流。如果问题谈开了，矛盾也就化解了。

3. 理性对待教师的批评教育

师范生与教师之间发生摩擦是不可避免的。面对教师的批评，有些师范生会产生过激反应。所以，正确看待教师的批评是十分重要的。如果受到教师的批评教育，师范生该怎么办呢?

①如果教师批评对了，可以先向教师承认自己的错误，保证今后改正错误。同时主动提出让教师以后多注意自己。如果教师的批评过于严厉，可先承认错误，过一天再心平气和地与教师深入沟通。

②如果教师批评错了，应先稳定情绪，保持冷静，努力克制自己，切莫与教师顶嘴，防止事态在双方都不冷静的情况下进一步恶化。

③及时消除误解。当教师批评错了，师范生除了冷静和体谅之外，还要及时消除误解。根据当时的情况，可以解释的就进行解释，一时不便解释的待事后解释。

解释时最好直接面谈；若不能直接面谈的，可以通过他人转告或进行书面解释。教师一旦发现自己批评错了，也会感到内疚，一定会主动纠正错误。此外，误解已经消除后就要像以前未发生矛盾那样对待教师。

(二)与父母的亲情

有些师范生在与父母产生摩擦后会不断加剧与父母的心理隔阂。他们与父母之间的交际障碍主要是由社会阅历、思维方式、文化背景、价值观念等方面的不同所致的。

师范生应该多与父母进行沟通。师范生在逐渐成长的过程中对人生的了解会逐渐深入，性格也逐渐形成，会有自己的立场和观点。而这些立场和观点有时会与父母的立场和观点发生冲突。如果沟通不善，就会产生矛盾，矛盾激化就会产生不良后果。与父母有效沟通后，家就是温暖的港湾。与父母沟通时，彼此了解是前提，尊重理解是关键。理解父母的有效方法是换位思考，沟通的结果是求同存异。师范生要了解父母，关心父母，不要回避父母；平时与父母多交流，让父母知道自己的想法。在沟通过程中，要多观察、多倾听，注意沟通的方式，尊重父母；学会换位思考，体会父母的爱子之情，

---

① 张晓剑、王啸、薛飞豹：《新教师专业成长》，215～216页，青岛，中国海洋大学出版社，2016。

用温和、委婉的语气表达自己的想法，从而更好地解决问题。如果当面讲不清楚或父母没时间听，可以采用书信的方式，用诚恳的语言打动父母的心；也可以利用特殊的节日，如父亲节、母亲节、父母生日，制作祝福卡片。这些对沟通有很大的帮助。

师范生面对的不只是心理的发展，更面临着人生前进的方向。成长是漫长的，在漫长的路途中必须有亲情的相伴。亲情可以使人懂得如何善待生命、仁爱一生。

父母给了我们生命，抚育我们成长，给了我们最伟大的无私的爱。我们成长的每一步都饱含父母的心血和辛劳。孝敬父母是中华民族的传统美德，也是师范生必备的道德品质。师范生要把爱心融入生活的点滴，让父母感受到自己对他们的爱，让自己与父母的关系变得自然、融洽。

(三)学会感恩

无论是对生活还是对生命，我们都需要感恩。学会感恩就是对世间所给予自己的帮助表示感激，并铭记在心。父母给了我们生命，对父母要常怀感恩之心；教师给了我们知识，对教师要常怀感恩之心；朋友给了我们友谊，对他们也要常怀感恩之心。只有知道了感恩，内心才会更加充实，头脑才会更加理智，眼界才会更加开阔，人生才会得到更多的幸福。懂得感恩的人是勤奋而有良知的人，是聪明而有作为的人。我们给予越多，收获越多。一个人想要收获快乐，就要给予快乐；想要收获爱，就要给予爱。

感恩是现代社会人们健康性格的表现。一颗感恩的心，就是一粒和平的种子。感恩不是简单的回报，它是一种责任、自立、自尊和追求一种乐观人生的精神境界。

活动与训练

主题 1：学习交流的技巧。

活动目标：能利用理论知识解决实际问题；找出自身存在的问题；制订计划，解决问题。

建议时间：40 分钟。

活动准备：

知识准备：知道人际交往的技巧和要求。

教具准备：白纸、夹子、笔。

活动步骤：

步骤 1：实验与交流——尝试在一天之内不与他人交往，包括不用手机等媒体设备。与他人产生互动，总结自己的心理感受；或谈谈自己曾经长时间不与他人交往的心理感受。

步骤 2：游戏与互动——模拟情景，讨论怎样在不同场合轻松地与陌生人交流。

主题 2：交往案例分析。

活动目标：能利用理论知识解决实际问题；找出自身存在的问题；制订计划，解决问题。

建议时间：40 分钟。

活动准备：

知识准备：知道人际交往的技巧和要求。

教具准备：白纸、夹子、笔。

活动步骤：

案例分析：列举目前社会上出现的典型的学生问题事件，引导学生分析总结。

主题3：学会感恩。

活动目标：能利用理论知识解决实际问题；找出自身存在的问题；制订计划，解决问题。

建议时间：40分钟。

活动准备：

知识准备：懂得感恩，知道人际交往的技巧和要求。

教具准备：白纸、夹子、笔。

活动步骤：

步骤1：模拟情景——老师误解了你怎么办？

步骤2：问卷调查——记得父母的生日吗？父母最喜欢吃的食物是什么？

步骤3：案例分析——列举社会上出现的一些学生问题事件，展开分析讨论。